新时期中国产业政策研究

赵昌文　等著

中国发展出版社
CHINA DEVELOPMENT PRESS

图书在版编目（CIP）数据

新时期中国产业政策研究/赵昌文等著．—北京：中国发展出版社，2016.10

（国务院发展研究中心研究丛书．2016／李伟主编）

ISBN 978－7－5177－0539－0

Ⅰ．①新… Ⅱ．①赵… Ⅲ．①产业政策—研究—中国 Ⅳ．①F121

中国版本图书馆 CIP 数据核字（2016）第 156448 号

书　　名：新时期中国产业政策研究
著作责任者：赵昌文　等
出 版 发 行：中国发展出版社
（北京市西城区百万庄大街 16 号 8 层　100037）
标 准 书 号：ISBN 978－7－5177－0539－0
经　销　者：各地新华书店
印　刷　者：北京科信印刷有限公司
开　　本：710mm×1000mm　1/16
印　　张：16.25
字　　数：195 千字
版　　次：2016 年 10 月第 1 版
印　　次：2016 年 10 月第 1 次印刷
定　　价：60.00 元

联 系 电 话：（010）68990625　68990692
购 书 热 线：（010）68990682　68990686
网 络 订 购：http：//zgfzcbs.tmall.com
网 购 电 话：（010）68990639　88333349
本 社 网 址：http：//www.develpress.com.cn
电 子 邮 件：121410231@qq.com

DRC

2016

国务院发展研究中心研究丛书

编　委　会

“新时期中国产业政策研究”课题组

课题负责人

赵昌文　国务院发展研究中心产业经济研究部部长　研究员

课题协调人

魏际刚　国务院发展研究中心产业经济研究部研究室主任　研究员

课题组成员

石耀东　国务院发展研究中心产业经济研究部副部长　研究员
张永伟　国务院发展研究中心企业研究所副所长　研究员
王晓明　国务院发展研究中心产业经济研究部研究室主任　研究员
许召元　国务院发展研究中心产业经济研究部研究室主任　研究员
宋紫峰　国务院发展研究中心产业经济研究部研究室副主任　副研究员
周健奇　国务院发展研究中心企业研究所研究室副主任　副研究员
郭　巍　国务院发展研究中心办公厅　助理研究员
赵　勇　中国社会科学院　博士后
宋　爽　中国社会科学院世界经济与政治研究所　助理研究员

总　序

践行五大发展理念　发挥高端智库作用
努力推动中国经济转型升级

2016 年是“十三五”开局之年。“十三五”时期是塑造中国未来的关键五年，到 2020 年能否实现全面建成小康社会的目标，不仅是发展速度快慢的问题，更是决定中国能否抓住转型发展的历史窗口期，跨越“中等收入陷阱”、顺利实现现代化的问题。

2015 年 10 月，党的十八届五中全会通过的《中共中央关于制定国民经济和社会发展第十三个五年规划的建议》确立了“创新、协调、绿色、开放、共享”五大发展理念。2016 年 3 月，十二届全国人大四次会议通过的《国民经济和社会发展第十三个五年规划纲要》明确了新时期发展的总体思路，提出了应对国内外严峻挑战的战略性安排。

毋庸讳言，我国经济社会发展确实面临着一些前所未遇的困难和挑战，诸如：劳动年龄人口绝对量下降，老龄化问题日益显现，传统产业和低附加值生产环节的产能严重过剩，粗放式发展产生的生态环境问题逐渐暴露，以创新为驱动力的新增长动力尚未形成，社会对公平正义的诉求日益增强，等等。但与此同时，也应该客观地看到，我国的发展依然有着巨大的潜力和韧性。城镇化远未完成，欠发达地区与发达地区间存在明显的发展差距。这意味着，在当前和未来相当长的时期内，投资和消费都有很大的增长空间。我国产业体系完备、人力资本丰富、创新能力正在增强，有支撑未来发展的雄厚基础和良好条件。目前经济增长速度呈现的下降态势，只是经济结构转型过程中必然出现的暂时现象，而且这一态势是趋缓的、可控的、可承受的。随着结构调整、经济转型不断取得进展，我国经济将在新的发展平台上实现稳定、持续的中高速增长。

正是基于各种有利因素和不利因素复杂交织、相互影响的大背景，我们认为，中国的现代化已经进入转型发展重要的历史性窗口期，如果不能在窗口期内完成发展的转型，我们就迈不过“中等收入陷阱”这道坎，现代化进程就有可能中断。

中央十分清醒地认识到这一点，并对转型发展进行了周密部署。概言之，未来五年，为了推动经济转型、释放发展潜力，我们将以新的发展理念为统领，依照“十三五”规划描绘的蓝图，通过持续不断地深化改革和扩大开放，建立新的发展方式，形成创新驱动发展、协调平衡发展、人与自然和谐发展、中国经济和世界经济深度融合、全体人民共享发展成果的发展新格局。

推动经济转型升级，形成发展新格局，需要从供给和需求这两侧采取综合措施，在适度扩大总需求的同时，着力加强供给侧结构性改革，转变发展方式，促进经济转型。我国经济发展正处于“三期叠加”的历史性转折阶段，摆在面前的既有周期性、总量性问题，但更突出的是结构性问题。在供给与需求这对主要矛盾体中，当前矛盾的主要方面是在供给侧。比如，在传统的增长动力趋弱的同时，新的增长动力尚难以支撑中高速增长；产业结构资源密集型特征明显，对生态环境不够友好；要素在空间上的流动还不够顺畅，制约了城乡、区域协调发展；对外经济体制不能完全适应国际贸易投资规则变化的新趋势等。因此，去年以来，中央大力推进供给侧结构性改革，重点落实“三去一降一补”五大任务，用改革的办法推进结构调整，提高供给结构对需求结构变化的适应性，努力提升经济发展的质量和效益。“十三五”规划亦把供给侧结构性改革作为重大战略和主线，旨在通过转变政府职能、发展混合所有制经济、增强市场的统一性和开放性、健全经济监管体系等，促进资源得到更合理的配置和更高效的利用，提高生产效率，优化供给结构，为形成发展新格局奠定坚实的物质基础。当然，这里要强调的是，注重供给侧结构性改革，并非不要进行需求管理。我们还将采取完善收入分配格局、健全公共服务体制等措施，推动社会实现公平、正义，并为国内需求的增长提供强力支撑，使需求和供给在更高水平上实现良性互动。

当前，国务院发展研究中心正在按照中央的要求和部署，积极推进国家高端智库建设的试点工作，努力打造世界一流的中国特色新型智库。作为直接为党中央、国务院提供决策咨询服务的高端智库，我们将坚持“唯真求实、守正出新”的价值理念，扎实做好政策研究、政策解读、政策评估、国际交流与合作等四位一体的工作，为促进中国经济转型升级及迈向中高端水平、实现全面建成小康社会的宏伟目标做出应有的贡献。

这套“国务院发展研究中心研究丛书 2016”，集中反映了过去一年我们的主要研究成果，包括 19 种（20 册）著作。其中：《新兴大国的竞争力升级战略》（上、下册）和《从“数量追赶”到“质量追赶”》是中心的重大研究课题报告；《新形势下完善宏观调控理论与机制研究》《区域协同发展：机制与政策》等9部著作，是中心各研究部（所）的重点研究课题报告；还有8部著作是中心资深专家学者或青年研究人员的优秀招标研究课题报告。

“国务院发展研究中心研究丛书”自2010年首次面世至今，已是连续第七年出版。七年来，我们获得了广大读者的认可与厚爱，也受到中央和地方各级领导同志的肯定和鼓励。我们对此表示衷心感谢。同时，真诚欢迎各界读者一如既往地关心、支持、帮助我们，对这套丛书以及我们的工作不吝批评指正，使我们在建设国家高端智库、服务中央决策和工作大局、推动经济发展和社会进步的道路上，走得更稳、更快、更好。

国务院发展研究中心主任、研究员 李伟

2016年8月

内容摘要

一个国家的有效发展需在不完美的市场和不完美的政府之间找到平衡，产业政策是实现这一平衡的重要工具。国际经验表明，根据发展战略和自身状况制定相应的产业政策，并根据形势变化适时进行调整——已成为一种普遍做法。

中国政府高度重视产业政策的作用，由于转型经济的特征，与其他国家相比较，产业政策体现出“点多、面广、影响强”的特点。总体上看，产业政策在推动产业发展方面发挥着极为重要的作用，但也有许多需要反思的地方和亟待汲取的教训。

新时期中国产业发展的背景、阶段、问题和目标都有了很大变化，产业政策需要与时俱进地调整，以不断提升中国产业发展的质量和效益，进而推动中国经济的健康持续发展。

新时期中国的产业政策应以改善产业发展的总体商业环境和市场运行机制为核心，结合对特定产业、部门、技术和任务的结构调整，着力克服产业发展中的瓶颈约束，增强产业创新能力、国际竞争力和可持续发展能力，促进资源配置效率和社会福利水平的提升。

新时期中国的产业政策要强化功能性政策，精简选择性政策，兼顾政策协调性，实现共赢国际化。具体建议如下八条。

一是着力营造公平竞争的市场环境，减少政府对微观经济活动不必要的直接干预，包括试图主导产业发展与资源配置方向的做法，减少直接针对个别企业和产业的补贴行为。

二是加快完善产业监管体系，建立涵盖产品质量、资源利用、环境保护、信用保障、信息安全的多层次监管体系。

三是改变政府直接规定重点产业发展指导目录、重点领域指南等方式，转向更多以“非限制即许可”的负面清单方式来指导国家和地方产业发展。在引导各方资源向重点领域集聚的过程中，侧重于反映创新绩效、附加价值、产业核心竞争力等方面的指标和标准。

四是将创新政策放在产业政策中的核心地位，根据产业发展需要，有针对性地制定与出台相关的创新政策，推动产业发展中的创新要素集聚、配置和升级。

五是从全球产业格局变动、国内产业在国际产业环境中的相对阶段和地位来考虑产业政策制定。

六是完善选择性产业政策的制定、实施和调整机制，做到精准发力和动态调整。选择性政策主要关注产业发展的薄弱环节、未来必争的战略产业、国际竞争力弱的领域、传统支柱产业转型升级、市场失灵领域、基础产业、衰退产业、新技术扩散、产业组织优化以及产业融合、集聚等。

七是推动要素优化配置和升级。

八是加强产业政策和相关政策协调。

此外，产业政策调整相应需要政府职能转变，国企、要素市场等相关领域改革的配合。

目录

总报告

新时期中国产业政策总体研究

新时期[①]中国产业政策将往何处去？特别是在“市场在资源配置中起决定性作用和更好发挥政府作用”的原则下，产业政策还有用吗？产业政策该做怎样的调整？如何让产业政策变得更加有效？这些重大问题，是当前研究产业政策必须予以回答的。

一、经济理论表明，一国的有效发展需要在不完美的市场和不完美的政府之间找到平衡，产业政策是实现平衡的重要工具

市场机制与政府作用的有机结合，是各国经济成功运行的基础。随着市场经济的深入发展，市场对资源配置起基础性作用。市场机制主导产业发展的理论认为，一国产业结构的转型升级由经济自身的演化决定，并通过市场机制引导和调节市场主体的行为来实现。市场机制所形成的有竞争力的价格体系能够充分反映一国要素禀赋的丰裕与

① 新时期是指中国“十三五”及未来更长一段时期，是经济新常态、全球化纵深发展、全球新一轮科技革命等多种因素交织的时期。

稀缺程度，使以利润最大化为目标的企业自发进入具有比较优势的产业，从而实现经济效率的优化。这些理论同时认为，政府要努力消除人为干预，制定维护市场公平竞争秩序的制度，培育利于产业转型升级的自由公平的环境，这比投资于扶持产业调整的行为更可取。

事实上，市场并非完美和万能。经济在运行过程中存在不完全竞争、外部性、信息不完备和公共物品等，单纯的市场机制会影响市场参与者的理性选择，常常会导致一些领域的过度扩张和产能过剩，而另一些领域则可能出现生产不足与严重短缺，甚至产生经济危机，导致资源配置的巨大浪费。当出现结构升级或调整的需求时，在纯市场环境下，产业往往难以自发地完成结构变动，而需外力推动——这时产业政策的重要作用就突显出来。

而对于发展中国家来说，产业政策具有更加特殊的意义和作用。产业政策往往是不发达国家促进其经济较快发展并缩小与发达国家差距，甚至赶超发达国家的重要政策工具，并得到了不少理论的支持。“大推动理论”（罗森斯坦·罗丹）、“幼稚产业保护理论”（李斯特、穆勒等）、“赶超理论”（Abramoitz、李斯特）和“后发优势理论”（Alexander Gerchenkron、Brezis、Paul Krugman）、“增长极理论”“中心外围理论”“联系效应理论”“战略性贸易政策理论”等都从不同角度论证了这一点。

国外不少学者认为，产业政策的逻辑起点是为了培育特定产业、促进产业结构升级、提高国际竞争力等。Zysman 等人（1990）提出，政府干预的目的如果是为新技术的开发与扩散创造有利的条件，那么政府干预就是合理且有效的，因为对高新技术产业实施产业政策不仅能使社会获得更高的规模经济效应，还能产生正的技术外部性。鲍莫尔（1982）主张赋予政府外部性矫正的中心角色，通过政府干预来实现资源的合理配置，实现社会福利最大化，以及社会由冲突趋向和谐。

国际战略贸易理论认为，一国政府应该采取保护主义和干预主义的政策来保护具有战略性意义的幼稚产业和高新技术产业。日本的一些学者认为，积极的产业政策，应该在一定程度上对经济实行强而有效的干预，能较快扶植起未来具有竞争潜力的产业，主动促进产业结构的升级，实现经济的赶超。Rodrik（2010）强调了产业政策的任务不仅在于实施合理的政策，同样要尽可能地从私人部门那里获取有关外部性的存在以及如何克服这些外部性的相关信息。产业政策的合理模式是在私人部门和政府之间采取战略性合作，去发现哪里才是经济结构调整的主要障碍，并加以克服。

还有学者分析认为，西方发达国家和东亚新兴工业化国家在产业政策的实践上呈现出南辕北辙、背道而驰的两个方向。但是，倘若把它们放在经济体制改革进程的大背景下，就会看到两条相向而行的演进轨迹。这一结论暗示着在政府与市场关系的问题上正出现一条不同于两极化的“中间道路”：在原本依赖国家来干预和调控经济的国家，市场的力量逐渐壮大，旨在规制市场失灵问题的《竞争法》也随之强势；在全球化的背景下，原本信赖市场之手而对政府干预秉持谨慎之心的国家进一步认识到，自由主义不再是最优的选择，政府的政策引导十分重要。如 1998 年亚洲金融危机和 2008 年全球金融危机，使各国开始反思市场机制对金融资本流动的引导作用。

因此，现代经济运行需要市场机制和政府共同的作用，关键是两者的有效结合。正如诺贝尔经济学奖获得者 Joseph Stiglitz（2011）[①] 所指出的，不是在不完美的市场与不完美的政府之间做单项选择，而是在不完美的市场和不完美的政府之间取得一个平衡，使二者有效地互动起来。

---

① Stiglitz J E. Rethinking development economics［J］. The World Bank Research Observer，2011，26（2）：230 - 236.

二、国际经验表明，无论是发达的市场经济国家，还是追赶型国家和转型国家，都不同程度地实施了产业政策

从世界范围看，各国根据自身状况制定相应的产业政策是一种普遍做法，即使是发达的市场经济国家和地区，产业政策也并未退出历史舞台。美、欧等发达国家和地区通过战略、法律、科技、财政、税收、贸易、反垄断等多种形式体现产业政策。如美国克林顿政府曾运用出口补贴、优惠税收、进口壁垒等措施扶持美国战略性产业的成长；奥巴马政府为重新确立世界制造强国领军地位，出台了一系列鼓励再工业化、制造业回归、先进制造伙伴、国家创新等战略和政策，成立由政府与私营部门共同组建的制造业创新中心；美国政府一直对主导国防技术的科研开发活动提供大量补贴；欧盟近些年启动“欧盟物联网行动计划”“欧盟数字战略行动计划”“欧盟2020战略”等，大力支持新兴技术和绿色经济发展。

追赶型国家则是通过学习先行发达国家的经验，利用产业政策来实现重点产业的追赶，并在此后的产业转型升级进程中继续发挥助推作用，日本和韩国的经验证明了这一点。日本“倾斜产业政策”通过扶持主导产业的发展，实现结构调整，引导社会资源重新组合和再分配，实现国家干预和市场机制的协调统一。韩国的产业政策在经济发展中处于核心地位，从进口替代、出口导向、重化工业化到技术立国等，无一不是产业政策的反映。

转型国家由于市场体系和市场机制正在构建和完善之中，政府通过产业政策发挥作用来弥补市场的不足更是十分普遍的做法。如俄罗

斯总统普京在第三次执政后，提出“新型工业化”基础上的产业政策调整战略，这种新产业政策不同于苏联时期国家包揽一切的做法，而是将创新政策、结构优化政策和投资政策结合在一起。

世界银行对全球13个二战后持续25年以上以超过7%的增长率保持经济增长的经济体的研究表明，这些国家实现经济成功赶超的重要因素，除了市场配置资源以外，就是它们都具有适当的政治领导体制、执行力强、奉行实用主义的政府（World Bank，2008）①。

当然，世界上并没有一种固定的产业政策适用所有的国家或者一个国家所有的发展阶段。各国的经济体制、发展战略、发展阶段、产业重点有所不同，产业政策的目标、范围、着力点、政策工具也不同。各国产业政策实施的侧重点并非一成不变，而需要根据产业发展形势和经济体制情况适时做出调整和转型。实践中，各国产业政策作用和效果大不相同。产业政策实施也并非完全没有副作用，也有许多教训值得我们汲取。如韩国产业政策的实践就付出了重大代价，暴露出产业政策的副作用，突出表现在政府对经济运行过多干预，形成了家长式的政企关系，一定程度上扼杀了经济活力。

三、典型实践表明，产业政策需根据经济发展变化适时转型，功能性政策和选择性政策结合是调整的方向

日本、韩国和中国台湾地区在经济转型期都出现了明显的产业政策转型，并且都体现出在强化以整体市场运行效率为核心的功能性产

① World Bank. The Growth Report：Strategies for Sustained Growth and Inclusive Development［M］. World Bank Publications，2008.

业政策的同时，兼顾针对具体领域的选择性产业政策。实际上，这三个经济体在经济高速发展阶段都曾以政府有效的选择性干预手段著称。不过，在产业结构向高级化过渡的重要转折期，政府及时做出了调整，减少了政府的直接干预，加强了市场机制的作用。同时，在市场失灵严重的问题型产业和高技术产业，政府继续制定了有针对性的政策措施，从而保证了产业结构和经济运行的平稳过渡。

日本产业政策的转型发生在20世纪70年代初，体现为在选择性产业政策的惯性路径下逐渐加强功能性政策的作用。1970年5月，日本通产省公布了《70年代通商产业政策》，提出了70年代产业政策的三个目标，其中第二个目标就是“最大限度地利用市场机制”，标志着日本产业政策由此转变。此后，日本相继出台了《产业结构长期展望》《新经济社会七年计划》《80年代的通商产业政策》和《前川报告》等旨在加强市场机制并对产业结构做出长期规划和展望的政策。不过，一向重视结构规划的日本政府仍然多方位贯彻着对具体行业的干预政策：一方面致力于调整问题产业和衰退产业，另一方面积极促进高技术产业的发展，特别是针对电子计算机、集成电路、飞机等部分重点产业的重点企业采取了直接的扶植措施。经过20世纪70年代的政策调整，到了20世纪80年代，日本的产业结构已呈现出高级化的结构特征：新技术产业发展迅速，特别是电子工业和新材料工业，在世界产业技术发展中居于领先地位。

韩国政府的产业政策从20世纪80年代中期开始明显向功能性转型，但同时仍辅以选择性的政策措施，有效推动了产业结构的升级过渡。1985年底，韩国政府通过了《产业政策法》，在法律层面上消除了所谓的“战略产业”。此后，产业政策开始更多重视发挥市场机制，向促进市场功能的方向转变。例如，加大研发支出、鼓励创新企业的发展、重视科技人才的培养等。到了20世纪90年代，韩国政府的新产业政策明确指出，“通过自由竞争，诱导产业结构升级和资源的有效配置”，并修改或废止了20世纪60～70年代制定的上千条政策措施。不过，在弥补市场失灵的主导方针下，韩国仍然选择性地支持了亟待发展的高端产业，甚至对个别重点产业的重点企业采取了直接扶持的措施，例如：1986～1993年间实施的“超大规模集成电路技术共同开发”计划，三星、LG和现代三家企业就受到了韩国政府的直接资助。通过对功能性政策的不断强化，并辅以适当的选择性政策，韩国的产业升级取得了巨大的成效。到21世纪初，韩国的很多高科技产品在世界上取得了举足轻重的地位，例如：韩国的造船业排名世界第一，半导体排名世界第三，汽车、家电、数码产品等均跻身世界前十名。

中国台湾地区的产业政策从20世纪90年代初开始转型，其特点是功能性政策和选择性政策相依相伴，共同推进产业结构的升级。1989年，台湾废止了实行近30年的侧重于产业的《奖励投资条例》，并于1991年开始实施旨在完善市场功能的《促进产业升级条例》，包括促进研究开发、人才培训、科技创新和自动化等方面的政策（蔡秀玲，2002）。与此同时，在“六年建设计划”中，提出了将通信、资讯、消费性电子、半导体、精密器械与自动化、航天、高级材料、特用化学与制药、医疗保健及污染防治等十大新兴工业作为产业发展的重点。此后，台湾的产业政策一直呈现出功能性与选择性政策相辅相成的特点，促使其产业结构不断趋于高级化。从1986年到1998年，台湾技术密集型工业产值占制造业比重由24.0%提高至42.8%，高技术密集产品占总出口比重由18.4%提升为41.1%，劳动生产率翻了一倍多。

欧美国家于2008年金融危机后开始加强产业政策的设计与实施。一向反对选择性政策的欧美国家，在这一时期继续强化了功能性产业政策的力度，例如：加强教育与培训、设立企业创新基金、建设科技基础设施等，以便为企业创新营造良好的环境。同时，也针对具体产业制定了选择性产业政策，例如：吸引制造业投资、大力发展新能源产业、支持汽车以旧换新等，以抢占产业发展先机，并解决国内就业和环境等方面的问题。

美国在金融危机后主要着眼于中长期发展战略，既有整体的战略规划，也有具体领域的促进政策，形成了一套完整的政策体系。在这一系列的政策措施中，综合了财政、税收、投资和人才培养等多方面的政策工具，彼此之间相互衔接、配合，提高了政策的有效性。在功能性政策方面，美国非常重视从教育培训、设施共享、服务中小企业发展等方面完善公共服务体系。在选择性产业政策方面，则不仅是要恢复制造业的份额和巩固其全球领先地位，更是要在新能源、新材料、信息技术、智能制造等新兴领域占据领导权。

英国政府一直将自己定义为市场塑造者（market shaper），2008 年金融危机后其产业政策的主要目标是支持企业创新和创业活动，包括：为处于起步和成长阶段的企业提供融资渠道，促进知识的创造和应用，帮助人们提高工作技能以便在未来寻找工作和创业，投资于现代低碳经济所需的基础设施建设，确保市场的开放性和竞争性以支持创新和提高生产率。同时，英国政府还强调在其具备比较优势的领域构建产业优势，例如：英国政府在 2009 年设立了创新投资基金（UK Innovation Investment Fund），主要向生命科学、信息通信技术、低碳和高价值制造业等部门进行投资。

德国政府同样表现出对科技创新的高度重视，通过功能性政策和选择性政策的有效结合，达到以创新推动就业增长并实现经济和社会可持续发展的目标。首先，加快部署高技术战略，采取追加科研经费、设立高科技创业基金、促进高校教育改革等一系列措施，推动高科技研究及产研结合。其次，确立了一系列重点科研领域的创新项目，主要涉及具有广泛应用前景的尖端及基础科技研究，包括信息、生物、纳米和航天等技术以及与此相关的医疗卫生、能源、安全和环境等领域。

法国在后危机时代的产业政策也是围绕创新和战略性产业的支持展开的。一方面，政府致力于研究与创新体系的改革规划，并不断完善创新政策组合，强化创新在促进经济恢复、增长以及对国家整体竞争力提升方面的促进作用。另一方面，也根据本国的发展需要积极确定重点发展的产业或技术领域，如生物、信息和纳米技术等。特别地，法国政府还通过直接补贴、税收优惠和政府运营的开发银行为私人部门提供资金支持。例如，法国在2009年提出大贷款（Grand Loan）计划，通过公开筹集350亿欧元以支持具有前瞻性的战略投资，包括数字经济、纳米和生物技术、可再生能源、低碳交通、创新型中小企业等。

可以看出，无论是经济转型期的东亚经济体，还是后危机时代的欧美国家，都将产业政策作为解决国内经济问题、促进可持续发展的重要手段。而且，其产业政策都呈现出体系化特征，既包含促进市场运行机制的功能性政策，也包含鼓励具体产业发展的选择性政策，尤其注重两类政策的有机结合、协调作用。这些做法为中国在今后产业政策的转型提供了有益的借鉴。

四、中国产业政策既有不少成功的经验，也有许多需要汲取的教训

通常，有两类国家特别重视产业政策：一类是市场机制不发达但

又急切渴望发展的低收入国家；另一类是经济环境良好但正在经历重要转折（如产业转型、经济危机）的中高收入国家。中国既是转型国家，又是追赶型国家，十分重视产业政策的作用。

改革开放以来，中国在逐步扩大市场在资源配置中的作用的同时，充分发挥了产业政策在产业结构、布局、组织和竞争领域的重大影响。1978～1991 年，中国确立了消费导向型的产业发展战略，产业政策主要致力于恢复产业基础、纠正产业结构，使轻工业得到迅速发展。这个时期，市场经济体制还未完全建立起来，政府在推动产业结构调整和产业发展方面发挥着很大的作用，产业政策的措施更多以政府投资、银行信贷、税收和计划等直接干预手段为主，间接干预手段为辅。

1992～2001 年，中国继续保持消费导向型的产业发展战略，短缺经济过后，产业政策开始致力于推动产业结构随消费结构升级的协调化、高度化发展。这一时期，市场经济体制逐步建立，产业政策运用大量直接干预的方式逐步减少，导向性的间接干预方式不断增加，综合运用经济、法律、行政等多种手段。

2002～2008 年，国际金融危机发生前，中国经济进入新一轮高增长，重化工发展迅猛，产业发展的战略呈现“重化工业主导”“消费导向型”与“创新导向型”相结合的特点，产业政策方向主要是解决资源、环境约束问题，并营造有利于科技创新的环境，依托市场和技术两种力量来推进产业发展。

2008 年下半年国际金融危机爆发后，为了应对危机，中国政府围绕着保增长、调结构、促升级等目标相继出台了不少政策。2009 年初，出台了汽车、钢铁、造船、石化、轻工、纺织、有色金属、装备制造、电子信息、现代物流等十大重点产业调整和振兴规划。2010 年下半年，国务院出台了关于加快培育和发展高端装备、下一代信息网络技术、节能环保、新能源、生物、新材料、新能源汽车等七大战略性新兴产业的决定，以抢占未来竞争制高点并推动产业结构优化。2015 年，国务院发布了“中国制造 2025”和“互联网 +”行动计划，目的是推动中国由制造业大国向制造业强国的转变以及通过互联网改造提升传统产业。

2002 年至今，中国市场经济体制已初步建立，产业政策更注重市场机制和利益导向机制的作用，更加注重对市场主体行为的引导，措施上综合运用经济、法律和必要的行政手段等。

从中国经济发展三十多年的总体成效来看，产业政策与市场化的改革一道，在推动国内产业结构调整、各类产业发展、工业化的快速推进、国民经济持续较快增长等方面起到了重大甚至是决定性的作用。但不容否认，中国产业政策的实践也出现了许多问题。如政策制定者对产业政策的理解和运用还不够全面和成熟；因信息不对称和不完全，使得产业政策目标、范围、着力点不准；因政府职能转型不到位，计划的痕迹还比较明显，以产业政策之名，用行政手段干预企业经营的行为时有发生；过度行政化和直接干预，对市场机制造成伤害；有些产业政策深入到对产业内特定企业、技术、产品和工艺的选择和扶持；制定和执行产业政策过程中存在着寻租行为；产业政策按企业所有制、大小、准入等形成不同的政策，有损公平和竞争；产业政策实施中的各类政策工具，效果差异很大，有些政策工具效果不尽人意；以产业政策来固化部门自身利益；产业政策未能有效协调地方间的分工，重复建设问题严重；产业政策与相关政策协调不足；部分产业政策与 WTO 规则发生冲突等。

一些产业政策甚至引起了很大争议。如 1994 年出台的《汽车工业产业政策》对中国汽车工业的发展的利弊影响问题就一直引起学界的争论，该政策被认为未能很好地鼓励和引导国内民营资本进入汽车工业领域，相反却阻碍着民营资本的进入，从而导致了汽车工业的“小、散、弱”、缺乏自主品牌、创新活力受到抑制。又如，2009 年《十大产业振兴规划》带来的投资过度扩张问题，也被认为是今天产能过剩的重要原因之一。

因此，对中国产业政策的作用需辩证看待，不能因产业政策的成效而否定市场机制，也不能因产业政策的问题而对其全面否定——恰恰相反，这正是需要进一步改进产业政策的理由。

五、新时期中国产业发展的背景和条件有了很大变化，这对产业政策提出新的要求

（一）从国际看，全球化水平和全球技术供给已经有了质的跃升

全球化深入发展，其广度和深度不可同日而语，世界已变成平的，国家之间具有高度的相互依赖性。交通、通信、互联网、电子商务、社会网络等快速发展，让世界更像地球村。当前的全球化从要素流动的内容、范围到参与主体，都已经与以往大不相同：生产、流通、贸易全球化纵深发展，各国间彼此相互依赖；全球分工体系发生重大变化，全球价值链、供应链、产业链已经形成；全球连接和全球流动不可阻挡；跨国企业和小微企业都能参与全球分工和协作。特别是，2008 年金融危机以来，创新全球化成为突出亮点。人才、技术、资本等创新资源要素在全球内加速流动和布局。由于各国间连接和依赖增强，相互影响加深，像中国、美国、欧盟这样大的经济体，其政策溢出效应显著，对全球产业格局变动带来更大影响。由此，国际合作更

加紧密的同时，国际贸易摩擦也更容易发生。这就要求一国在制定本国产业政策时，要考虑到溢出效应及相关国家的反应。

新一轮科技革命与产业变革正在发生，全球新技术供给活跃，为发展中国家和新兴国家提供了难得机遇。信息网络技术在研发、设计、生产、流通、消费、金融等领域深度应用与广泛渗透。新能源、新材料、高端装备、生物技术正在成为新的增长点。所有这些推动全球进入由新技术、新产业、新业态、新模式主导的新时代，推动传统企业边界、产业组织结构的深刻变化。特别是新产业革命所需的大量新技术尚处于发展早期，科技成果还停留在实验室阶段，没有实现与市场的有机结合。处于这个阶段的新技术革命几乎会将所有国家"拉回到同一起跑线上"。某些新兴或发展中国家甚至能比率先崛起的国家更适应新技术经济范式的要求。如果新兴经济体或发展中国家能以更快的速度构筑新技术体系，就能实现跳跃式发展，实现追赶目标。

（二）从国内看，中国的发展阶段、市场化水平、开放度已经有了很大提高

中国发展水平已有很大不同。2010 年中国成为全球第一制造大国和世界第一大汽车市场；2013 年成为全球第一货物贸易大国、全球最大的消费电子市场和全球最大物流市场；2014 年吸引外资位列世界第一；2015 年，对外投资额超过吸引外资数量。数据背后反映的是，中国在全球经济中的地位显著提升，也表明中国与全球经济联系更加密切。

中国的发展已进入工业化中后期向后期迈进的阶段（也有观点认为已进入工业化后期），产业结构处于全面调整和升级的阶段，正在跨越中等收入阶段（2015 年人均 GDP 已经超过 8000 美元），这个阶段不同于 20 世纪 80、90 年代的工业化初期生产力水平低下、产业规模小的阶段，也不同于 21 世纪头十年工业化中期的重化工业主导、产业规模急剧扩张的时期。从中国的技术进步特征来看，目前大致已经处于追赶阶段末期，甚至进入“技术边界共享前阶段”。这一阶段的特征是企业难以通过模仿和吸收获得新技术，而必须致力于自主研发。相对应地，经济中的主导产业也从原先的重化工业和集成装配工业向创新密集型部门转变。

中国基本形成了以市场为基础的经济系统，形成了完备的产业部门，搭建了数以百计的特色产业集群，掌握了当今国际主流的成熟技术，培养了规模庞大的中高端人才，形成了总量可观、结构不断提升的市场需求。发展到今天，应该说上述产业结构高级化发展所需的各种条件已经基本具备。

中国的市场化水平和开放度已有很大不同。在由计划经济体制转向市场经济体制的过程中，市场配置资源的基础性作用逐步得以发挥，初步建立起了统一开放、竞争有序的商品和要素市场体系。多数行业竞争充分，价格机制、竞争机制、供求机制在产业发展中发挥着核心作用。特别是，十八届三中全会提出要发挥市场在资源配置中的决定性作用和更好发挥政府作用，无疑将加快完善中国市场经济体制的步伐。

中国形成了沿海、沿江、沿边、内陆地区全方位的开放格局。2001 年加入世贸组织后，中国加快推进贸易体制改革，积极营造公平、透明的贸易和投资环境，市场的开放程度迅速提高。近几年，中国与多国签署了双边自由贸易协定，对外资实施准入前国民待遇与负面清单管理，实施更高标准的自由贸易园区战略，正在进行中美新一轮 BIT 谈判。可以预见不久的将来，中国将会形成一个开放范围更广、开放程度更深、开放层次更高的对外经济新体制。

（三）中国面临的产业问题和对产业的要求已经有了很大不同

过去，中国产业发展主要是解决短缺问题。近期，中国产业发展突出问题主要表现为：钢铁、煤炭等部分重化工业和部分新兴产业产能过剩、工业和房地产等行业固定资产投资持续下行、行业利润下滑、工业出口持续大幅下降、行业和企业分化严重等。从中长期来看，多年以来中国产业发展存在的一些深层次问题一直未能得到解决。

一是结构有待优化。农业基础薄弱，现代农业发展不足；工业科技含量不高，高新技术产业发展不快；服务体系不完整，服务业供给不足；交通、物流、原材料等仍是瓶颈产业；竞争性行业集中度偏低，垄断产业竞争不足；产业布局“结构趋同－产能过剩－恶性竞争－资源浪费”问题突出。

二是创新能力和核心竞争力弱。创新能力提升缓慢，关键、核心技术储备不足，尖端技术、核心零部件制造与美欧日差距较大。制造业贸易增值程度很低，劳动生产率远低于美欧日等发达国家；服务业缺少大企业集团和知名品牌，服务贸易逆差高；软实力严重缺乏，企业治理结构不完善，管理水平有待提高，知识产权、标准化意识淡薄。

三是发展不协调。农业、工业、服务业联动不足；同一产业内、上下游产业、大中小企业之间缺乏协调；虚拟经济对实体经济的支撑不够；中小企业和民营企业受市场垄断和大型企业挤压。

四是资源不可持续。产业发展的能源资源消耗强度大，如钢铁、炼油、乙烯、合成氨、电石等单位产品能耗较国际先进水平高出 10%～20%；矿产资源对外依存度不断提高，原油、铁矿石、铝土矿、铜矿等重要能源资源进口依存度超过50%；随着能源资源刚性需求持续上升，生态环境约束进一步加剧。

五是发展环境欠佳。政务、商务、法律、舆论、信用等环境并不理想，流通、物流、资金、信息和交易等成本较高，企业用工费用不断攀升，使得产业发展的传统比较优势大为削弱。

六是包容性问题。食品药品安全问题、工业交通安全事故时有发生；产业、企业和员工和谐度不高，一些企业未执行《劳动合同法》；城乡二元结构使农民工难以成为市民；部分传统产业吸纳就业能力下降；老龄化加深使产业正失去富有活力的劳动力大军。

（四）中国产业发展面临的挑战已经有了很大不同

一是贸易摩擦和壁垒。面对中国的崛起，某些国家心态发生了变化，不再将中国的发展看成是机遇，而是当作威胁。近年来，中国与一些国家的双边经贸关系变得复杂，不确定因素增多。一些国家正在努力推进新的贸易平台建设，如TPP、TTIP等，中国连续18年成为遭受全球反倾销调查最多的WTO成员，中国的市场经济地位也遇到各种压力。一些发达国家构筑技术壁垒，严格控制高端技术、设备向中国出口。

二是激烈的国际市场竞争。美国大力扶持制造业出口，通过加强贸易保护，限制国外产品对本地产品的竞争力；德国将增加出口竞争力为其国家优先战略；英国将鼓励出口当作实现经济更加平衡发展的途径，通过进军主要新兴市场，实现英国制造业国际化；法国通过扩大出口信贷、放松出口管制、推动对外投资等措施增加其工业品竞争力；日本将扩大新兴市场出口作为制造业振兴的战略重点。

三是发达国家和发展中国家的双重挤压。发达国家已在一些战略性产业领域取得重大突破，占据了国际竞争制高点。同时，跨国公司主导全球供应链，掌控全球价值链高端。东南亚、南亚等国家依靠廉价劳动力、土地、环境等优势，承接了大量劳动密集型产业。如果没有新的突破，中国有可能陷入高端技不如人、低端又被转移的“三明治陷阱”。

四是其他一些全球性挑战。全球资源和人才争夺、气候变化、能源和粮食安全、水危机、流行性疾病、环境保护、宏观经济和金融稳定、恐怖主义和地区冲突等对中国产业持续发展均有不同程度的影响。

（五）中国产业未来发展目标有很大不同

中国产业规模已经做大，中国产业发展的中长期战略目标是要实现“强、新、绿、智、联、特”。

“强”：全面掌握关键领域的核心技术，自主生产关键核心零部件；拥有大批世界水平的跨国企业、自主知识产权的关键产品和国际知名品牌，产品附加值高；具有国际规则和标准制定话语权，对全球供应链拥有较强控制力。

“新”：持续拥有新产品、新技术、新产业、新业态、新模式、新工艺、新流程、新组织。

“绿”：主要产业单位增加值能耗、水耗、资源综合利用率和废气减排达到世界先进水平；产品质量和生产流通安全有保障；产品符合消费者审美情趣。

“智”：产业发展更多基于科技、知识、信息和创新，数字化、网络化、信息化和高技术化程度高。

“联”：一、二、三产业联动；东、中、西地区产业联动；工业化与信息化联动；产业与社会、地区良性互动；产业与文化融合发展；产学研用紧密衔接；产业链、产业间、企业间分工协作；基础设施互联互通，物物相联、服务相联。

“特”：中小企业专业化、精细化和特色化；区域性和本地化产业特色鲜明。

总体来看，背景、阶段、问题和目标的变化，相应地要求产业政策适时做出调整。

六、新时期中国产业政策调整的思路

（一）思路

新时期产业政策应以改善产业发展的总体商业环境和市场机制运行为核心，结合对特定产业、部门、技术和任务的结构调整，着力克服产业发展中的瓶颈制约，增强产业创新能力、国际竞争力和可持续发展能力，促进资源配置效率和社会福利的提升，推动经济健康、持续、快速发展。

新时期产业政策调整要坚持四项原则：强化功能性政策；优化选择性政策；兼顾政策协调性；实现共赢国际化。

强化功能性产业政策，是指政府要加强对产业运行中市场失灵的弥补，以促进市场机制更加有效地发挥作用。如营造良好的制度环境和商业体系，加强公共服务建设和公共项目投资，提升教育科技水平等。

优化选择性产业政策，是指减少政府对特定产业直接干预的传统做法，将政府的作用限定在确实需要发展或解决问题的产业。如针对战略性行业的信贷支持，支持特定技术创新活动的政府采购和税收激励等。

兼顾相关政策协调，是指应当对不同政策统筹兼顾，促进政策之间的一致性和协调性。考虑宏观经济政策、社会政策、对外开放政策、区域发展政策与产业政策的协调。这些政策能为产业转型升级发挥促进作用，同时产业政策也应有利于实现宏观经济稳定、社会发展、国际竞争力提升、区域比较优势发挥等目标。

致力于国际共赢的产业发展，是指要将国内产业升级与国际产业发展结合起来。随着国内开放度的提高，中国应积极把握国际产业发展的机遇，根据自身在国际产业中的相对地位确立升级战略；通过自身产业升级，促进国际产业整体发展。此外，要在全球范围内，优化资源配置，促进国际产能合作。

上述思路和原则的概括如图 1 所示。

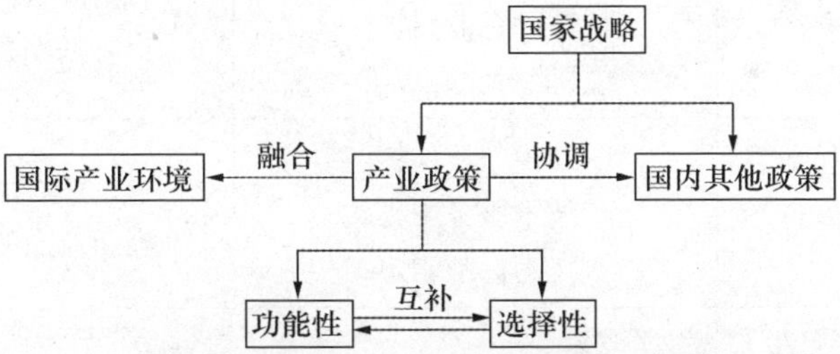

图 1　新时期我国产业政策的思路和原则

（二）框架

根据前述思路和原则，新时期的产业政策框架体系至少应包括三大方面：

1）产业政策的核心内容。主要从制度、要素（如资本、土地、劳动力、技术）等维度设计功能性政策和选择性政策。

2）产业政策与相关政策的协调方面。重点考虑产业政策与宏观经济、社会发展、对外开放、区域发展等相关政策的协调。

3）产业政策的国际协调方面。为了实现国际化背景下的共赢发展，中国产业的发展要立足于在国际竞争中的地位，积极参与国际产业分工，并广泛开展国际合作。

表 1 列出了中国新时期产业政策的框架和内容。

表 1　　中国新时期产业政策的框架和内容

<table>
<tr><td rowspan="7">产业政策的核心内容</td><td>政策领域</td><td>功能性政策</td><td>选择性政策</td></tr>
<tr><td>制　度</td><td>竞争机制
监管机制</td><td>产业准入制度</td></tr>
<tr><td>资　本</td><td>构建多层次资本市场
推动企业海外融资</td><td>战略投资基金
高新企业支持
技术改造资金</td></tr>
<tr><td>土　地</td><td>加强土地规划
规范土地市场</td><td>产业集群
基础设施</td></tr>
<tr><td>劳动力</td><td>加强职业技术教育
鼓励企业培训
规范劳动力市场</td><td>加强高端人才培养
提升低端劳动力效率</td></tr>
<tr><td>技　术</td><td>知识产权保护
技术服务中心
技术标准制定</td><td>绿色技术
高新产品的公共采购</td></tr>
<tr><td colspan="3" style="display:none"></td></tr>
<tr><td rowspan="6">兼顾相关政策协调</td><td colspan="3">产业政策与宏观经济政策</td></tr>
<tr><td colspan="3">产业政策与社会政策</td></tr>
<tr><td colspan="3">产业政策与对外开放政策</td></tr>
<tr><td colspan="3">产业政策与区域经济政策</td></tr>
<tr><td colspan="3">产业政策与环境政策</td></tr>
<tr><td colspan="3">产业政策与改革（如国企改革、政府职能转变等）</td></tr>
<tr><td rowspan="3">致力于国际共赢发展</td><td colspan="3">准确把握国内产业的国际地位</td></tr>
<tr><td colspan="3">积极参与国际产业的分工协作</td></tr>
<tr><td colspan="3">广泛开展国际产业的治理合作</td></tr>
</table>

七、新时期中国产业政策调整的若干建议

（一）营造公平竞争的市场环境，加快完善产业监管体系

减少对微观经济不必要的直接干预，包括试图主导产业发展与资源配置方向的做法。在尊重市场机制、不扭曲市场主体行为的前提下，对产业发展中市场机制不足的领域积极作为。打破地方与部门的分割，鼓励要素自由流动。减少直接针对少量企业和产业的补贴行为。同时，加快构建全面、系统的产业监管体系，包括产品质量、资源利用、环境保护、信用保障、信息安全等各产业发展领域的监管，在每个领域构建起多层次的高效监管体系。

（二）改变政府直接规定重点产业发展指导目录、重点领域指南等方式，转向更多以“非限制即许可”的负面清单方式来指导国家和地方产业发展

在引导各方资源向重点领域集聚的过程中，侧重于反映创新绩效、附加价值、产业核心竞争力等方面的指标和标准。具体而言，“负面清单”型产业准入政策的制定应遵循“三个步骤”，考虑“三个角度”，按照“四个清单＋两个标准”的配套体系贯彻实施。

“三个步骤”是指：一是要摸清家底，梳理当前存在哪些不符合国民待遇等义务的措施；二是应确定将哪些不符措施列入负面清单；三是应考虑将目前虽不存在不符措施，但未来可能需要采取不符措施的行业列入负面清单。

“三个角度”是指，为了提高负面清单的针对性和可操作性，需要从行业、投资主体、地域等三个角度进行分析，探索不同情形之下

相应负面清单的制定。

“四个清单＋两个标准”是为保证负面清单有效施行的配套体系。“四个清单”分别是负面清单、准许清单、政府权力清单和失信企业清单；“两个标准”指的是行业能耗限额标准和产业污染物排放标准。具体内容和实施方式以及功能如表2所示。

表2　“四个清单＋两个标准”的产业准入政策配套体系

清单或标准	主要内容	实施方式	功能作用
负面清单	国家产业结构调整目录中淘汰类和限制类项目，各地区结合产业发展和地区战略的要求禁止准入的部分行业	事前告知	告知企业禁止投资的行业及区域，把投资的决策权和选择权交还给企业自主决定
准许清单	保留部分核准事项，对目录内的项目，政府只审查产业政策、节能环保、公共安全等外部条件	事中准许	在特定行业中，告知企业具体投资管理方式，对企业进行条件审查
政府权力清单	将政府部门行政审批事项、程序和收费标准逐项细化	事前公布	实现政府管理“法无授权不可为”
失信企业清单	强化事中、事后监管，建立投资活动参与主体的“失信黑名单”	事中、事后监管	完善责任追究制度，将监管方式由事前审批向事中、事后监管转变
行业能耗限额标准	三级能耗指标：能耗限额先进值、能耗限额准入值和能耗限额限定值。新建企业或企业改扩建生产线必须达到“能耗限额准入值”；现有企业未能达到“能耗限额限定值”，其生产线将被强行整改或停产	事中动态补充	在事中通过监管，对不达标的企业，比照负面清单进行管理。将严重超标的企业纳入失信企业清单
产业污染物排放标准	将污染物排放限值分为直接排放和间接排放两类，新进企业排污量不得超过限值	事中动态补充	在事中通过监管，对不达标的企业，比照负面清单进行管理

（三）将创新政策放在产业政策中的核心地位

根据产业发展需要，有针对性地引导与出台相关的创新政策，推动产业发展中的创新要素集聚、配置和升级。以税收优惠、减免或研究开发财政拨款、补贴等形式提供创新激励；实施以创造或者扩大对创新产品市场需求为目标的政府采购政策；在创新成果产业化萌芽时期，发挥创新政策在融资方面的关键促进作用；改革科技投入体制，进一步提高研发资金使用效率，减少甚至逐步取消以各种专项基金为代表的财税优惠政策；加强知识产权保护力度，保护创新者的合法权益，提升知识产权附加价值；健全有利于创新的公共服务体系。

（四）从全球产业格局变动考虑产业政策制定

新时期中国产业政策的制定已经不能仅考虑产业自身的周期性，而需要根据国内产业在国际产业环境中的相对阶段和地位来制定。可以根据中国产业相对海外产业成熟度设计相应的产业政策。如图2的“4×4”的网格图，每个格子代表中国产业部门相对于全球产业发展的成熟度，并依此提出不同的产业政策。

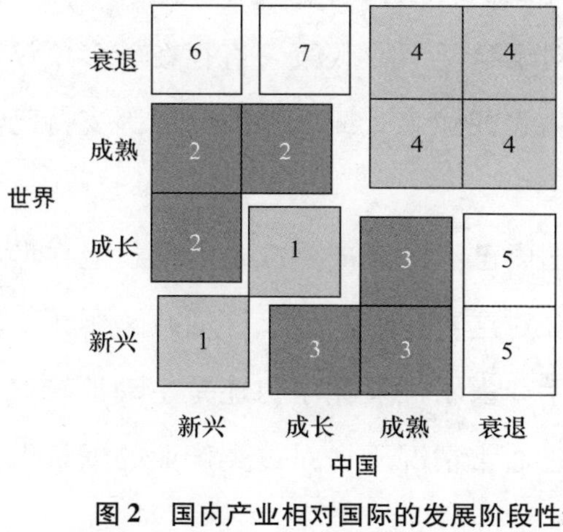

图2　国内产业相对国际的发展阶段性划分

位于区域1的产业属于在国内和全球均处于刚刚兴起或成长的早期阶段，主要是一些新兴技术产业，例如，3D打印、纳米、生物等。这类产业最适合采取高科技政策，在它们刚刚出现时就给予支持。当然，政府是否支持这类产业还应根据本国的市场规模和能力（如生产的规模和成本、研发实力等）来进行决策。如果是适合本国要素条件的产业，就应当努力发展并推动其进入区域3。

位于区域2的产业属于在世界范围内已经有所发展而在国内刚刚兴起的产业，例如，一些先进的制造业产业。这类产业是至今大多数发展中国家的产业政策所集中关注的领域，中国要充分利用后发优势，积极吸引跨国公司投资进入或技术输出，并对国内产业适当予以保护，实现能力追赶。

位于区域3的产业是中国在全球具有领先地位的产业。这类产业通常不需要明确的支持，但政府可以重点发展一个主导领域，以保持行业整体的比较优势。

位于区域4的产业在国内外均已进入成熟或衰退阶段。例如，某些传统的劳动密集型产业。政策的重点可以放在提升劳动生产率和竞争力上，为衰退的行业提供转型支持，或者采取贸易保护主义以维持产业、保持就业等。对于这类产业政策一直存在较多争议，特别是反对政府在产业中挑选赢家或输家，或因为政治原因支持已经超出有效生命阶段的产业。

区域5的产业在国内已经进入成熟或衰退期，但在世界上却处于刚刚兴起或成长阶段。对这类产业采取怎样的政策干预手段取决于国家是被动地被竞争对手夺去了产业竞争力还是主动地转移了不再适合本国国情的产业。不过通常情况下，对这类产业的默认做法是允许它们自然地转移。

位于区域6的产业，通常在国内只有少量稳定的生产商，但在世界上已经进入衰退期。对于发展中国家而言，在这类产业可能是具有比较优势的，因而采取积极的产业政策也是可行的。然而，这类产业的全球产品市场很可能正在萎缩，那么采取支持政策就是不明智的。

区域7的产业与区域6的类似，属于在国内处于成长期而在世界上已经衰退的产业，但是在该类产业具有比较优势的发展中国家更有可能成功赶超。不过，世界产业先于国内产业发展进入衰退阶段，也可能意味着该产业已经进入真正的全球性衰退。

（五）完善选择性产业政策的制定、实施和调整机制，做到精准发力和动态调整

建立一套科学的选择性产业政策制定、实施、评估与动态调整机制，这是产业政策未来可以发挥作用的重要条件。

选择性产业政策的制定需着眼于推动中国产业结构优化、创新、竞争力提升、可持续发展等，主要涉及：①产业发展的薄弱环节，如“六基”（核心基础零部件、先进基础工艺、关键基础材料、基础软件、基础研究和产业技术基础）；②国家未来必争的战略产业，如国防工业、航空航天、尖端制造、大数据、云计算、集成电路、纳米、基因技术、现代种业等；③国际竞争力弱的领域，包括幼稚性产业和需要实现进口替代的产业，例如数字机床、高端医疗器械、创新药、文化产业、健康产业、航空物流、国际快递以及产业标准、国际品牌等；④传统支柱产业转型升级，如钢铁、煤炭、有色金属、船舶等；⑤市场失灵领域，如节能环保、安全、应急、共性技术平台、公共检测平台、公共信息平台等；⑥基础产业，如能源、交通、通信等；⑦衰退产业转移和退出；⑧产业融合、合作、协同、集聚；⑨新技术扩

散；⑩产业组织优化等。

选择性产业政策的实施要有时限，以3～5年为宜，这与中国经济发展规划与产业自身发展周期比较吻合，同时也考虑到对产业发展趋势的研究制定、评估调整需要一定时间。期限太短，产业政策实施难有成效；期限太长，因形势和条件变化容易造成政策滞后。当然，战略产业规划可以考虑5年以上或更长时间。

做好选择性产业政策的评估工作和评估体系建设，建立从中央到地方、从部委到智库和第三方专业评估机构的多维度评估体系；加大对政策评估专业人才的培养。通过政策评估，为产业政策的动态调整提供依据。当前，可以启动对改革开放以来国务院和各部委相关产业政策的评估工作，清理不合时宜的产业政策。

（六）推动要素配置优化和升级

全面推动劳动力要素配置的优化和升级。改革高等教育体制，大学要把精英教育与创新、创业教育相结合，把“顶天”与“立地”相结合；加强职业技能教育体系，培养一大批适应传统产业升级和新兴战略性产业发展的高水平技术工人；通过完善《劳动合同法》等法律制度，促使企业建立健全内部人才培训体系。

推动资本要素配置的优化和升级。完善多层次资本市场，改变目前绝大多数金融资源通过银行等金融机构间接配置的格局，强化资本市场引导资本流动、支持创新、分散风险的能力；把发展以创业投资、私募股权投资为核心的科技金融体系作为国家战略，改变目前多部门负责而不能形成合力的状况；通过利率市场化，增强金融体系对创新型中小企业的金融支持能力；鼓励企业海外融资等功能性政策，对产业的升级发展提供资金支持。

推动土地政策的完善，减少对工业用地的“暗补”，逐步提高工业地价的市场化程度，同时增强土地规划的科学性和前瞻性，尽量减少土地用途变更带来的套利空间。

（七）加强产业政策和相关政策协调

加强产业政策与宏观政策协调。宏观调控政策应符合产业中长期发展要求，为产业发展创造良好的宏观环境。合理确定企业税负水平，实施结构性减税政策，进一步降低中小企业税费负担，着力形成有利于产业转型升级、创新、竞争力提升、国际化和可持续发展的税收结构。

加强产业政策与对外政策协调。推进中国与重要区域和贸易伙伴经贸一体化，加快推进自贸区建设，推动贸易便利化，减少贸易摩擦和准入限制。积极参与全球治理，提升中国在国际经济和贸易规则方面的话语权。加强产业政策与贸易政策协调，促进“产贸互动，产贸结合”。

加强产业政策与区域政策协调。产业空间分布要考虑资源环境承载力、发展基础和发展潜力，明晰不同地区的产业定位；产业发展战略和产业政策要考虑地区经济一体化、城市群发展、城乡一体化，充分发挥地区比较优势；区域规划、区域政策要考虑产业集聚、产业配套、产业链、供应链等现代产业运行特点，引导和促进有地区特色的产业结构形成。

加强产业政策与社会政策协调。社会政策要充分考虑产业发展阶段、产业战略目标以及业界接受程度，产业政策同样要考虑社会可接受度。建立产业政策与社会政策的有效协调机制。

执笔人：魏际刚　赵昌文　张永伟

第一章

产业政策的实践与理论依据

无论是在经济学理论上，还是在经济政策的实践上，产业政策无疑都是最具争议性的话题之一。长期以来，人们不仅对“什么是产业政策”缺乏统一、规范的经济学定义，而且对“为什么要实施产业政策”“产业政策的依据是什么”“如何实施好的（有效的）产业政策”，也一直缺乏统一的实证认知。

当下，全球经济仍然无法摆脱2008年国际金融危机的震荡，各国政府积极寻求新的增长空间，学术界开始反思经济学常识，在这样的复杂背景下，中国的产业政策正在令人瞩目地走向复兴（Stigliz，Lin和Monga，2013）[①]。这一次，无论是学术界还是产业界，抑或是政府的决策层，对于产业政策的认知和行动都在趋向统一。在这种背景下，再次探究产业政策的内涵和依据，深入解析产业政策争论的焦点，对于新时期中国产业政策的理论研究与政策实践，都具有十分重要的现实意义。

① J. E. Stiglitz, J. Yifu Lin and C. Monga, The Rejuvenation of Industrial Policy, The World Bank Working Paper, 2013.

一、产业政策思想与实践的简要回顾

尽管日本通产省在1970年前后才开始使用“产业政策”这个词，而经济合作与发展组织（OECD）于1972年才在正式出版的《日本的产业政策》一书中首次提出“产业政策”的概念，但是，产业政策的思想和实践显然要比“产业政策”这个词语拥有更悠久的历史，它甚至可以追溯至18世纪美国第一任财政部长亚历山大·汉密尔顿的《关于制造业的报告》[①]，以及19世纪中叶李斯特的幼稚产业保护理论[②]。

20世纪40年代末期兴起并于战后一度繁荣兴旺的发展经济学为产业政策的理论发展提供了强有力的支撑。在刘易斯、密尔达尔、赫希曼、罗斯托、钱纳里、罗森斯坦－罗丹、库兹涅茨等发展经济学家的理论指导下，拉美国家在20世纪60、70年代普遍实施了体现结构主义发展理念的产业政策。但对于刚刚摆脱殖民统治、迎来民族解放的广大发展中国家而言，由于市场经济不发达，存在严重的资本和外汇的双缺口，不仅金融体系和私人企业欠发达，而且缺乏从事制造业投资的意愿和能力。在这种情况下，由政府出面自上而下地实施系统的微观干预，特别是建立国有企业从事大规模制造业投资，就成为大多数发展中国家的产业政策选项。而在这一时期，市场失效理论的发

---

① 在反对重商主义的背景下，亚当·斯密于1776年提出了基于“看不见的手”（invisible hand）来优化资源配置的自由市场经济理论。而在同一个时期，美国第一任财政部长亚历山大·汉密尔顿于1791年却在向美国国会提交的《关于制造业的报告》中明确提出联邦政府要通过保护性关税、禁止原材料出口、鼓励创造发明、提高运输效率等措施来扶持本国幼小的制造业发展。参见Alexander Hamilton, Report on Manufactures, 1791年。

② 弗里德里希·李斯特《政治经济学的国民体系》，商务印书馆，1961年。

展则进一步强化了产业政策实施的必要性。

从产业政策实施效果来看，随着20世纪80年代以来以进口替代战略开始工业化进程的阿根廷、智利、秘鲁等拉美经济体相继陷入“中等收入陷阱”，经济长期陷入停滞，与发达国家的差距不仅没有缩小反而进一步拉大，社会收入分配不公现象加剧，制造业基本上被外资所主导，本国制造业和企业基本上处于外围和从属地位。而面对这一切，发展经济学却显得束手无策，以至于一些学者认为发展经济学会导致贫困和衰落[①]。当然，以发展经济学作为重要理论支撑的产业政策也一并受到质疑。

日本战后的经济奇迹在全球范围内掀起了实施产业政策的第一波高潮。战后的日本在一片废墟上不仅迅速恢复了元气，而且奇迹般地实现了持续的高速增长，成功跨越了“中等收入陷阱”，一度跻身世界第二大经济体。对于日本经济奇迹的解读，成为20世纪70、80年代国际经济学界和产业界的重要工作。一种典型的观点认为，日本经济奇迹很大程度上要归功于日本通产省主导实施了系统的产业政策。这种观点在具有政府干预传统的地区受到了普遍欢迎。一波又一波的学者和官员赴日本考察学习并回国后推广其经验，其中就包括中国。中国自20世纪80年代后期也开始重视制定并实施产业政策，尽管当时的中国经济尚处于向市场经济转型的初期。

然而，将战后日本经济奇迹与通产省主导的产业政策建立直接的对应关系，这在当时引起了相当大的争议。特别是对欧美成熟市场经济国家的市场原教旨主义者和新古典经济学者而言，产业政策对微观经济活动的直接干预，无论是“选择胜出者”（pick the winners）还是

① Deepak Lal, The Poverty of “Development Economics”, The Institute of Economic Affairs, 1983.

"保护失败者"（protect the losers），都被认为是破坏了市场机制的正常功能，扭曲了价格信号，从而导致资源配置的低效率。布鲁金斯学会的爱德华·丹尼森和威廉·张考察了1953～1971年这近20年时间里年均8.77%的增速背后的推动因素，他们认为资本积累、知识进步、规模经济及劳动力增加这四大因素贡献了其中的2个百分点，其余的增长因素来自于资源由低效率的农业部门转向了其他部门[①]（Edward F. Denison和William K. Chung）。还有一些学者开始从企业管理和生产方式等微观角度审视生产方式革命对日本经济起飞的贡献。其中最为典型的是美国麻省理工大学的学者詹姆斯·沃马克、丹尼尔·琼斯、丹尼尔·卢斯领导的"国际汽车计划组织"（IMVP），他们经过五年的多国多案例对比研究发现，以丰田汽车公司为代表的日本汽车企业之所以取得巨大的成功，主要归因于被称之为"精益生产"（lean production）或"丰田生产方式"（Toyota Production System，TPS）的"利器"，而这种明显不同于欧美传统福特制流水线式大规模生产方式（mass production），追求最大限度地减少生产过程中的时间等待和物料消耗、降低库存水平、提高供应链效率、现场持续改进、质量控制、重视团队作用的新型生产方式，具有强大的颠覆性和普遍的可移植性。他们甚至乐观地将引发巨大轰动效应的研究报告题目确定为《改变世界的机器》（James P. Womack，Daniel T. Jones和Daniel Roos）[②]。另外一些企业管理学家则认为年功序列制、企业内工会、企业间相互持股和终身雇佣制等是日本企业成功的秘诀和"神器"。

---

① Edward F. Denison and William K. Chung, How Japan's Economy Grew So Fast, The Brookings Institution, 1976.

② James P. Womack, Daniel T. Jones and Daniel Roos, The Machine That Changed the World, Free Press, 1990.

但是，即使在产业政策的大本营——日本，也有相当多的学者并不认同“产业政策决定论”。例如学者鹤田俊正在评价日本20世纪60年代政府对经济活动的干预时认为，“60年代实现了调整增长、产业结构高度化、出口竞争能力增强等成果，与其说是政策奏效，倒不如说更多的是依靠价格机制的顺利运行、企业的自主选择与企业的适应能力”（鹤田俊正，1984）[①]。青木昌彦认为，“政府在资源配置中的直接干预不是解释日本持续增长的最重要因素，对于不能归结为投入品增加的‘技术进步’尤其如此”（青木昌彦，1997）[②]。斯坦福大学日本研究专家查默斯·约翰逊等人则从政治经济学视角解析了隐藏在日本产业政策背后政治力量的角逐过程（Chalmers Johnson，1982）[③]。

将产业政策议题进一步推向高潮的力量来自东亚新兴经济体自20世纪80年代后的迅速崛起。特别是同处东亚文化圈的“亚洲四小龙”（特别是韩国和中国台湾地区）继日本之后也成功跨越了“中等收入陷阱”，实现了经济的快速起飞。他们的成功很大程度上得益于当局实施了系统的微观干预，或者说是日本产业政策的“2.0版”或强化版。因为几乎所有东亚经济体都通过实施产业政策计划来升级其产业结构，例如，新加坡政府实施了“第二次工业革命”计划，中国台湾当局实施了“产业升级”计划，韩国政府实施了“重化工业化战略”，香港政府实施了“产业多元化”项目，马来西亚实施了“重工业化”推进战略[④]（Petri，1993）。

---

① 参见小宫隆太郎等编《日本的产业政策》（中文版），国际文化出版公司，1988年。

② 青木昌彦，《无意的吻合：日本的组织演进和政府的制度设计》，参见青木昌彦等编《政府在东亚经济发展中的作用》，中国经济出版社，1998年。

③ Chalmers Johnson，MITI and the Japanese Miracle：The Growth of Industrial Policy，1925－1975，Stanford University Press，1982.

④ Peter A. Petri，The Lessons of East Asia：common foundations of East Asian Success，Washington，DC：The World Bank，1993.

世界银行1993年10月发布的研究报告《东亚奇迹——经济增长与公共政策》再一次将产业政策和“东亚模式”这些争议性话题拉进全球学者和官员的视野。世界银行的专家们从政府与市场关系的视角肯定了东亚经济体的经济成就。报告认为，东亚的成就可部分地归功于政府实施了系统化和多样化的干预（世界银行，1993）[①]。此外，结构主义派的经济学者认为，政府对新产业活动的选择性扶持是东亚新发展战略的突出特征（Amesden，1989）。在他们看来，对特定的新产业活动提供量身定制的财政补贴和市场保护有助于企业家降低成本和风险；选择性干预有助于抵消市场不完善的问题；特定行业的激励性投资将对其他行业厂商产生积极的外部效应。产业政策只有在目标过度膨胀或者靶向目标过于分散时，其实际效果才会大打折扣（Petri，1993）[②]。

尽管1997年爆发的亚洲金融危机使得被世界银行赞赏的“东亚模式”遭遇严峻的挑战，但是经过了一个时期的沉寂之后，东亚经济再次显露出勃勃生机。每隔4年就对东亚经济体进行新一轮发展评估的世界银行的专家们，继《东亚的教训》[③]和《东亚奇迹反思》[④]报告之后，又发表了《东亚复兴：关于经济增长的观点》的研究报告，赞扬了东亚经济体在鼓励制造业领域的创新和技术发展、促进贸易和投资、推动城市发展和扩大公共需求等方面的经验。东亚的经验能否被复制到其他国家，这是一个难题。换句话说，衡量某项产业政策是否产生了积极效果通常是非常困难的，因为即使某个特定产业得到了政

① The World Bank, The East Asian Miracle: Economic Growth and Public Policy, Oxford University Press, 1993.

②③ Peter A. Petri, The Lessons of East Asia: common foundations of East Asian Success, Washington, DC: The World Bank, 1993.

④ J. E. Stiglitz and Shahid Yusuf ed. Rethinking the East Asian Miracle, The World Bank, 2001.

府的补贴之后取得了快速发展，也不能说这就完全是政府直接干预的结果（Stiglitz，1996）[①]。

自20世纪80年代中期到90年代的十余年时间，应该说是中国产业政策研究与实践的高峰期。在这一时期，不仅是产业政策理论研究进入到活跃期，中国政府更是先后颁布实施了若干综合性和部门性的产业政策文件，如1994年国务院颁布了《九十年代国家产业政策纲要》和《汽车工业产业政策》等。在这一时期，无论是学界、政府官员还是企业界，都对产业政策在中国的实施效果，特别是产业结构调整寄予了厚望。

新制度经济学在20世纪90年代的繁荣为理论界对产业政策的研究提供了新的方法论和全新的视角。将产业政策中的政府行为纳入到政府行为、政府失效和公共选择等制度分析框架当中，这不啻于产业政策理论研究领域的一场方法论革命（江小涓，1993）[②]。越来越多的人开始意识到政府在制定和实施产业政策的过程中，存在着“经济人行为假设”、信息不对称、干预过度、寻租、道德风险、决策低效、利益集团的政府俘获等“政府失效”问题。以纠正市场失灵为出发点和理论依据的产业政策，如何避免产业政策的实施过程产生大于市场失灵成本的政府失灵成本，就成为产业政策争论的焦点所在。

进入新世纪后，全球范围内关于产业政策的争论一度沉寂下来，其原因是多方面的。其一是曾经被奉为产业政策一代宗师的日本，自1985年的广场协议后陷入了长达二十余年的经济低迷期，更为悲观的是还看不到希望的曙光。一些学者在分析原因时指出政府的经济政策

① J. E. Stiglitz, Some Lessons from the East Asian Miracle, The World Bank Research Observer, vol. 11, 1996.

② 江小涓，《中国推行产业政策过程中的公共选择问题》，经济研究，1993年第6期。

失当难辞其咎。如政府为了支撑原有的产业模式，不得不采取宽松货币政策和日元贬值政策，使得日本最终陷入长期的金融困境而不能自拔（野口悠纪雄，2013）[①]。而在1955～1980年所谓的产业政策高峰期，日本80%的财政预算补贴都集中投向了农业、林业和渔业，而只有很少一部分投向了高科技部门。政府对研发活动的资助规模很小，且得到政府资助的行业的全要素生产率增长速度甚至低于其他行业[②]。

其二是全球化进程加速。在跨国公司的主导下，商品和生产要素在这一时期跨越国境进行大规模、大范围的流动与配置，特别是发达国家高成本的制造业开始大规模向低成本的中国、印度、越南、泰国等地转移，公司内贸易在国际贸易中的地位不断上升，这些在客观上要求各国政府大幅度减少对资源和要素跨境流动的制度性限制。产业政策的着力点开始由选择性的产业政策向功能性的产业政策转变。

其三是作为实施产业政策较多的大型新兴经济体，中国加入多边国际贸易组织——世界贸易组织（WTO），并进一步加快了市场导向的改革和开放步伐。2001年底加入WTO，成为中国产业政策实践的一个重要的分水岭。在此之前，中国还拥有许多相机抉择的产业干预措施，如国产化率要求和关税壁垒等。但这些产业政策工具在加入WTO后都失去了正当性。例如，中国汽车产业政策中原本有对构成整车特征的进口零部件按整车计征进口关税的政策，但在被国外汽车厂商投诉至WTO后，中国被迫进行了调整。

近年来关于产业政策的讨论来自于2008年以来席卷全球的国际金融危机。国际金融危机爆发以来，各国政府，包括发达经济体和不发

① 野口悠纪雄，《日本的反省》（中文版），东方出版社，2013年。

② Howard Pack and Kamal Saggi, The case for industrial policy: a critical survey, a working paper for the World Bank, 2006.

达经济体在内都在寻求建立新的经济增长的长期驱动力量，从推动绿色增长和低碳经济，到以智能制造、工业互联网、工业机器人、3D 打印、云计算、大数据产业、新能源、新材料等为代表的一大批新技术、新产业引发的新产业革命，都对政府实施新的产业政策提出了要求。无论是美国提出的制造业复兴战略还是德国的工业 4.0 战略，抑或是“中国制造 2025”战略等，都成为新时期产业政策的推手。

而这个新时期的产业政策将与以往产业政策存在明显差异，即不再集中于财政资助、税收减免、融资优惠、市场保护等这些传统手段上，取而代之的将是包括产业集群政策、投资促进政策、政府采购政策、绿色低碳、产业协调政策、优化政策评估等在内的“新产业政策”。

二、产业政策的内涵、目标与构成

关于到底什么是“产业政策”，多年来学术界一直缺乏统一的、规范的定义。大体上，产业政策的内涵包括广义和狭义两个层面。

广义的产业政策是指影响一国产业发展或竞争力的任何政策（Beath，2002；Robinson，2009）①。从这个概念出发，容易看出，广义的产业政策更倾向于提高竞争力和生产效率的一般性政策（Warwick，2013）②，通常包括针对影响产业间和产业内资源与要素再分配的政策。而狭义的产业政策则仅指影响产业间资源和要素再分配的经

① J. Beath，“UK Industrial policy：Old Tunes on New Instruments?” Oxford Review of Economic Policy，Vol. 18，No. 2，2002.

James A. Robinson，Industrial Policy and Development：A Political Economy Perspective，2009.

Joseph E. Stiglitz and J. Yifu Lin，The Industrial Policy Revolution Ⅰ：The Role of Government Beyond Ideology，Palgrave Macmillan，2013.

② Ken Warwick，Beyond Industrial Policy：Emerging Issues and New Trends，OECD Science，Technology and Industry Policy Papers，No. 2，2013.

济政策，即选择性产业政策。

在 OECD 对部分国际机构和专家学者关于产业政策定义的表述进行归纳的基础上，笔者进行了部分补充。

【专栏 1】　　产业政策的定义

OECD（1975）：产业政策是关于促进产业增长和效率提升的政策①；

Curzon Price（1981）：产业政策是政府实施的旨在促进或者抑制产业结构变化的一套政策工具②；

Wachter 和 Wachter（1981）：产业政策术语指的是政府和企业在微观层面上的关系③；

Tyson 和 Zysman（1984）：产业政策是政府针对或为化解特定行业内部困难而实施的政策④；

Johnson（1984）：产业政策是由政府发起和协调实施的，用来提高整体经济和特定产业的生产效率和竞争力的政策⑤；

小宫隆太郎（1988）：政府为改变产业间的资源分配和各种产业中私营企业的某种经营活动而采取的政策。换句话说，它是促进某种产业的生产、投资、研究开发、现代化和产业改组而抑制其他产业的同类活动的政策⑥；

---

① OECD, Objectives and Instruments of Industrial Policy: A Comparative Study, Paris, 1975.

② Curzon Price, Industrial Policies in the European Community, London: Macmillan, 1981.

③ M. L. Wachter and S. M. Wachter, "Introduction", in M. L. Watcher and S. M. Watcher (eds.), Toward a new U. S. Industrial Policy? Philadelphia: University of Pennsylvania Press, 1981.

④ L. Tyson and J. Zysman, eds., American Industry in International Competition: Government Policies and Corporate Strategies, 1984.

⑤ C. Johnson, "The Idea of Industrial Policy", in C. Johnson (ed.), The Industrial Policy Debate, Institute for Contemporary Studies, 1984.

⑥ 小宫隆太郎等编，《日本的产业政策》（中文版），国际文化出版公司，1988 年。

Graham（1986）：产业政策指的是那些以某种方式影响制造业和服务业的政策[①]；

Geroski（1989）：产业政策是一个基于微观供给的、广泛的、混杂的政策集合，其目的是以各种方式来提高市场绩效，而这些手段偶而会相互掣肘[②]；

Krugman 和 Obstfeld（1991）：产业政策是政府鼓励资源流入那些被认为可能会对未来经济增长起至关重要作用的特定行业的政策[③]；

Chang（1994）：产业政策是针对特定产业（包括构成这个产业的厂商）实施的，以取得有利提升整体经济效率的政策[④]；

Sharp（1998）：产业政策可被定义为政府实施的旨在影响产业的资源分配的任何政策，既包括宏观经济政策也包括传统微观经济政策[⑤]；

Foreman-Peck 和 Frederico（1999）：产业政策是影响作为经济重要部分的产业发展的每一种政府干预行为[⑥]；

Rodrik（2004）：产业政策是支持充满活力的经济活动的结构性重组政策，不管这些活动本质上是发生在工业还是制造业内部[⑦]；

---

① H. Graham, European Industrial Policy, Croom Helm, 1986.

② P. A. Geroski, "European Industrial Policy and Industrial Policy in Europe", Oxford Review of Economic Policy, Vol. 5, 1989.

③ P. Krugman and M. Obstfeld, International Economics: Theory and Policy, Addison-Wesley, 2005.

④ H – J. Chang, The Political Economy of Industrial Policy, St. Martin' s Press, 1994.

⑤ M. Sharp, "What is industrial policy and why is it necessary?" paper prepared for TSER project on Science, Technology and Broad Industrial Policy, 1998.

⑥ J. Foreman-Peck and G. Frederico, European Industrial Policy: The Twentieth-Century Experience, Oxford University Press, 1999.

⑦ D. Rodrik, "Industrial Policy for the Twenty-First Century", KSG Working Paper No. RWP04 – 047, Harvard University, 2004.

J. Robinson（2009）：产业政策是政府为推动产业发展而有计划地实施的经济政策[①]。

关于产业政策的目标，大体上概括为如下几个方面：

一是总体绩效目标。通过系统地实施产业政策，来显著改善产业间和产业内的资源配置结构和效率，进而提高整体经济效率和质量，提升经济运行的总体绩效。

二是提升竞争力目标。提高指定产业和企业的竞争能力，以迎接国际竞争对手的挑战。优化产业结构和产业组织，以及产业创新政策等都是以此目标为出发点[②]。

三是调整援助目标。通过实施产业调整援助政策，有效地缓解因市场因素造成的生产能力、生产要素、生产厂商或区域社会发展不足等各种难题。

四是重塑动能目标。通过产业政策的实施为未来的长期经济增长塑造新的产业支点，例如培育新兴产业发展的政策，这对于长期处于增长乏力状态下的经济体而言尤为重要。

五是可持续增长目标。通过实施绿色导向的产业政策（如针对高耗能和高污染行业制定严格的节能减排标准，或实施差别化的环境税收政策），推动绿色产业的发展以及各类产业的绿色转型。

关于产业政策体系的构成，依据不同分类标准，我们可以将产业政策体系进行相应的归类与分解：一类是产业间或产业内的资源分配相关的产业政策，例如产业基础设施政策和产业结构政策（包括产业

① J. A. Robinson, Industrial Policy and Development: A Political Economy Perspective, paper prepared for the 2009 World Bank ABCDE conference in Seoul June 22 – 24.

② Congressional Budget Office, The Industrial Policy Debate, 1983.

扶持政策和产业调整援助政策）等；另一类是与产业组织相关的产业政策，如产业合理化政策和中小企业政策。如图 1－1 所示。

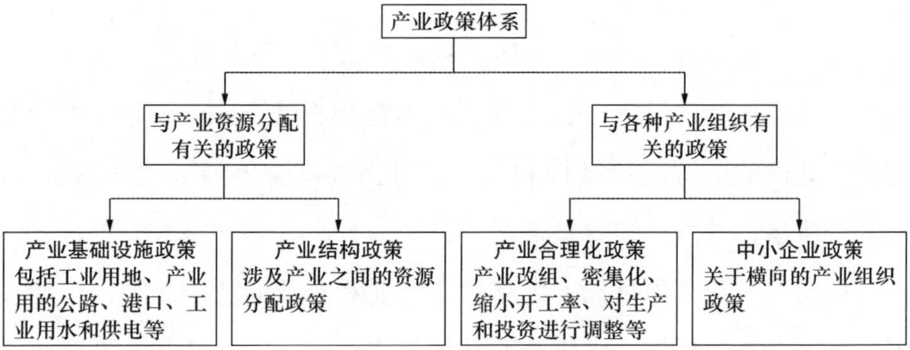

图 1－1　产业政策体系

注：根据小宫隆太郎的产业政策分类进行归纳整理。参见小宫隆太郎等，《日本的产业政策》（中文版），国际文化出版公司，1988 年。

根据产业政策是否具有特定的产业指向（industrial targeting），可以将产业政策划分为“横向的产业政策”（horizontal policy）（也称为“功能性产业政策”，functional policy）和“选择性产业政策”（selective policy）。其中，横向的产业政策的目标主要是为产业发展提供宽松的制度环境，或称之为“框架性条件”（framework），例如维持稳定的宏观经济环境，保持生产要素的高流动性和要素市场的良性运转等。横向的产业政策并不意味着它没有一定的产业指向。相反，它也会针对特定产业来实施，如实施指定产业的投资激励政策，或者特定生产技能政策，还可能是为特定部门提供咨询服务（K. Warwick，2013）①。

选择性产业政策就是狭义的产业政策，它通常包含两个大类：第一个大类是对具有战略意义的产业提供各种扶持政策，即通常所说的

① K. Warwick（2013），“Beyond Industrial Policy：Emerging Issues and New Trends”，OECD Science，Technology and Industry Policy Papers，2013，No. 2.

“选择胜出者”的政策（pick the winners），这也被称作“战略性产业政策”（strategic policy）。一般情况下，这类战略性产业政策针对两种产业来实施：一种是针对幼稚产业的“追赶战略”（catch-up strategy）；另一种是针对现有优势产业的“领先战略”（frontier policy）[①]（见图1－2）。

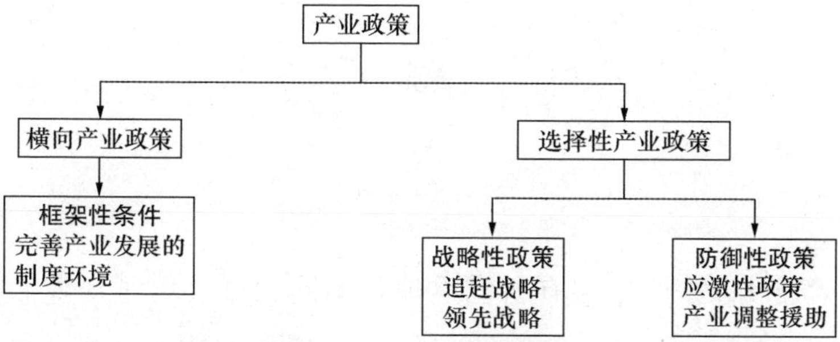

图1－2　产业政策分类

注：K. Warwick，“Beyond Industrial Policy：Emerging Issues and New Trends”，OECD Science，Technology and Industry Policy Papers，2013，No. 2.

另一个大类选择性产业政策是“防御性政策”（defensive policy）或“应激性政策”（reactive policy）[②]。它主要针对的是处于长期停滞或衰退困境中的产业来实施，以帮助它们有序退出市场，同时减少社会震荡，即日本学者所说的“产业调整援助政策”。

执笔人：石耀东

①② K. Warwick（2013），“Beyond Industrial Policy：Emerging Issues and New Trends”，OECD Science，Technology and Industry Policy Papers，2013，No. 2.

第二章

新时期对产业政策的新要求

改革开放以来，中国有所侧重地在不同领域实施了产业政策。如1978～1991年，通过产业政策纠正产业结构重大比例关系的失调，促进短线产业加快发展，抑制长线产业发展，努力使各方面失调的比例调整过来。1992～2001年，产业政策重视产业结构升级，推动各次产业发展，重视基础产业、支柱产业和高新技术产业发展，重视增长模式转换等。2002年至今，产业政策转向产业结构的调整、优化和升级，推动产业发展从“量”向“质”的转变。不同时期的产业政策虽然存在这样那样的问题，但在促进产业结构调整促进增长和发展、促进行业竞争力提升方面起到了重要作用。

但近年来，中国发展进入新常态，经济增长动力、产业发展模式、政府和市场的关系都发生了重大改变。经济发展中出现了许多新的约束因素，在这种背景下，要想取得新的产业升级和提高，拓展新的发展空间，就需要我们对中国产业政策的实践进行客观评价，总结其经验和教训，探索新的产业政策方向。

一、发展水平显著提高，技术创新的不确定性增大

追赶型经济体的一个重要后发优势是可以进行技术模仿和吸收，因此产业发展的不确定性较小。而随着与发达国家人均 GDP 水平的接近，这种技术进步的空间快速缩减，支持特定产业发展的产业政策效力也将明显弱化。

（一）发展水平的提升带来技术发展模式的转变

1. 人均 GDP 进入中高收入国家行列，发展阶段出现了阶段性提升

改革开放以来，随着经济快速增长，中国的人均 GDP 水平也有显著提高，特别是 2010 年中国人均 GDP 跨越上中等收入国家门槛（upper middle income），标志着中国进入了新的发展阶段。1978 年时，中国人均 GDP 水平仅 190 美元，而 1997 年之前，中国一直属于世界银行所划定的低收入国家行列（1997 年时低收入国家标准是人均 GDP785 美元。直到 1998 年，中国人均 GDP 达到 826 美元，首次达到世界银行标准的下中等收入国家行列（761 ~3030 美元），同年中国人均 GDP 是世界平均水平的 15.3%；到 2010 年，中国人均 GDP 达到 4240 美元，首次跨越上中等收入国家门槛（3976 美元），到 2015 年，中国人均 GDP 已经提高到 7855 美元，是 2014 年高收入国家标准 12745 美元的 61.6%（见图 2 –1）。

1978 年，中国在有统计数据的 120 个国家或地区中，人均 GDP 水平仅列第 112 位，仅高于马里、卢旺达等 8 个小国（地区）。到 1998 年，在 182 个有人均 GDP 统计数据的国家或地区中，中国列第 125 位，2013 年，在 175 个国家（地区）中，中国人均 GDP 水平列第 76

位，2015 年提升到第 74 位。

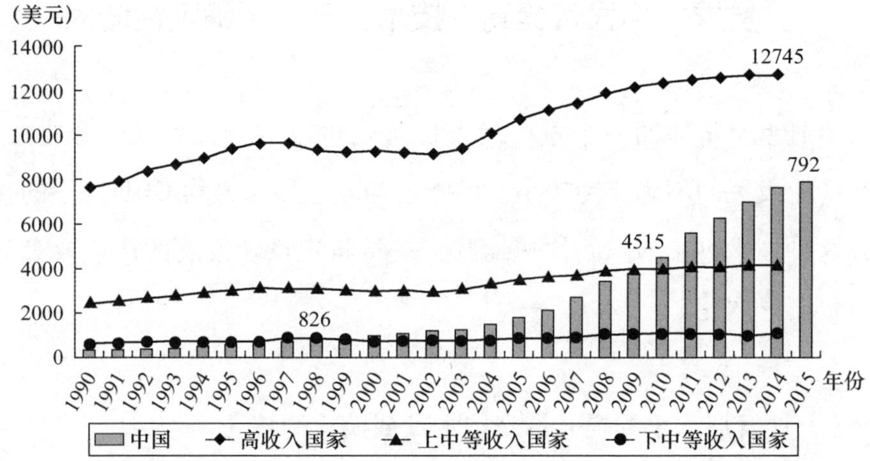

图 2-1　历年中国人均 GDP 水平（现价美元）及与世界银行对国家划分标准的比较

资料来源：世界银行。

从更广泛的“人类发展指数”看，中国也取得了显著的进展。人类发展指数（Human Development Index，HDI），是联合国开发计划署（UNDP）从 1990 年开始发布的、用以衡量各国社会经济发展程度的标准，并依此将各国划分为：极高、高、中、低四组。只有被列入第一组“极高”的国家才可能成为发达国家。联合国开发计划署最新出版的《2014 年人类发展报告》中按照 2010 年的新计算方法（即现行的计算方法）统计，中国大陆地区平均人类发展指数趋向统计为：1980 年数据统计为 0.423，属于低人类发展指数；1990 年升至 0.502，2000 年升至 0.591，步入了中人类发展指数；2005 年升至 0.645，2008 年升至 0.682，2010 年升至 0.701，步入了高人类发展指数；2015 年升到 0.727，进步非常显著。

2. 与发达国家发展水平的差距不断缩小，追赶型技术进步模式的潜力逐步消耗

还是从人均 GDP 发展水平看，1978 年时，中国人均 GDP 仅是美国的 1.47%，是发达国家平均水平的 2.36%；到 2000 年时，中国人均 GDP 是美国的 2.62%，是发达国家平均值的 4.37%；到 2015 年时，是美国的 14.05%，是发达国家的 20.1%（2014 年）（见图 2－2）。

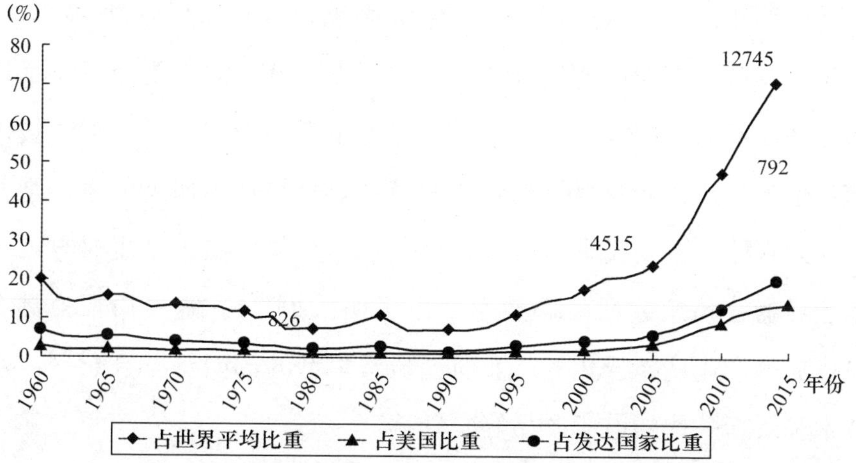

图 2－2　历年中国人均 GDP 水平与美国和发达国家的比较

资料来源：世界银行。

在不同的发展阶段，技术进步和产业发展的模式有着很大的差别。Narula（2004）认为，后发国家的技术追赶大致可分为四个阶段，在不同的阶段对应不同的主导产业：

一是追赶前阶段。这时期技术创新能力非常薄弱，甚至难以引进和消化吸收国外的先进技术，因此技术进步主要依靠购买设备，进而获得内化于设备的技术水平。

二是追赶阶段。这时期经济体内已经具有了一定程度的技术实力，包括高素质的技术人才得到培养，经济体对国外技术的吸收和再创新能力不断提升，技术积累越来越快。在追赶阶段，具有比较优势的产业从劳动密集型产业（如纺织等），首先向产品同质化程度高、规模化发展趋势明显的重化工业（如钢铁、石化等）转移，最后则转移到以集成装配为主的差异化产业（如汽车制造、早一代的电子产品、飞机制造等）。

三是技术边界共享前阶段。这时期经济体技术整体仍然落后于先进国家，但在少数领域已经达到世界先进水平。在多数领域，吸收和消化外部知识的空间显著缩小。究其原因，一方面是越靠近技术边界，知识越复杂，内隐性越强，掌握也越困难；另一方面是处于技术边界的经济体不愿意把技术出售给潜在的竞争者，能够帮助掌握该技术的信息也很少。企业获得新技术的途径主要是在自主研发的基础上，结合对外直接的研发投资、组建联合企业、在技术尚未出现时与处于技术边界的公司组建研发联盟等（冯玉明，2007）。这一阶段，具有比较优势的产业从差异化的产业向创新密集型的部门（如新材料、生物技术和最新一代的电子产品等）转移。

四是技术边界共享阶段：经济体技术已处于领先水平，技术能力的进一步提升只能靠创新（见图2－3）。

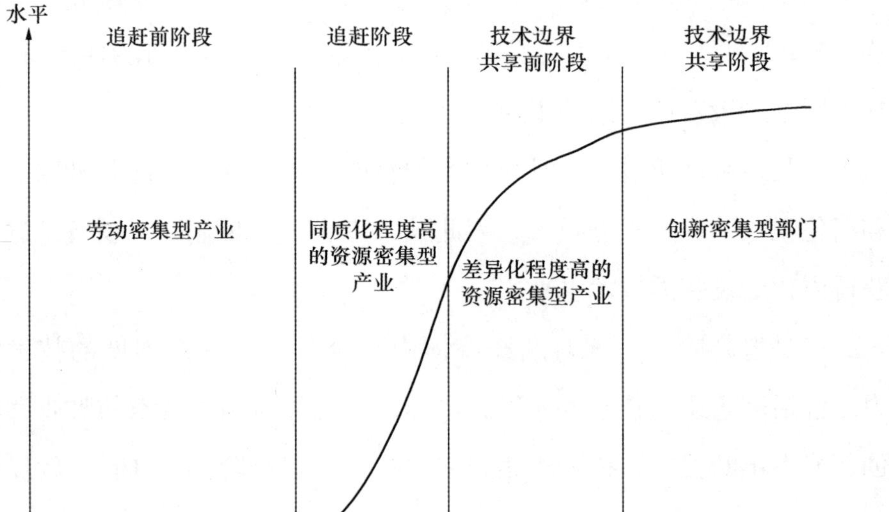

图2－3　技术追赶的阶段和相应技术水平

资料来源：冯玉明（2007）。

从中国的技术进步的特征看，目前我国大致已经处于第二阶段末期，甚至进入第三阶段，即“技术边界共享前阶段”。这一阶段的特征是企业难以通过模仿和吸收获得新技术，而必须致力于自主研发。相对应地，经济中的主导产业也不是原先的重化工业和集成装配工业，而正在向创新密集型的部门，由于创新密集型部门不像传统产业那样具有清晰的发展道路，因此传统的产业政策必须相应做出改变。

（二）一大批新技术已经达到国际先进水平

随着制造业规模不断扩大，工艺设备水平和创新能力不断提高，在一些制造业领域中国已达到了世界先进水平。例如中国的高速铁路制造业，通过广泛吸收日本、德国和法国等多个国家的成熟技术，并进一步加以整合提高，中国已经形成了成熟完善的高速列车生产线。至2013年底，中国高速铁路运营里程正式突破1万公里的标志性节点，2015年快速增长到1.9万公里，中国成为世界上高速铁路投产运营里程最长、在建规模最大的国家。中国的载人航天、探月航天等一大批高精尖工程顺利推进，带动了中国制造技术水平不断提升。

中国在其他众多领域也取得了突出进展，例如依托“核高基”、新一代宽带无线移动通信网、高档数控机床与基础制造装备、大型飞机等科技重大专项实施，一大批重点领域的关键技术取得了重大突破。采用国产CPU和软件的神威蓝光千万亿次计算机技术位于国际前列，自主研发的存储器芯片出货量超过430万颗，自主研发的智能手机浏览器用户超过3亿户，65～45纳米集成电路制造工艺实现量产，国产基础软件、工业软件、信息安全软件的研发和应用推广进程加快，大型立式五轴联动加工中心研制成功，6400吨大型快速高效全自动冲压生产线已实现向发达国家出口，C919大型客机正式转入详细设计阶段，自主研发的TD-LTE-Advanced被认定为两大4G国际标准之一，北斗卫星导航系统成功完成组网，并提供区域导航定位服务。

互联网和信息技术等新产业、新业态的发展与世界差距显著缩小。近年来，在中国大力推进信息通信等基础设施制造业，推动“宽带中国”等重点工程的作用下，中国的互联网和信息技术服务业快速发展，为中国在信息经济时代迎头赶上世界先进水平奠定了基础。2015年11月11日，线上购物平台淘宝和天猫的销售额超过了912亿元人民币。此外，百度的网络搜索量每天高达50亿次，上亿的中国人使用腾讯的社交应用软件“微信”。目前中国的网民规模达到6.68亿，且在持续增长。这意味着，互联网正在从根本上重构中国人的生活方式。根据麦肯锡的研究，2010年，中国的互联网经济只占GDP的3.3%，落后于大多数发达国家。而到了2013年，中国的iGDP指数（互联网经济占GDP比重）升至4.4%，已经达到全球领先国家的水平。

（三）技术创新的不确定性要求政府支持和管理方式的调整

产业的发展与技术进步密切相关，正确的技术选择可以打开广阔的市场，错误的技术选择不可避免被市场淘汰。然而在进入了“技术追赶阶段后期”，或者“技术边界共享前阶段”以后，不同产业发展的路线出现了很大的不确定性，即使企业自身也很难准确判断究竟哪种技术可以最终胜出。例如彩色显示系统行业的“等离子和大屏液晶之争”，在开始阶段企业之间意见不一、争议不休。因此，如果政府还是延用以前的支持某一行业，或者坚持某种技术的形式，不仅可能浪费大量资金，甚至可能误导企业走向错误的技术路线。所以随着技术追赶阶段的变化，产业政策的实现方式必须要进行相应调整。

二、工业化进入新阶段，新兴产业发展需要更多依靠市场竞争

所谓工业化本来仅是指随着工业发展，工业在经济中的比重不断提高的过程。但由于工业化往往也意味着经济发展水平的提高，因此，人们平时所说的工业化进程并不仅仅表示工业自身的发展，往往将工业化进程等同于发展的概念（波金斯，2013）。国内研究对工业化也多采用宽广的定义，并不仅仅将工业化等同于工业比重的提高或工业本身的增长。陈佳贵（2006）提出了判断工业化水平的5个指标，但实际上，由于中国的特殊体制原因，改革开放以后的很长时期内工业比重高，而服务业比重低，导致中国的产业结构与发达国家有很大差别。中国的城镇化水平和第一产业就业比重很大程度上也受到二元经济结构体制的重要影响。因此，判别工业化阶段，最重要的应以人均GDP水平为指标，并兼顾其他指标的变化。

（一）对中国工业化阶段的初步划分

在关于中国工业化发展阶段的相关研究中，判别当前中国处于何种阶段的较多，明确进行阶段划分的较少。在划分不同工业阶段的标志值上，钱纳里（1986，1988）提出了基于1964年不变价美元的各发展阶段标准，作者指出了该人均GDP水平是采用汇率法计算的各国人均GDP，同时提出了购买力平价法（PPP法）可能更好，但限于当时购买力平价法的数据非常有限，而且考虑的多是发达国家，汇率法和购买力平价法的差距应该较小，如表2－1所示。

为取得一个尽可能好的不变价人均GDP估计，本书在陈佳贵

表 2－1　　工业化阶段的划分标准　　单位：美元

工业化阶段	人均 GDP 水平（1964 年美元）
前工业化阶段	100～200
工业化初期	200～400
工业化中期	400～800
工业化后期	800～1500
后工业化阶段	1500 以上

（2006）采用汇率法和 PPP 法简单平均的基础上，采用一个变化的加权系数对汇率法和购买力平价法进行加权。另外，2013 年第三次经济普查之后，中国对 GDP 总量和人均 GDP 数据进行了调整，而不少国际机构对中国的相关数据尚没有进行调整。本书基于最新数据进行调整，并估计了以各种方法计算的 1964 年不变价人均 GDP，如表 2－2 所示。

表 2－2　　对中国人均 GDP 的估计（1964 年不变价）　　单位：美元

年份	美国人均 GDP		中国人均 GDP			中国人均 GDP（1964 年不变价美元）				
	现价	1964 年不变价[①]	现价[②]	2005 年不变价[③]	麦迪森 1990	汇率法[④]	麦迪森 PPP[⑤]	世行 PPP[⑥]	平均 1[⑦]	平均 2[⑧]
1978	10587	5172	155	195	757	39	212	139	89	119
1980	12598	5213	193	221	821	44	230	151	97	126
1984	17134	5676	249	306	1080	61	303	198	130	157
1985	18269	5865	293	343	1176	69	330	216	142	169
1989	22922	6547	309	455	1420	91	400	261	176	195
1990	23955	6597	316	465	1448	93	408	267	180	196
1994	27777	6923	472	712	1946	143	548	408	275	282
1995	28782	7027	608	782	2216	156	624	448	302	305
1999	34621	7959	870	1049	2448	210	689	601	406	382
2000	36450	8193	955	1129	2648	226	745	647	436	404
2005	44308	8866	1740	1740	4502	348	1266	997	673	567
2006	46437	9015	2082	1952	5044	391	1420	1118	754	623
2010	48377	8797	4515	2923	7462	585	2126	1675	1130	859

续表

年份	美国人均 GDP		中国人均 GDP			中国人均 GDP（1964 年不变价美元）				
	现价	1964 年不变价[①]	现价[②]	2005 年不变价[③]	麦迪森 1990	汇率法[④]	麦迪森 PPP[⑤]	世行 PPP[⑥]	平均 1[⑦]	平均 2[⑧]
2011	49803	8873	5574	3195	8116	639	2324	1831	1235	918
2012	51496	9013	6265	3439	8698	688	2503	1970	1329	967
2015	55904	9640	7037	4201	10556	840	3053	2407	1624	1154

注：①美国 1964 年不变价人均 GDP 系根据 WDI2015 中提供的 2005 年不变价人均 GDP 按 0.2 的折算因子折算，1964 年人均 GDP（2005 年不变价）17860/1964 年现价人均 GDP3574 = 0.2。②中国现价人均 GDP 根据第三次经济普查以后的中国 GDP 总量对 WDI 的数据进行了调整，用原人均 GDP 数据乘以最新 GDP/WDI 中的 GDP。③中国 2015 年不变价人均 GDP 根据第三次经济普查以后的中国 GDP 总量对 WDI 的数据进行了调整，用原人均 GDP 数据乘以最新 GDP/WDI 中的 GDP。④用前一列 2005 年不变价人均 GDP 乘以美国的折算因子 0.2 计算。⑤用麦迪森 1990 不变价乘以折算因子 0.28 计算，1964 年中国人均 GDP499/1964 年美国人均 GDP12773：均按麦迪林 1990 年不变价国际圆。⑥首先将 WDI2015 中公布的 2011 年不变价（国际元，ppp），调整为第三次经济普查以后的值，然后按照 0.178 的折算因子折算，WDI2015 中美国 PPP 法 2011 年不变价人均 GDP 是 49803 国际元，而 1964 年美元不变价是 8873，8873/49803 = 0.178。⑦将汇率法和世行 PPP 法人均 GDP 简单平均。⑧将汇率法和世行 PPP 法人均 GDP 加权平均，其中 1978 年汇率法人均 GDP 的权重为 0.8，2013 年为 0.8，中间年份采用内插法计算权重。

资料来源：基础资料来源于世界银行 WDI2015，麦迪森法人均 GDP 数据（1990 不变价）来源于 The Conference Board Total Economy Database?，January 2014，http：//www. conference - board. org/data/economydatabase/。

根据对中国人均 GDP 水平，并参考其他指标综合考虑，把改革开放以后的中国工业化进程划为以下几个阶段。

第一阶段，前工业化时期（1978～1989 年）。在这一阶段，人均 GDP 从不足 39 美元提高到接近 100 美元（汇率法现价），按汇率和购买力平价加权平均计算的人均 GDP（1964 年价格）接近 200 美元；农业比重在 24%～33%，小于工业比重（并不符合前工业化时期的一般规律）；城市化率在 17.9%～26.2%，第一产业就业比重在 60% 以上。除了农业比重较低以外，其他标志值均符合前工业化时期的特征，因而属于前工业化时期。

第二阶段，工业化初期阶段（1990～1999 年）。在这一阶段，按汇率法计算的人均 GDP 从 100 美元增长到 200 美元，按汇率和购买力平价加权平均（简单平均和加权平均）计算的人均 GDP 大致从 200 美元增长到 400 美元；第二产业比重仍然最高，高于第一和第三产业；城镇化率从 26% 提高到 35%；第一产业就业比重从 60% 下降到 50%；与工业化阶段的标志值相比，人均 GDP 属于标准范围，第二产业比重较高，城镇化率没有达到 45%，第一产业就业比重没有下降到 45%，体现出中国当时工业优先和城乡二元经济对劳动力转移限制的特点。

第三阶段，工业化中期阶段（2000～2011 年）。在这一阶段，人均 GDP 水平迅速提升，城市化和工业化均高速发展。按汇率法计算的 1964 年不变价人均 GDP 从 226 美元提高到 640 美元，按汇率和购买力平价加权平均计算的人均 GDP 从 400 美元提高到 900 美元；第二产业比重在 45%～47.5%之间，仍然显著高于第三产业，但差距呈缩小趋势，农业比重从 15% 下降到 10% 以下；城镇化率从 2001 年的 36.2% 提高到 2011 年的 51%，平均每年提高 1.4 个百分点；第一产业就业比重从 50% 下降到 35%。工业化中期阶段，大机器工业体系日趋完善，工业发展明显向重化工业倾斜，电力、钢铁、化工和机械制造业等资金密集型产业在经济发展中起主导作用，基础工业和基础设施得到很大改善。这一阶段随着产业结构重心不断后移，产品附加价值不断提高，主要依靠制造业支持经济增长。

第四阶段，工业化后期阶段（2012 年至今）。2012 年中国人均 GDP 达到 6276 美元（现价），按汇率法折算的 1964 年不变价也达到 688 美元的水平，按汇率－购买力平价加权平均计算的人均 GDP 已经超过 900 美元（超过 800 美元的标志值）；本书把 2012 年作为工业化后期的起始年，最主要的转折性变化是在2012年中国工业比重下降到45.0%，首次低于服务业比重（45.5%），出现了前所未有的重要变化，第一产业增加值比重降到9.5%及以下；城镇化率高于52.6%，第一产业就业人口占比下降到33.6%以下，服务业就业比重超过第一、第二产业；制造业增加值占总商品增加值比重超过56%。对照工业化进程标志值，多数指标显示，中国已基本进入工业化后期阶段。

（二）工业化后期的主导产业，难以采用传统的产业政策进行管理

不同工业化阶段的主导产业有不同特征，具体而言，前工业化阶段，农业是经济增长的主导产业，工业中的主导产业主要是食品、饮料、烟草、建材等与人们最基本的生存需求“吃”和“住”相关联的部门；工业化初期，纺织服装等轻工业比重较高，成为经济增长的主导产业；工业化中期，主导产业体系从劳动密集型的纺织服装转向以资本密集型的重工业和制造业为主的综合体系，钢铁、水泥、电力等能源、原材料工业比重较大，也是这一阶段经济增长的主要动力；工业化后期，由资本密集型产业向资本与技术密集型产业转换，主导产业体系的代表是汽车工业综合体系，另外，装备制造等高加工度的制造业比重明显上升，成为经济增长的主导产业；后工业化阶段，人们对休闲、旅游、教育等需求增加，推动经济增长的主导产业转向以服务业为载体的信息经济和知识经济产业。从整个工业化进程来看，经济增长的主要动力呈现出“农业→纺织、服装等轻工业→能源、原材料工业（资本密集型产业）→高加工度工业（技术密集型产业）→服务业”的变化轨迹，如表2－3所示。

表 2－3　　　　不同工业化阶段主导部门的演变

工业化阶段	主导部门体系	主要需求
前工业化阶段	食品、饮料、烟草、建材	最基本生存需求："吃"和"住"
工业化初期阶段	纺织工业	由"吃"转向"穿"
工业化中期阶段	钢铁、电力、通用机械、化工等	耐用消费品需求："用"
工业化后期阶段	汽车工业综合体	由"吃"和"穿"转向"住"和"行"
后工业化阶段	信息经济和知识经济	对休闲、旅游、教育等服务的需求增加

资料来源：冯飞，《迈向工业大国》，中国发展出版社，2008 年。

从产业结构变动的角度看，进入工业化后期以后，资本密集型产业对经济增长的带动作用将显著减弱，不少重化工产品，例如钢铁、水泥、化工等已经或即将进入产量的低速增长期或平台期，甚至已经达到峰值而进入下降阶段。从发展趋势看，服务业将发挥越来越重要的作用，制造业中高新技术产业的发展也将更加重要。随着近年来世界范围内新一轮产业革命的兴起，特别是国内的信息产业、互联网产业同相关产业不断融合发展，不仅会创造出一批新兴产业，还能够促进社会总需求的发展，这些新技术和新产业的发展将是中国在工业化后期的增长新动力。

新产业呈点多面广、发展不确定性大的特点：同一产业内部的技术路线可能较多，产业本身的发展不确性大；一些短期内发展前景很好的产业可能并没有很大的市场空间，而另一些产业则可能有广阔的前景。新兴产业的重要特点是需要大量的创新和风险投资，需要大量的试错过程，这就使得政府很难再像工业化初期和中期时一样，在对产业发展前景有一致和明确认识的情况下，采取有针对性的扶持措施。因此，随着工业化阶段的升级，必须相应调整产业政策。

（三）从日本的经验看，工业化后期的产业政策形式出现明显变化

工业化后期，日本制造业的主导产业转为以电子工业等为代表的技术密集型产业。通过重点发展重化学工业，日本经济取得了世界瞩目的成就。到 1972 年，日本的人均 GDP 增至 10733.60 美元，第二产业的产值所占比重提高到 43.5%，日本基本实现了产业现代化和产业结构的优化升级，进入到工业化后期。然而，随着重化学工业的发展，环境污染、资源制约、贸易摩擦等问题也日益严重。为了培育新的经济增长点，日本政府开始重点支持电子计算机、信息产业等技术密集型产业的发展。

经济低速增长阶段，日本主导产业的转变具体如下：一方面，为了应对全球经济危机，降低对国外资源能源的依赖度，以重化学工业为主的制造业开始实行"减量经营"。所谓减量经营，就是指企业削减劳动成本、提高劳动效率、降低金融费用、缩减投资与经营规模。以粗钢为例，1973 年粗钢产量为 12000 万吨，到 1977 年则减少到 10065 万吨。在降低产量增幅甚至大规模减少产量的同时，重化学工业的主要企业开始致力于提高产品的加工度与附加值。另一方面，日本政府开始大力支持电子工业（以电子机械、电子计算机为主）、新材料产业等技术密集型产业。例如，1985 年电子工业的产值为 17.84 亿元，是 1980 年的 2.06 倍，而 1980 年是 1975 年的 1.99 倍，如表 2－4 所示。

表 2－4　日本制造业主要产业的比重变动　　单位：%

年份＼产业领域	化学	石油与煤炭	钢铁	一般机械	电气机械	精密机械
1980	3.65	7.25	9.35	9.62	3.86	1.61
1985	6.86	6.44	6.67	10.42	6.77	1.95
1990	7.77	4.47	5.74	11.80	12.55	1.84

为了实现以知识密集化为主的产业结构升级，日本政策采取了许多相关的配套政策与措施。在解决石油危机方面，通过并实行了石油相关法律，大力推进节能政策，鼓励开发新能源技术，制定石油储备计划。在解决贸易摩擦方面，日本政府积极鼓励海外直接投资，为此实施了五次促进海外直接投资自由化的措施，包括从资金与项目审批制度转向申报制度、简化审批手续等。同时，通过税收优惠降低投资风险、为海外投资企业提供贷款便利、为海外投资的贷款资金提供债务保障与保险、政府提供信息服务等方式为相关企业提供保障。

在促进结构性萧条产业的良性发展方面，日本政府采取了创设萧条产业信用基金（即成立萧条卡特尔）、共同处理过剩设备、缩小生产规模、停产转产、鼓励海外转移、提供财政补贴等措施。在发展高新技术方面，以包括机械在内的、以电子计算机为中心的广义信息产业作为产业政策的重点。为推动信息产业向高级化发展，日本政府主要采取了金融税制优惠政策（包括政府补助金、财政投资与优惠贷款）、建立官民合作研发体制、促进企业合并改组与集团化、国内市场垄断等手段。

在该时期实施产业政策的过程中，日本政府非常注重发挥市场机制的作用。期间产业政策实现了几大转变：其一，由重点产业政策转向全局性产业政策；其二，对重点产业的扶持政策从生产的扩大和集中转向有风险的技术开发；其三，政策手段由行政指导方式转向信息指导方式。以知识密集化为主的产业政策的调整和实施，促进了日本经济的成功转型。

三、全球竞争和全球化的发展促使产业政策相应改变

（一）经济规模不断扩大，与全球经济互动效应显著增强

改革开放初期，中国经济的发展水平低、规模小。以当年价美元计算，1978 年时中国 GDP 总量为 1482 亿美元，仅占当时美国的 6.3%，居世界第 10 位。同年，日本和德国 GDP 总量分别列世界第 2、3 位，其中，德国的 GDP 总量是中国的 4.8 倍。到 2000 年，中国 GDP 总量增长到 11985 亿美元，在世界排名第 6 位，占美国的 11.6%，与美国的总量差距缩小近 1 倍。到 2015 年，中国 GDP 总量提高到 10.4 万亿美元，占美国的 64.1%，居世界第 2 位，是日本的 2.16 倍，如表 2－5 所示。

表 2－5　　**中国 GDP 总量在全球的排名变化**　　单位：亿美元

1978 年			2000 年			2015 年		
国家	GDP	位次	国家	GDP	位次	国家	GDP	位次
美国	23566	1	美国	102897	1	美国	161980	1
日本	9967	2	日本	47312	2	中国	103857	2
德国	7166	3	德国	18864	3	日本	48175	3
法国	5001	4	英国	14936	4	德国	33733	4
英国	3251	5	法国	13263	5	法国	256562	5
意大利	3036	6	中国	11985	6	英国	25321	6
加拿大	2147	7	意大利	11040	7	巴西	25039	7
巴西	2008	8	加拿大	7249	8	印度	21173	8
西班牙	1558	9	墨西哥	6922	9	俄罗斯	21090	9
中国	1482	10	巴西	6447	10	意大利	19538	10

资料来源：世界银行。

中国贸易出口占全球的份额持续提高。加入 WTO 之初，中国贸易出口占世界的份额很低，2000 年时仅为 4.2%；到国际金融危机

前的2008年，已经上升到9.5%；即使在进入经济新常态以后，全球份额仍在持续上升，从2012年的12.2%提高到2014年的13.7%（见图2-4）。

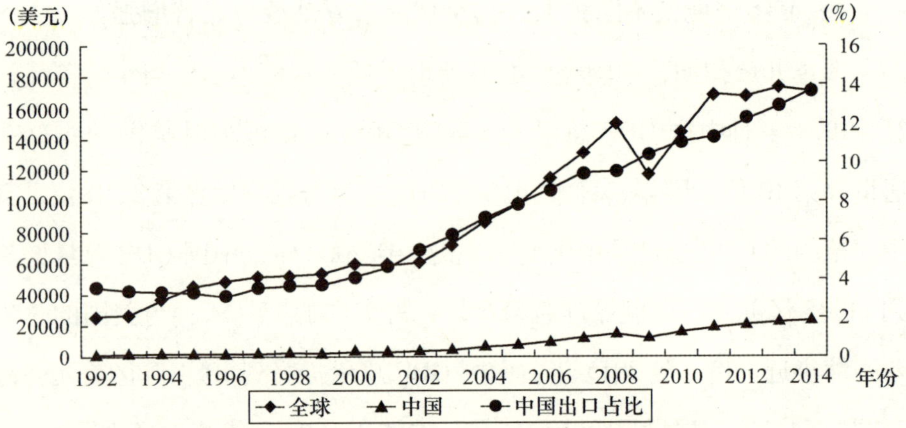

图2-4 中国和全球的出口总额及占全球份额

中国对外投资持续增长，与其他国家的经济联系不断增强。2006年，中国对外直接投资仅为212亿美元，至2014年增长至1231亿美元（2015年的非金融直接投资为1180亿美元），年均增长24.6%（见图2-5）。大量的对外直接投资一方面增加了中国和其他国家的合作，方便我们更好地利用全球资源，促进国内产业结构的优化升级和竞争

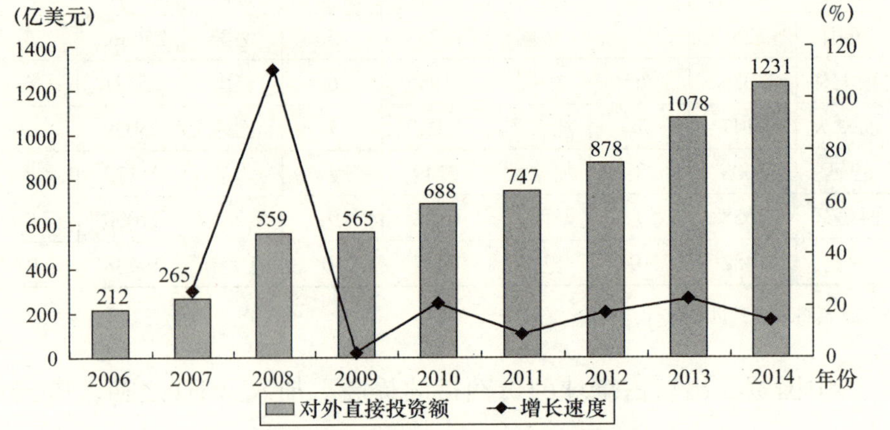

图2-5 中国对外直接投资及其增长速度

力提升，但另一方面也增加了对国外经济的依赖性，国际联系的加强促使国内产业政策的设计也要更多照顾其他国家的利益。

（二）全球化的新模式要求产业政策相应改变

在全球化高度发展，国家之间经济联系日益紧密，“你中有我、我中有你、相互依赖”的新形势下，特别是在全球贸易组织之间讲究公平互惠待遇的情况下，一国的内部市场已经不完全是国内市场，在某种程度上也成了国际市场。在这种背景下，设计本国的产业政策体系，必须要遵循公平无歧视的原则，原先的很多政策工具必须要进行相应的调整。

经济全球化持续发展促使要求传统的以贸易保护为核心内容的产业政策做出根本性调整。不少国家（特别是后发国家）往往依靠制定一系列促进进口替代、促进跨国公司在本国的直接投资、限制开放本国资本项目等方面措施，即通过严密的贸易保护来实现本国经济发展。然而，在以信息技术为标志的现代科技的推动下，随着全球经济加速融合，全球商品市场、资本市场越来越紧密地联系在一起，这种政策已经不被新的国际经济新秩序所允许。

经济全球化要求现代产业政策在 WTO 规则的限制下提升国际竞争力。在传统产业政策框架下，各国往往采取对本国市场进行保护，通过各种措施鼓励出口产业的发展，以提高本国产业的竞争力。但随着二战后经济全球化的发展，各个国家和地区都已经通过商品贸易、要素流动和金融交易与其他国家紧密地联系起来，任何一个国家想独立存在已经不可能。WTO 的相关规则也限制了关税、配额等传统产业政策工具的使用领域。在这样的背景下，各国就必须在 WTO 及其他多边或双边协议的许可下，充分发挥全球市场的功能，运用各种政策

手段提高国际竞争力，从而提升本国在国际价值链中的地位（姜达洋，张宏武，2009）

当前中国已经进入了中高收入国家行列以及工业化后期阶段，经济中的主导产业已经从重化工业向高技术、高复杂度制造业转变，技术创新方面也已经从追赶周期向技术边界共享前阶段，全球竞争和全球化趋势进一步发展，中国成为影响国际经济的重要力量，同时也必须更加尊重国际规则。这些变化，决定了产业政策也必须进行重要的调整和转变。

十八届三中全会的决定指出，要让市场在资源配置中发挥决定性作用，以及更好地发挥政府作用。更好的发挥政府作用必须要有更好的政策手段，产业政策与发展战略、规划等均是政府重要的手段，如何有效发挥产业政策的作用，符合中国改革开放的大方向。从世界范围内看，发达的市场经济国家在促进和加快产业发展方面，有不同的政策发展路径。一种是政府干预较少的、鼓励市场竞争的做法，或者称为无产业政策或很少产业政策，另一种是不同程度地运用产业政策。而最近的国际经验表明，欧美日等发达经济体实施再工业化、新增长战略等，重新表现出了对产业政策的重视。

从产业政策发展的大方向来看，政府需要从传统的直接干预转向在健全市场功能的基础上，通过制定规则为经济发展提供完善的制度环境。在传统产业政策模式下，政府干预的功能往往可带来巨额的租金，而在新的阶段，政府的产业政策必须从直接管制、直接干预，转向更加普惠、更加竞争性、创新性的产业政策，在明确国家支持导向的同时，更多利用市场力量来促进政府支持产业的发展。

执笔人：许召元

第三章

改革开放以来中国产业政策的回顾与评价

本章回顾了改革开放三十多年来产业政策的变化情况[①]，根据改革进程和国际环境变化将产业政策划分四个阶段：体制转轨时期（1978～1991年）、市场经济体制初步确立时期（1992～2001年）、新世纪至2008年国际金融危机爆发前（2002～2008年）、国际金融危机发生以来至2015年四个阶段，并对产业政策的实施效果做出评价。

一、体制转轨时期的产业政策（1978～1991年）

1978年十一届三中全会的召开，标志着中国进入了改革开放的新时代。1978～1991年，是国民经济的体制转轨时期。这一时期的产业政策着重产业结构合理化，纠正产业结构重大比例关系的失调，促进短线产业加快发展，抑制长线产业发展，努力使各方面失调的比例调整过来。该时期，市场经济体制尚未完全建立起来，政府在推动产业结构调整和产业发展方面发挥着很大的作用，产业政策的措施更多以

① 本章未涉及产业政策中的农业、外贸等相关内容。

政府投资、银行信贷、税收和一定的计划等直接干预手段为主，间接干预手段为辅。

（一）1978～1985年间的产业政策

改革之初，国民经济比例严重失调。农业和工业、轻工业和重工业、燃料动力工业和其他工业的比例严重失调，造成国民经济总体运行和发展难以持续，迫切需要对产业结构做重大调整。

1979年4月中央工作会议提出了12条调整比例关系的原则和措施：要集中主要精力把农业搞上去，调整农业和工业的关系；加快轻纺工业的发展，使轻、重工业的比例协调起来，使商品供应同国内购买力和对外出口的增长相适应；在重工业中要突出加强煤、电、油、运和建筑材料工业的生产建设，以保证其他工业和整个国民经济的发展；按照国民经济发展的需要和燃料动力、原材料供应的可能，认真调整工业企业；坚决缩短基本建设战线，使建设规模同钢材、水泥、木材、设备和资金的供应可能相适应；引进要循序渐进、前后衔接，步子不能太急；多引进一些国外先进技术，最可靠、最主要的途径，就是要扩大出口；等等。

1979年6月的《政府工作报告》提出了搞好国民经济的“调整、改革、整顿、提高”八字方针，要求针对经济比例严重失调的状况，自觉调整比例关系，使农轻重和工业各部门能够比较协调地向前发展，使积累和消费之间保持合理的比例，提出经过三年调整，“使粮食生产和其他农副产品生产的发展同人口的增长和工业的发展比较适应；在轻纺工业方面，要使它们的增长速度赶上或略高于重工业的增长速度，使主要轻纺产品的增长大体上同国内购买力的增长相适应，并大量增加出口；要努力增产和厉行节约，使目前燃料动力和交通运输的紧张局面有所缓和；冶金、机械、化工等重工业部门，要增加生产的同时，着重提高质量，增加品种；基本建设要坚决缩短战线，集中力量打歼灭战，提高工程质量，降低工程造价，缩短建设周期”。其中，为加快轻纺工业的发展，提出“优先保证轻纺生产所需要的燃料动力和原材料；提高对轻纺生产的投资比重；增加用于发展轻纺生产的外汇等。改变燃料动力严重不足的状况主要两手抓：一手抓增产，一手抓节约”。

1980 年 2 月，中央决定对轻纺工业实行“六个优先”：优先安排原材料、燃料、电力的供应，优先安排挖潜、革新、改造的技术措施，优先安排基本建设，优先安排银行贷款，优先安排外汇和技术引进，优先安排交通运输。同时，也强调“要加强重工业自身的薄弱环节，大力发展燃料动力工业、建材工业和增产交通运输业需要的设备”。

1982 年 9 月中共十二大报告指出：“能源和交通是制约中国经济发展的一个重要因素”；“要保证国民经济以一定的速度向前发展，必须加强能源开发，大力节约能源消耗，同时大力加强交通运输和邮电通讯的建设”；“在今后二十年内，一定要牢牢抓住农业、能源和交通、教育和科学这几个根本环节，把它们作为经济发展的战略重点”。

经过几年的调整，国民经济重大比例严重失调的状况在 1982 年底得到扭转，长期存在的轻工业严重落后的状况有了根本的变化。1979 ~1982 年的四年内，轻工业平均每年增长 11.8%，超过重工业的每年平均增长 3.4% 的速度，轻工业所占工业比重提高到 33.4%。

为了巩固结构调整的成果，此后几年中央继续重视加强轻工业的发展。同时，基础产业发展发展较慢的问题引起中央高度关注。高技术的应用问题也提上议事日程。

1983 年 6 月国务院政府工作报告提出：“今后五年，首先要保证农业、轻工业和重工业生产相互协调向前发展”，“必须引导重工业更好地为农业、轻工业和技术改造服务，坚持在能源和原材料供应、运输条件、投资和贷款分配、外汇使用等方面优先保证轻工业需要的方针”，“必须大力加强能源、交通方面的重点建设，积极推进现有企业的技术改造”。

1984 年 5 月国务院政府工作报告提出：“在能源、交通建设的安排上，要坚持大中小相结合，长期和短期兼顾的方针”，考虑到国家财力有限，“鼓励地方和群众把相当一部分财力、物力用于中小型能源、交通和通信项目的建设”，“新技术的运用，要着眼于中国现有行业和企业的改造，使它们较快地转到现代化技术和现代化管理的基础上来”。

1985 年 3 月国务院政府工作报告指出，国民经济在实现农业、轻工业和重工业的协调发展方面取得了明显成效，但同时存在“能源、交通、原材料供应仍然紧张，产业结构和产品结构还不够合理”等一些不可忽视的问题。

【专栏 3－1】　《“七五”计划建议》中关于产业结构调整的内容

1985 年 9 月，中央在关于制定国民经济和社会发展第七个五年计划的建议中，提出“适应国民经济现代化的要求，适应人民消费水平的提高和消费结构的变化，进一步合理调整产业结构”，“努力扩大消费品工业的生产领域，积极发展民用建筑业”，“为了加快消费品工业的发展，应当继续在贷款、外汇使用、能源和原材料供应、运输条件等方面给予优先保证”。要有步骤地拉开名牌产品、优质产品、新式产品同一般产品的质量差价，以促进品种的增加、质量的提高和新产品的开发。进一步调整重工业的产品结构，给消费品工业生产提供数量更多、质量更好的原材料。“积极推行城镇住宅商品化，加快民用建筑业的发展，使建筑业成为我国国民经济的支柱产业”，“集中必要的财力物力和技术力量，高质量、高效率地建设一批能源、交通、通信和原材料工业的重点工程”，“能源工业的发展要以电力为中心。要积极发展火电，大力开发水电，有重点有步骤地建设核电站”，“要加强煤炭工业建设”，“加强油、气资源的勘探和开发”，“坚决把发展交通、通信业放在优先的地位。继续抓好铁路建设，大力加强公路、水运和空运的建设，改善运输结构，促进运输的现代化和各种运输方式的合理配置，提高运输的效率和质量”，“根据交通运输建设的要求，要把汽车制造业作为重要的支柱产业，争取有一个较大的发展，同时发展机车、船舶、飞机制造业”，“在通信建设方面，重点是扩大大中城市特别是沿海开放城市的市内电话和长途电话能力，同时加强通讯卫星、广播卫星等现代化通讯手段的开发。”“国家要增加交通、通信建设的投资，着重建设重大骨干工程和基础设施”，“原材料工业应当积极增产短缺产品，努力提高技术水平，扩大产品品种，改进产品质量”，“加快发展为生产和生活服务的第三产业，逐步改变第三产业同第一、第二产业比例不相协调的状况”，“国家要增加对第三产业的投资，重点用于这方面的骨干工程和大型设施的建设”，“加强现有企业的技术改造和改建扩建，运用先进技术武装国民经济各部门”。提出“大力开发和普遍推广效果好、见效快的科技成果，积极采用新技术改造传统产业、传统工艺和传统产品，加速国内新技术的转移和扩散，显著提高全社会的生产技术水平”，“积极开拓新兴技术领域，重点开发微电子技术、信息技术和新型材料，同时加强对生物工程、航天技术、核能技术、激光技术、海洋工程等新兴技术的研究开发，逐步形成若干新兴产业”。

（二）1986～1991 年间的产业政策

由于前期一般加工工业快速发展与基础产业发展滞后的矛盾更加明显，从 20 世纪 80 年代中期开始，国家从优先支持轻工业发展转向大力支持基础产业发展，同时控制加工工业的过快增长。

1986 年 4 月《中华人民共和国国民经济和社会发展第七个五年计划》阐述了 1986～1990 年的国家发展计划方案，并第一次在国家层面提到“产业政策”一词，提出产业结构调整的方向和原则：“在继续保持农业全面增长，促进轻工业和重工业稳定发展的前提下，着重改善他们各自的内部结构；加快能源、原材料工业的发展，同时适当控制一般加工工业生产的增长，使两者的比例关系逐步趋向协调；把交通运输和通信的发展放到优先地位；大力发展建筑业；加快为生产和生活服务的第三产业的发展；积极运用新技术改造传统产业、传统产品，有重点地开发知识密集和技术密集型产品，努力开拓新的生产领域，有计划地促进若干新兴产业的形成和发展”。这个时期，国家着重于产业结构调整，同时也开始重视产业结构升级。

“七五”计划还系统阐述了东中西地区的产业发展思路：

东部沿海地带——重点是加强传统工业和现有企业的技术改造，大力开拓新兴产业，发展知识密集型产业和高档消费品工业，使产品向高、精、尖、新方向发展。

中部地带——加快电力、煤炭、石油、有色金属、磷矿、建筑材料的开发和建设。在经济发展水平比较高的城市和地区，积极发展知识技术密集型产业和新兴产业。

西部地带——大力发展农林牧业、交通运输业，有步骤有重点地开发能源、矿产资源，因地制宜地发展加工工业；有经济技术基础比较好的城市和地区，积极对现有企业进行改造，提高技术水平。

老、少、边、穷地区——发展交通运输，促进山区商品经济的发展。尽快把山区的农、林、牧业搞上去，并因地制宜地发展相应的农畜产品加工、养殖业。根据当地资源条件，积极兴办铁矿、小煤窑，建设小水电等。

为了使科技促进经济的发展，“七五”计划提出：“大力开发和普遍推广效果好、见效快的科技成果，积极采用新技术改造传统产业、传统工艺和传统产品，加速国内新技术的转移和扩散，显著提高全社会的生产技术水平。积极开拓新技术和高技术领域，重点开发微电子技术、信息技术、新型材料。五年内，国家安排重点工业性试验项目100项，重点成套消化吸收项目和新产品技术开发、推广、应用项目100项，包括以食品、服装和耐用消费品为重点，开发新型优质的轻工、纺织系列产品；发展能源、交通、通信、原材料工业的关键技术和装备；搞好传统技术改造的示范，广泛应用微电子技术”。

【专栏3-2】　“七五”计划中若干产业政策

消费品工业政策：“更好地发挥价格政策的调节作用，逐步拉开优质产品同一般产品的质量差价，促进品种增加、质量提高和新产品开发。对市场急需产品的生产，继续在贷款、外汇使用、能源和原材料供应、运输条件等方面给予优先保证。有计划地建立一批轻纺生产原料基地。以骨干生产企业为中心，组织有关企业的联合”。

电力工业政策：“鼓励地方、部门和企业集资办电；发挥价格杠杆对电力供求的调节作用；对国家安排的电力基本建设，实行部门投资包干办法；加强用电管理和电网调度”。

煤炭工业政策："对统配煤矿实行投入产出总承包，鼓励煤矿以较少的投入取得较多的产出；把煤矿建设重点放到现有矿井技术改造和改扩建上；新井建设继续实行大中小并举，以中小为主。鼓励地方、部门集资办煤矿。择优扶持一批地方中小煤矿的建设"。

石油工业政策措施："继续实行原油产量递增包干；搞好老油田的完善配套和改建扩建；积极引进、吸收国外先进的管理经验和技术；加强天然气的勘探和开发，逐步改变油气发展不平衡的状况"。

原材料工业政策："实行不同形式的承包责任制，做到投入和产出挂钩。逐步减少指令性计划的品种和数量。适当多进口一些原料和半成品，在国内加工。鼓励地方、部门、企业兴办原材料工业。有计划地调整价格偏低的原材料价格，对化肥实行按质论价、季节差价。提高金属利用率，降低原材料消耗定额，发展代用材料，搞好回收利用"。

机械电子工业政策："除少数情况特殊的企业外，所有机械电子工业企业都下放到大中城市，并赋予企业经营管理权，使机械电子工业的行业管理同城市经济管理紧密结合起来。加强产品质量责任立法，实行严格的质量管理责任制，建立经常性的质量监督制度。统筹安排机械电子工业的技术改造、技术引进和技术开发。鼓励和促进专业化协作。加强科学研究和和新产品开发能力"。

交通运输和邮电通信政策："坚持国家、集体、个人一起上，多方筹资兴办交通和通信。支持有条件的地方、部门合资或自建港口和专用码头，成立航空公司。加强技术改造和改建扩建，充分发挥现有设施的能力。组织公铁分流、江海直达以及多种形式的联运，发展集装箱运输，提高车船、飞机运输效率和质量。积极稳妥地推进体制改革。民航、邮电部门利润的90%，留给部门自己使用。铁路部门对国家实行经济承包责任制。港口要进一步实行政企分开。继续适当调整运输价格和邮电资费”。

1987年3月，国务院政府工作报告对改革开放以来的产业结构状况做出总结：“农业和工业的比例、轻重工业的比例基本协调，产品结构有所改善”，同时指出“国民经济薄弱环节的能源、交通、通信和原材料工业等建设投资不足。这样的投资结构如不及时加以合理调整，要么大量加工工业和非生产性设施得不到能源、交通、通信和原材料等方面的必要保证，形不成生产能力或不能投入使用，将造成社会财富的巨大浪费；要么就不得不再增加几百亿元的资金来扩大基础工业和基础设施的建设，这就必然导致投资规模恶性膨胀”，对此提出“三保三压”方针，即“保计划内建设，压计划外建设；保生产性建设，压非生产性建设；保重点建设，压非重点建设”。

这个时期，随着改革开放的迅速推进，世界新技术革命、世界产业发展趋势对国内产业发展的影响与日俱增。

1987年10月中共十三大报告根据当时的国际国内形势，提出：“保持社会总需求和总供给基本平衡，合理调整和改造产业结构”，“我国的经济建设，肩负着既要着重推进传统产业革命，又要迎头赶上世界新技术革命的双重任务。完成这个任务，必须经过长期的有步骤分阶段的努力奋斗”，“科学技术进步和管理水平的提高，将在根本上决定我国现代化的建设的进程，是关系民族振兴的大事”，“要着重推进大规模生产的产业技术和装备现代化，使农业、能源、原材料、交通、通信、机械制造等重点产业主干部分的技术面貌有明显改善；积极推广普遍适用的科技成果，加速企业的技术改造”，“要不失时机地开展高技术研究，特别是微电子技术、信息技术、生物工程技术和新材料技术的研究与开发”。

“我国国内市场广阔，传统产业存在着很大的发展余地；对外开放的不断扩大，又为我们充分利用国外先进技术提供了可能性。要把这两方面的有利条件很好结合起来，以运用先进技术改造和发展我国传统产业为重点，同时注意发展高技术新兴产业，带动整个国民经济向前发展”。“今后相当长时期内调整和改造产业结构的基本方向应当是：坚持把农业放在十分重要的战略地位，全面发展农村经济；在大力发展消费品工业的同时，充分重视基础工业和基础设施，加快发展以电力为中心的能源工业，以钢铁、有色金属、化工原料为重点的原材料工业，以综合运输体系和信息传播体系为主轴的交通业和通信业；努力振兴机械、电子工业，为现代化建设提供越来越多的先进装备，以积极推行住宅商品化为契机，大力发展建筑业，使它逐步成为国民经济的一大支柱。要重视发展第三产业，努力实现一、二、三产业协调发展”，“为了实现产业结构和企业组织结构合理化，达到资源优化配置，不仅要发挥市场和自由竞争的作用，而且要依靠国家制定正确的产业政策和企业组织结构政策，并运用价格、财政、税收、信贷等经济杠杆来进行干预和调节”。

1988 年 3 月国务院政府工作报告指出，“当前我国经济和社会生活中存在的突出问题是物价上涨过多，使人民生活的改善受到一定影响，部分城市居民的实际生活水平有所下降”。“基础工业和基础设施是我国经济的薄弱环节”，“基础工业的建设，首先要加快以电力为中心的能源建设。要充分发挥中央、地方和企业各方面办电的积极性”，“必须加快交通运输和邮电通信事业的发展。积极发展综合运输，把铁路、公路、水路、航空和管道等运输设施有机结合起来，适当分工，合理分流，努力提高运输的综合效率”，“要大力振兴机械和电子工业，推进横向联合和专业化协作，为整个国民经济的技术改造和扩大出口提供更多的先进技术装备”，“轻纺工业要努力提高产品档次，增加花色品种，满足人民消费需要，并争取更多地进入国际市场”。“要重视中长期产业政策的制定”。“集中必要的财力物力人力，围绕农业、能源、交通运输、邮电通信和原材料工业、机械和电子工业等国民经济发展重点，进行重大科技课题的攻关以及工业性试验，用先进的工艺、技术和设备改造企业特别是大中型企业”。“推动新兴技术和高技术的发展”。

1989 年 3 月国务院批转国家体改委关于《一九八九年经济体制改革要点》的通知，指出“由于产业政策不明确、不配套、不具备优胜劣汰机制等原因，无论在‘放’的时候，还是在紧缩的时候，都难以做到区别对待，促进结构优化”，“积极推进企业兼并”“重点扶持和培育若干大型企业集团”，“实行区别对待、扶优限劣的信贷政策与财税政策，促进产业结构的合理调整”。

1989 年 3 月《国务院关于当前产业政策要点的决定》颁布，这是中央第一次就“产业政策”做出全面阐述。该文件出台主要基于当时严峻的经济形势和产业结构状况：“总需求大于社会的总供给，在产业结构上存在着比较严重的问题。主要是加工产业生产能力过大，农业、能源、原材料和交通运输等基础产业生产能力不足；一般加工产业生产能力过大，高水平的加工能力不足；产业的地区分布不够合理，地区优势未能很好发挥；企业组织结构分散，生产集中度差，专业化水平低，许多企业之间的生产联系和协作配套组织得不好。这些问题，既影响我国资源的合理利用和配置，又妨碍经济的稳定发展和宏观效益的提高。”该文件提出：“必须从当前的实际情况出发，合理制定产业政策，在压缩和控制社会总需求的同时，下功夫调整和改造产业结构，以防止出现经济滞胀现象，在优化结构的基础上提高国民经济的素质和效益”，“当前和今后一个时期制定产业政策、调整产业结构的基本方向和任务是：集中力量发展农业、能源、交通和原材料等基础产业，加强能够增加有效供给的产业，增强经济发展的后劲；同时控制一般加工工业的发展，使它们同基础产业的发展相协调”。

该文件体现了产业政策的三个根本性转变：

第一个转变，由于一般加工工业从改革开放初期供应能力不足到20世纪80年代后期供应能力过剩，产业政策也从“积极鼓励其发展”转变为“控制其发展”；

第二个转变是，从改革开放初期强调重工业要与轻工业发展相协调，转变为一般加工工业要与基础工业发展相协调；

第三个转变，从对农业、能源、交通和原材料等基础产业要“充分重视”转变为“集中力量发展”。

【专栏3-3】《国务院关于当前产业政策要点的决定》中关于“制定当前产业政策的原则”

第一，贯彻治理经济环境、整顿经济秩序、全面深化改革的方针，以产业政策为导向，加强宏观控制，指导市场发育，协调各方面行动，逐步缓解总需求与总供给、消费结构与产业结构的矛盾。

第二，压缩和控制长线产品的生产和建设，增加和扩大短线产品的生产和建设。集中力量，首先把粮食、棉花、煤炭、电力、交通特别是铁路运输以及市场紧俏的轻纺产品的生产建设搞上去。

第三，按照市场需求、产业关联、技术进步、创汇作用、经济效益等因素，安排好产业发展序列并制定相关的各项政策，明确支持什么，限制什么。同时要妥善处理好重点产业与一般产业协调发展的关系，处理好生产要素存量调整与增量配置的关系，处理好产业总体配置与发挥地区优势的关系。

第四，当前的产业政策要点是根据长远与近期结合、以近期为主的原则制定的。在治理整顿过程中，将视经济发展情况，对产业政策作相应调整。

第五，产业政策的制定权在国务院。为了保证国家产业政策的实施，各部门和各省、自治区、直辖市及计划单列省辖市人民政府，应根据国家产业政策，结合本部门、本地区的特点，拟定实施办法，并报国务院备案。全国是一个统一的市场，各地必须执行国家的产业政策，不能因局部和短期利益而破坏国家的整体和长期利益。

第六，产业政策的实施，要运用经济的、行政的、法律的和纪律的手段，同时加强思想政治工作。计划、财政、金融、税务、物价、外贸、工商行政管理等部门必须目标一致，协同动作，各项调节手段和措施要相互配套，服从治理、整顿的方针和实施产业政策的要求。

1989年3月国务院政府工作报告指出，“通货膨胀的加剧，是经济过热、投资需求和消费需求双膨胀、社会总需求超过总供给的结果。全国在建固定资产投资项目过多，规模过大，超过了国力承担的可能；消费需求过旺，社会购买力的增长超过了商品供应量的增长；国家财政支大于收，信贷规模过大，货币发行过多。在供求总量不平衡的同时，经济结构失调，农业发展滞后，有限资源过多地投入加工工业和非生产性建设，在工业生产高速增长情况下加剧了能源、原材料和运输能力的紧张程度”，要求“在治理整顿中认真调整经济结构”，明确

“当前调整结构的基本方向和任务，是集中力量发展农业、能源、交通和原材料等基础产业，加强能够增加有效供给的产业和产品，增加经济发展的后劲；同时控制加工工业的发展规模和速度，使它们同基础产业的发展相协调”，“解决能源问题要坚持开发与节约并重的方针”，“交通运输的紧张状况，已经成为当前我国经济和社会生活中的突出问题，必须把发展交通运输放在更为重要的地位”，“严格控制加工工业发展的规模和速度，使它们同农业、能源、原材料和运输能力的增长相适应”，“围绕着上述产业结构的调整，还需要相应地合理调整企业组织结构、地区经济布局和消费结构，在投资、信贷、财政、税收、价格等方面实行重点倾斜和扶优限劣的政策，对那些需要加强和鼓励的方面，真正加以支持；对那些需要控制和禁止的方面，切实加以限制，大力促进整个经济结构的合理化和资源的优化配置”。同时指出，为增强国力和支持经济、社会的未来发展，有步骤有重点地研究和开发高技术，促进高技术成果的商品化和产业化。

鉴于当时国内严峻的宏观经济形势和突出问题，1989 年 11 月《中共中央关于进一步治理整顿和深化改革的决定》指出，“社会总需求远远超过社会总供给，现有的国力和社会生产能力已支撑不了庞大的建设规模和严重膨胀的社会消费需求”，“工农业比例关系严重失调，现有农业已支撑不了过大的工业生产规模”，“基础工业、基础设施与加工工业的比例严重失调，能源、交通、原材料的供应能力已支撑不了过大的加工工业。现在全国到处缺煤、缺电、缺油、缺钢材，大量的工业生产能力长期闲置。交通运输发展严重滞后，货运和客运都十分紧张”。“这种农业与工业、重工业与轻工业比例关系的严重失调优如改革开放初期的局面，只是当时是供给短缺下比例关系失调，此时是需求和投资双膨胀下的比例关系失调”。“改善产业结构不合理状况，力争主要农产品生产逐步增长，能源、原材料供应紧张和运力不足的矛盾逐步缓解”，“大力调整产业结构，增加有效供给，增强经济发展后劲”，同时“必须始终坚持长期持续、稳定、协调发展经济的方针。在我国经济发展过程中，脱离国情，超越国力，急于求成，大起大落”是四十年来最重要的经验教训。在进一步强调大力发展农业、能源、原材料和交通运输等基础产业的同时，明确“要大力调整加工工业，克服盲目发展现象。努力使加工工业同农业、基础工业和基础设施的发展相协调，同市场需求变化相适应，是调整经济结构的重要任务。控制和压缩加工工业的重点，一是高耗能、高耗原材料、高用汇、低水平和严重重复生产的一般加工工业；二是助长高消费、超前消费的行业和产品”。

1990 年 3 月国务院政府工作报告指出，“多年积累下来的产业结构失调、经济体制和运行机制不合理、经济效益差等深层次问题还远远没有解决，在治理整顿中又出现了市场销售疲软、工业增长速度回落过猛、停产半停产企业增加等新的矛盾和问题”。“结构不合理是前几年经济过热在全国工业生产中造成的一个突出矛盾。必须抓紧当前治理整顿的有利时机，把市场销售疲软的压力变为调整结构的动力，努力开发新产品、新品种，增产名牌优质产品和市场紧缺产品，尤其要增产适应农村需要的日用消费品。积极增加出口产品和能够替代进口产品的生产。各部门、各地区都要根据国家的产业政策和市场需求，列出限制生产、淘汰生产和保证生产的产品目录，并从资金、能源、原材料供应和运力方面，实行有保有压、区别对待的措施。在调整产品结构的同时，认真抓好工业内部产业结构的调整，继续保持能源、重要原材料生产和交通运输的稳定增长”。“调整企业组织结构是改善工业生产结构的重要方面，核心的问题是充分发挥国营大中型企业和企业集团的骨干作用。国家在资金、物资和运力的分配上，实行重点倾斜措施，优先保证那些产品质量提高、适销对路、物质消耗低、经济效益好的大中型企业的需要。同时，国家对那些符合产业政策、经济效益和社会效益好的中小企业也要实行保护政策。对城镇集体企业要加以引导和扶植，促进它们健康发展”。在工业生产建设中，“重点推广一批对能源、交通、原材料基础工业和基础设施发展有较为显著的效益，对企业调整产品结构、降低物质消耗、提高经济效益有重要作用的科技成果”。

1991 年 3 月中央《关于国民经济和社会发展十年规划和第八个五年计划纲要的报告》指出，“根据历史的经验和现实的经济态势，我国经济发展的关键在于优化产业结构和提高经济效益”，要求“大力调整产业结构，促进产业结构的合理化并逐步走向现代化”，“经过八十年代的经济建设和改革开放，我国产业结构发生了积极的变化。农业和消费品工业得到加强，第三产业发展加快，新兴产业有所发展。但是，长期存在的产业结构不合理状况还没有根本扭转，在发展中又出现了一些新的矛盾和问题。当前产业结构中存在的问题是：农业基础仍然比较脆弱；基础工业和基础设施发展滞后；加工工业总规模偏大，技术水平和专业化程度低；第三产业不适应经济发展和人民生活的需要”，要“把产业结构调整放在今后十年经济建设的突出位置”，“大力加强和发展农业，促进农村经济全面发展”，“加强基础工业和基础设施建设，是今后十年的一项重要任务”，“要适当增加银行贷款，并建立煤炭、电力、石油和铁路建设基金，保证重点建设的需要。要逐步调整和理顺基础产品的价格和收费，增强基础工业的发展能力”，“在保证国家重点建设的前提下，在国家政策允许的范围内，地方各级政府也要因地制宜，多方筹集资金，进行基础工业和基础设施的建设”，“大力改组改造和提高加工工业”，“积极发展建筑业”，“加快第三产业的发展”，其中“第三产业发展的重点是商业、物资、金融、保险、旅游等为生产和生活服务的行业”。

为了促进地区经济的合理分工和协调发展，提出“国家要鼓励和支持各个地区发挥优势，加强指导和协调，使各个地区都能够在自己的优势产业上得到发展。同时也必须从提高国民经济的整体效益出发，加强地区经济的合理分工”，“地区经济发展，要符合国家产业政策的要求，但在制定国家产业政策的时候，必须注意发挥地区优势”，“加工工业集中地区特别是沿海经济发达地区，要积极发展技术水平较高的产业和出口创汇产品，减少资源消耗。要使那些能源和原材料消耗较高、运输量较大的工业，在能源充足、资源富集的地区得到较快的发展。资源富集地区在加快资源开发的同时，要适当发展一些加工工业。要注意东西走向交通干线的建设，促进沿海与内地在商品、资金、技术和人才等方面的交流”。“经济较不发达地区要大力发展农、林、牧业，建设公路、电力、水利等基础设施和一些加工工业项目，增强自力更生的能力，使生产和生活条件逐步得到改善”。

“八五”时期和今后十年，要用先进的技术装备和先进工艺改造现有企业，围绕生产技术和装备现代化问题，组织好科技和生产攻关。机械制造工业要努力提高水平，更好地满足国民经济各部门对技术装备的需要。办好高新技术开发区，促进高新技术成果的商品化和产业化，及其向传统产业的扩散和渗透。电子工业在整个经济和社会发展中的作用越来越突出，必须把它的发展放在重要的战略位置上，并且把它同精密机床等机械设备紧密结合起来，推动电子技术在国民经济和社会生活中的广泛应用。要继续积极引进国外先进技术，并下大力气消化、吸引、应用和创新。

二、市场经济体制初步确立时期的产业政策（1992～2001年）

1992年以邓小平视察南方重要谈话和党的十四大为标志，改革开放步伐明显加快，建立和完善社会主义市场经济体制成为改革的重要任务和明确目标。在经过20世纪80年代产业结构的调整以及各次产业不同程度的发展之后，20世纪90年代产业政策实施的起点、产业政策目标以及主要任务与改革初期有很大不同。

这一阶段的产业政策继续强调产业结构调整，重视产业结构升级，同时着力推动各次产业的发展，高度重视基础产业、支柱产业和高新技术产业的发展，重视产业发展中增长模式转换问题。这一时期，市场经济体制逐步建立，产业政策运用大量直接干预方式的逐步减少，导向性的间接干预方式不断增加，综合运用经济、法律、行政等多种手段。

（一）1992～1997年间的产业政策

1992年3月国务院政府工作报告指出，“在前进过程中存在一些不容忽视的问题：经济结构调整缓慢，部分企业经济效益差和亏损严重的状况没有根本扭转，重复建设又有抬头趋势，财政赤字增加，信贷规模和货币发行量偏大，通货膨胀的潜在压力依然存在，不合理的分配格局尚未根本改善”，“近年来市场供求关系和消费结构发生了很大变化，调整结构势在必行。第一、第二、第三产业的结构以及各产业的内部结构都需要调整”，“要紧紧围绕企业产品结构和企业组织结构进行。对那些生产能力过剩、产成品积压、技术落后、长期亏损的企业，逐步实行关停并转”，“固定资产投资，主要用于能源、交通、通信、原材料和农业、水利等基础产业，支持高新技术产业的发展，加快居民住宅的建设。积极开发中、西部地区的丰富资源，促进这些地区的经济发展。基本建设和技术改造都要抓住重点，集中投资，形成规模经济。加工工业主要通过技术改造来求得发展。对于目前已经出现的盲目争投资、上项目的现象，必须通过严格执行国家产业政策，加强项目的科学论证和管理，控制信贷规模，切实加以制止”。

1992 年 6 月《中共中央、国务院关于加快发展第三产业的决定》提出，“九十年代，要在发展第一、第二产业的同时加快发展第三产业，促进国民经济每隔几年上一个新台阶。为此，第三产业增长速度要高于第一、第二产业，第三产业增加值占国民生产总值的比重和就业人数占社会劳动者总人数的比重，力争达到或接近发展中国家的平均水平”。

【专栏 3－4】　《中共中央、国务院关于加快发展第三产业的决定》的要点

加快发展第三产业的重点是：投资少、收效快、效益好、就业容量大、与经济发展和人民生活关系密切的行业，主要是商业、物资业、对外贸易业、金融业、保险业、旅游业、房地产业、仓储业、居民服务业、饮食业和文化卫生事业等；与科技进步相关的新兴产业，主要是咨询业（包括科技、法律、会计、审计等）、信息业和各类技术服务业等；农村的第三产业，主要是为农业产前、产中、产后服务的行业，为提高农民素质和生活质量服务的行业；对国民经济发展具有全局性、先导性影响的基础行业，主要是交通运输业、邮电通信业、科学研究事业、教育事业和公用事业等。

加快发展第三产业，要“充分调动各方面的积极性，国家、集体、个人一起上；依靠深化改革，扩大开放加快发展第三产业的步伐；以产业化为方向，建立充满活力的第三产业自我发展机制；以社会化为方向，积极推动有条件的机关和企事业单位在不影响保密和安全的前提下，将现有的信息、咨询机构、内部服务设施和交通运输工具向社会开放，开展有偿服务，并创造条件使其与原有单位脱钩，自主经营，独立核算；鼓励第三产业企业跨部门、跨行业、跨地区兼并应关停并转的工业企业，在资产转让、债务清理、信贷和税收等方面给予优惠和支持；积极鼓励行政人员从机关分离出来，从事服务行业；推进劳动人事的制度改革，赋予第三产业企业用工自主权；遵循价值规律，改革价格体系，解决第三产业长期存在的价值补偿不足问题；鼓励扩大国际化经营，赋予部分国营大中型商业、物资企业进出口权，有条件的要努力向境外发展，积极兴办海外中资企业；利用金融和税收等经济手段扶持第三产业发展；简化审批手续，改变目前第三产业开业难状况；加强第三产业法制建设；加强第三产业的规划和管理”。

1992年10月中共十四大政治报告提出，“调整和优化产业结构，高度重视农业，加快发展基础工业、基础设施和第三产业”，“应当着力提高第一产业即农业的质量，稳步增加产量；继续发展第二产业，积极调整工业结构；大力促进第三产业的兴起”，“加快交通、通讯、能源、重要原材料和水利等基础设施和基础工业的开发与建设。这是当前加快经济发展的迫切需要，也是增强经济发展后劲的重要条件”，

"振兴机械电子、石油化工、汽车制造和建筑业，使它们成为国民经济的支柱产业。不失时机地发展高新技术产业。轻工、纺织等一般加工工业主要通过联合、改组和技术改造，提高素质和水平。高度重视节约能源和原材料，提高资源利用效率。固定资产投资的重点应放在加强基础设施、基础产业，以及现有企业的技术改造和改建扩建上，尤其要重视老工业基础和大型骨干企业的技术改造"，"要发挥国家、集体、个人三方面的积极性，加快第三产业的发展，使之在国民生产总值中的比重有明显提高"。提出"科技工作要面向经济建设主战场，在开发研究、高新技术及其产业、基础性研究这三个方面合理配置力量"，"加速科技成果的商品化和向现实生产力转化"，"认真抓好引进先进技术的消化、吸收和创新"。在区域发展的重点产业导向方面，提出"东部沿海地区要大力发展外向型经济，重点发展附加值高、创汇高、技术含量高、能源和原材料消耗低的产业和产品，多利用一些国外资金、资源，求得经济发展的更高速度和更好效益。中部和西部地区资源丰富，沿边地区还有对外开放的地缘优势，发展潜力很大。这些地方应当根据市场经济的要求，加快对内对外开放步伐，加快基础设施建设，促进资源的开发和利用，努力发展优势产业和产品，有条件的也要积极发展外向型经济，以带动整个经济发展"。

1993 年 3 月国务院政府工作报告指出，"产业结构不合理的状况尚未根本改变，农业基础比较脆弱，基础设施、基础工业和第三产业发展滞后"，要求"加强农业的基础地位"，"加快基础设施和基础工业建设"，特别强调"随着经济增长速度加快，基础设施尤其是交通运输已经成为国民经济发展的主要制约因素。要加快铁路建设，加强对现有铁路的挖潜和改造；重点建设一批港口，改造一批老港口，增加吞吐能力；加快高等级公路建设，发展内河航运，增加远洋和沿海运输能力”，“加强能源建设，实行开发与节约并重的方针”，“基础设施和基础工业建设需要大量资金，要通过改革形成新的投资机制，多渠道筹集”，“积极发展第三产业，要使第三产业增长高于国民生产总值增长速度”，“发挥多种经济成分的作用，依靠社会力量兴办第三产业。逐步使企事业单位和机关团体的服务设施社会化。现有公益型、福利型、事业型的第三产业单位，有条件的要逐步向经营型转变，实行自主经营，自负盈亏”。同时还提出“科学技术工作必须面向经济建设”，“把应用技术研究、发展高新技术、加强基础性研究三个方面结合起来”，“科学技术的开发与应用，要重点解决发展高产优质高效农业，促进工业技术水平和产品质量提高、节能降耗和合理利用资源等经济建设中的迫切问题”，“切实办好高新技术开发区，加快产业化步伐”。

1994 年 2 月国务院通过了国家计委会同国家经贸委、机械部等有关部门制订的《汽车工业产业政策》，这是国内第一部行业性的产业政策。该政策基于国内汽车工业正处于起步和发展阶段，现状难以满足国民经济发展的需要。为了尽快解决散乱问题，实现规模经济，促进产业结构合理化，进一步增强企业开发能力，提高产品质量、技术装备水平和国际竞争力，国家力图通过实施产业政策，使我国汽车工业在 20 世纪末打下坚实的基础，力争到 2010 年成为国民经济的支柱产业，并带动其他相关产业迅速发展。

1994 年 3 月国务院政府工作报告指出，“固定资产投资规模过大，物价上涨幅度比较高，经济结构不合理的问题仍然突出，不少国有大中型企业生产经营比较困难”，提出“企业要在积极推进改革的同时，根据国内外市场的需求，主动调整产品结构，努力生产适销对路产品，不断开发新产品，增强市场适应能力和竞争能力。各级政府都要重视商业工作，疏通城乡市场，进一步搞活流通，做到货畅其流”，“企业技术改造要紧紧围绕优化产品结构，提高产品质量，减少消耗，降低成本来进行。基础产业要通过技术改造提高生产能力，加工工业要依靠技术改造求发展。要重视和支持老工业基地改造，使其继续发挥在国民经济中的重要作用”。

1994 年 3 月，国务院颁布《九十年代国家产业政策纲要》，为整个 20 世纪 90 年代各项产业政策制定提供了指导和依据。这一时期国家产业政策要解决的重要课题是：“不断强化农业的基础地位，全面发展农村经济；大力加强基础产业，努力缓解基础设施和基础工业严重滞后的局面；加快发展支柱产业，带动国民经济的全面振兴；合理调整对外经济贸易结构，增强我国产业的国际竞争能力；加快高新技术产业发展的步伐，支持新兴产业的发展和新产品的开发；继续大力发展第三产业。同时，要优化产业组织结构，提高产业技术水平，使产业布局更加合理”。该纲要明确了国家产业政策由国务院决定，而国家计委是具体负责研究制订、协调国家产业政策的综合部门，同时建立国家产业政策审议制度，建立国家产业政策的实施保障制度，建立国家产业政策的监督、检查及评价制度等内容。

1994 年 11 月中央经济工作会议指出，“我国工业规模已经不小，主要问题是结构不合理，专业化程度和技术水平不高，经济效益差。明年乃至今后比较长的时期，都要把调整结构和提高效益放在突出位置。我国基础原材料工业生产潜力很大，当前一部分原材料，特别是钢铁和成品油库存比较充裕，在合理规划的前提下，可以适当发展一些交通、公用设施和居民住宅建设。纺织、轻工业的发展重点是上质量、上水平，市场供过于求的产品要下决心限产压库促销。要提高技术改造投资的比重，并把技术改造投资重点放在采用先进技术和提高产业素质上，促进重点行业提高技术水平，加快产品结构调整。大力促进科学技术向现实生产力转化，支持有条件的大型企业和企业集团建立技术中心。进一步抓好重大引进技术项目的消化吸收工作”，“围绕产业结构的调整，对一部分企业实行关停并转，建立破产机制”“结合产业结构调整，发展企业集团，继续做好大企业集团的试点工作，鼓励它们扩大经营规模，提高经济效益。要通过多种途径，发展跨地区、跨行业，工、技、贸、金相结合的企业集团。各省市也可以按照经济规律组建企业集团，使之在调整结构和提高企业整体素质中发挥重要作用”。

1995 年 3 月《政府工作报告》指出，“我们在前进中还存在一些问题和困难。突出的问题是物价上涨幅度过高”，“连续几年固定资产投资和消费基金增长过快”等，提出“加大投资结构调整的力度，提高农业、交通、通信和能源等基础产业和基础设施以及技术改造的投资比重”，“要通过调整产业结构和产品结构，加强管理，促进技术进步，提高企业效益。要大力发展高科技产业，用先进技术改造传统产业。一般加工工业要把发展重点放在提高产品质量和档次，增加适销对路的商品上，不要再盲目追求数量的增长。要通过技术改造，促进一批重点企业和重点产品减少消耗，降低成本，增强市场竞争力”。“结合产业结构调整，发展企业集团。继续办好现有大的企业集团。支持企业打破行政隶属关系，发展以产品或贸易为龙头的企业集团，鼓励跨行业、跨地区经营，加快产业结构和企业组织结构的调整，增强市场竞争能力”。“促进科技成果向现实生产力的转化”，“大力开发先进适用技术，办好高新技术产业开发区”。

1995 年 9 月中共十四届五中全会指出，“当前的主要问题是，农业基础薄弱，工业素质不高，第三产业发展滞后，第一、二、三产业的关系还不协调。今后必须加强第一产业，调整提高第二产业，积极发展第三产业”，同时也提出“要调整结构，继续加强基础工业，大力振兴支柱产业，提高工业素质和水平”，“目前我国第三产业的比重偏低，需要逐步提高，使之与第一、第二产业的发展相适应，形成合理的规模和结构，要加强对第三产业的规范和管理，重点发展为社会生产和广大群众基本生活服务的行业”。为解决国内地区差距问题，提出“中西部地区，要适应发展市场经济的要求，加快改革开放步伐，充分发挥资源优势，积极发展优势产业和产品，使资源优势逐步变为经济优势”。

1996 年 3 月，《中华人民共和国国民经济和社会发展“九五”计划和 2010 年远景目标纲要》指出，“在前进的道路上，我们还面临着不少矛盾和困难，其中有些是长期制约经济发展的不利因素”，“人均拥有耕地、水资源和石油等一些重要矿产资源相对不足；产业结构不合理；治理环境污染和保护生态的任务艰苦；参与国际竞争的能力不强”。提出应“积极推进经济增长方式转变，把提高经济效益作为经济工作的中心”，“继续加强基础设施和基础工业；集中力量有计划地建设一批重点骨干工程，避免盲目发展和重复建设”，“振兴支柱产业和调整提高轻纺工业”“积极发展第三产业”。

“能源工业要适应国民经济增长的需要，逐步缓解瓶颈制约”，“坚持节约与开发并举，把节约放在首位；大力调整能源生产和消费结构；推广先进技术，提高能源生产效率；坚持能源开发与环境治理同步进行，继续理顺能源产品价格。能源建设以电力为中心，以煤炭为基础，加强石油天然气的资源勘探和开发，积极发展新能源”；“交通以增加铁路运输能力为重点，充分发挥公路、水运、空运、管道等多种运输方式的优势，加快综合运输体系的建设，形成若干条通过能力强的东西向、南北向大通道”；邮电通信“积极采用先进技术和装备，坚持高起点，统筹规划，条块结合，分层负责，联合建设的方针”；原材料工业“切实转换增长方式，重点是增加品种、提高质量、降低消耗，大力搞好资源综合利用，推进企业技术改造，提高竞争力”；机械工业“重点提高电力、化肥、乙烯等大型成套装备的开发和制造水平，改进数控机床等重要基础机械以及液压、气动、密封、仪器仪表等重要机械基础条件的性能和质量”；电子工业“重点发展集成电路、新型元器件、计算机和通信设备。增强为经济和社会发展提供信息化系统和装备的能力”；石油化工“发展深度加工和综合利用，重点发展合成纤维、合成树脂、合成橡胶”；汽车工业“重点发展汽车零部件、经济型轿车和重型汽车，建立自主的汽车技术开发体系，实行规模经营。以大集团为主，促进汽车工业集中投资和产业重组”；建筑业和建材工业“重点建设城乡住房和公共工程，改进和提高设计水平，加强施工管理，保证工程质量。建材工业以调整结构、节能、节地、节水、减少污染为重点，加快老企业改造、扩建，提高单位生产线规模水平，大力增加优质产品，开发和推广新型建材及制品”；轻纺工业“适应国内外市场需求变化，加快结构调整和优化，大力开发新产品，提高产品质量、档次和加工深度”。在科技方面，要求“提高产业技术开发创新能力，加大产品开发力度。根据产业发展需要，结合重大工程组织科技攻关，着力解决关键性、共性、基础性的重大技术”，“积极发展高技术及其产业”，办好现有高新技术产业开发区”。在促进区域经济协调发展方面，要求“各地区要在国家规划和产业政策指导下，选择适合本地条件的发展重点和优势产业，避免地区间产业结构趋同化，促进各地经济在更高的起点上向前发展”，“优先在中西部地区安排资源开发和基础设施建设项目。调整加工工业的地区布局，引导资源加工型和劳动密集型产业向中西部地区转移”，“东部经济发达地区采取多种形式与中西部地区联合开发资源，利用中西部地区丰富的劳动力资源，发展劳动密集型产业”。

1997 年 3 月国务院政府工作报告指出，“宏观经济稳定的基础不巩固，经济结构不合理的矛盾突出”，提出“保持合理的投资规模，加大结构调整力度”，“投资要继续向农业和水利建设倾斜，向国家重点扶持的基础设施、基础工业和支柱产业倾斜，向中西部地区倾斜”，“建成一批对调整结构具有显著作用的国家重点工程。开工一批对优化产业结构、改善地区布局有重要意义的工程”，“要加快普通住宅建设，这不仅是城镇广大居民的迫切要求，还可以带动相关产业发展，培育新的经济增长点”。“切实贯彻转变经济增长方式的方针，严格控制一般加工工业项目，克服‘大而全’、‘小而全’和盲目重复建设”，“要制定结构调整和技术改造规划，引导企业以市场需求为导向，积极调整产品结构，努力提高产品质量，开发新产品，发展名优品牌，增强市场竞争能力。重视发展服务、旅游和信息产业。合理引导消费，使生产和消费互相促进、协调发展”。在科技工作方面“抓好技术开发和应用、高新技术及其产业、基础性科学研究三个层次的工作，促进经济增长方式的转变。要抓住应用技术研究和开发这个关键环节，按照市场需求和国家重点工程建设规划，确定科技攻关课题，加快高新技术、新产品的开发和新产业的形成，适应企业技术改造、产业结构调整和社会发展的需要。发展高新技术及其产业，关系我国经济整体素质的提高和未来的发展，要加快电子信息、生物工程、新材料、新能源、海洋、环境和航天、航空等领域的研究开发，促进科技成果商品化和产业化，用高新技术改造传统产业。继续办好国家高新技术产业开发区”。

1997 年 5 月国务院颁布《中国的能源政策》，这是继 1994 年汽车产业政策之后的又一重大专门性的行业政策，它是基于“按人均消耗能源看，仍低于世界平均水平，能源使用效率不高，结构不尽合理”等问题，提出“煤炭工业要坚持大中小并举的方针”“石油工业要坚持稳定东部、发展西部的方针”“多家办电，多渠道筹资办电”“核电是一种安全可靠清洁的能源”“能源开发与节约并重，把节约放在优先地位”“能源开发与可持续发展战略”等六大方面的内容。

（二）1998～2001 年间的产业政策

1997 年亚洲金融危机爆发以及国内经济暴露出的内需不足，加之前期产业结构和产业发展中存在的问题，使得 1998 年以来的产业政策除继续着力结构调整之外，在刺激内需方面发挥了更大作用。

1998 年 3 月国务院政府工作报告指出，“经济建设中盲目投资、重复建设现象比较普遍，国民经济整体素质和效益不高”，提出“推进重点行业和重点企业改革和发展。以纺织行业为突破口，促进困难行业深化改革和扭亏解困。取得初步成效后，再推进到兵器、机械等其他困难行业。搞好重点大企业，对改善国有经济的整体效益有重要作用。在一些重要行业和关键领域，鼓励组建大型企业集团，增强在国内外市场的竞争能力。发展企业集团要坚持以市场为导向，打破部门、地区和所有制的界限，支持强强联合，实现优势互补，防止简单拼凑集团和盲目扩大规模”。此外，还提出“大力推广先进适用技术”，“促进科技成果尤其是信息技术成果的商品化”，“加快高技术产业化步伐，用高新技术改造传统产业，注重解决产业结构调整和可持续发展所面临的关键技术问题，办好国家高新技术产业开发区”。同月的一次国务院会议指出“长期低水平重复造成很大浪费，经济结构矛盾越来越尖锐”。为应对亚洲一些国家金融危机对我国经济可能产生的负面影响，保持国民经济良好发展势头，提出“要扩大内需，充分发挥国内市场的潜力。主要是适当扩大固定资产规模，重点增加农林水利建设投入，增加铁路、公路、通信、环保等基础设施建设和高新技术产业的投入，提高企业技术改造的比重，加快居民住宅建设”，“扩大基础设施建设，要着眼于带动国内生产，尽可能地采用国内能够生产的设备、原材料”。此外，“要着要着力抓好纺织行业的改革和扭困。这是国有企业改革的突破口。纺织行业的压锭减员和深化改革已经做出明确部署，正在实施，各方面要密切配合，抓紧工作，确保完成。纺织行业的问题解决了，积累了经验，就可以推动其他行业的改革和调整”，“要认真执行‘抓大放小’方针，优化经济结构，提高国际竞争力，必须有一批技术先进、实力雄厚和经营有方的大企业有企业集团。企业的联合、兼并，政府可以引导，但是必须通过市场优化资源配置，讲究经济效益，决不能单纯搞“拉郎配”，盲目拼凑大集团。中小企业和乡镇企业量多、面广，就业容量大，要鼓励其发展，引导它们加强技术改造，改进品种质量，提高经济效益”。

1999 年 3 月国务院政府工作报告指出“市场需求不旺，启动难度较大；多年重复建设造成大多数工业行业生产能力过剩，经济结构矛盾更加突出，经济运行质量和效益不高；部分国有企业经营困难加剧”等当时国民经济存在的突出问题，要求“制止重复建设，加快行业调整和改组的步伐。除少数属于提高技术水平、产品升级又有市场的项目之外，各级政府要停止审批工业建设项目，银行也要停止向这类建设项目贷款。要继续压缩纺织、煤炭、冶金、石化、建材、机电、轻工等行业过剩的生产能力，坚决淘汰那些技术落后、浪费资源、产品质量低劣和污染严重的小企业；同时，要按照打破垄断、鼓励竞争的原则，通过联合、兼并、改组，形成技术水平高、有竞争能力的企业集团”。报告还提出“抓紧制定和实施适应新形势的产业技术政策。集中力量攻克一批关键性技术。加强工程化研究，促进科技成果的产业化。支持科技型中小企业的发展”。

1999年8月《中共中央、国务院关于加强技术创新，发展高科技，实现产业化的决定》要求，“加强对技术创新和高新科技成果商品化、产业化的方向和重点的宏观引导”，“加快农业和农村经济发展中关键技术的创新和推广应用”，“突出高新技术产业领域的自主创新，培育新的经济增长点”，“加速传统产业的技术升级”，“提高服务业的知识含量”，“加强环境保护和资源综合开发利用领域的技术创新”，“大力发展军民两用技术”等。

1999年9月中共十五届中央四次会议通过《中共中央关于国有企业改革和发展若干重大问题的决定》，提出“加快国有企业技术进步和产业升级”。国有企业技术进步和产业升级的方向与重点是：“以市场为导向，用先进技术改造传统产业，围绕增加品种、改进质量、提高效益和扩大出口，加强现有企业的技术改造；在电子信息、生物工程、新能源、新材料、航空航天、环境保护等新兴产业和高技术产业占据重要地位，掌握核心技术，占领技术制高点，发挥先导作用。处理好提高质量和增加产量、发展技术密集型产业和劳动密集型产业、自主创新和引进技术、经济发展和环境保护的关系”。

1999年11月中央经济工作会议要求，“继续调整产业结构，使第一、第二、第三产业相互促进、协调发展，是国民经济持续快速健康发展要解决好的重大课题。加强第一产业、提高第二产业、发展第三产业，是今后一个时期调整产业结构的基本思路”，“要加快工业结构调整，促进产业优化升级。近几年煤炭、纺织、石化、冶金等行业的结构调整取得了初步进展，但大而全、小而全、低水平重复建设的现象还比较严重，传统产业的改造升级进展不快，工业结构调整异常艰巨。必须加快对老工业基地和传统产业的技术改造，淘汰落后的设备和工艺，压缩过剩的生产能力，积极发展新兴产业和高技术产业，推进国民经济信息化，努力培育新的经济增长点”。西部开发“要重点抓好交通、通信、能源等基础设施建设；调整产业结构，发展优势产业，促进资源加工增值”。

2000 年 3 月 5 日国务院政府工作报告要求，“大力推进经济结构的战略性调整”，“加大工业结构调整力度”，“发展第三产业”。针对工业结构调整提出“要围绕优化结构、提高质量和效益、增强国际竞争力，着重抓好四个环节。一是遵循市场经济规律，综合运用多种手段，限制没有市场销路的产品生产。进一步关闭技术落后、质量低劣、浪费资源、污染严重的小厂小矿；淘汰落后的设备、技术和工艺，压缩一些行业的过剩生产能力。二是采取有力措施加快企业技术改造，并向老工业基地倾斜。坚持质量第一，采用先进标准，更新和优化产品结构。努力开发有市场需求的新技术、新工艺和新产品；鼓励增产适销对路产品，特别是名优产品。三是积极发展新兴产业和高技术产业，特别是发展信息、生物工程、新能源、新材料和环保等产业。同时，注意发展劳动密集型产业。四是继续推进行业改组，促进重点行业提高规模效益，优化布局。努力提高重大装备工艺和基础材料工业的生产技术水平”。为实施西部大开发战略，加快中西部地区的发展，提出“加快基础设施建设；切实搞好生态环境保护和建设；根据当地的地理、气候和资源等条件，着力发展有自己特色的优势产业，有条件的地方要发展高新技术产业”。为积极实施科教兴国战略和可持续发展战略，要求“大力开发和推广对传统产业升级起关键作用、有共性的高新技术。加快高新技术产业化进程，重点培育一批竞争力强的高新技术产品和企业。继续办好国家高新技术产业开发区”。

2000 年 11 月中央经济工作会议要求，“结构调整要立足于基本国情”，“注意处理好三个关系。一是高新技术产业与传统产业的关系。高新技术产业是有广阔市场前景的新的经济增长点。传统产业量大面广，是我国经济实力的基本依托，仍有很大发展空间。必须抓紧用高新技术和先进适用技术改造传统产业，特别是要促进装备制造业和老工业基地的振兴。二是技术资金密集型产业与劳动密集型产业的关系。在努力发展技术资金密集型产业的同时，认真落实各项政策措施，积极扶持劳动密集型产业特别是服务业的发展。这有利于带动新的投资和消费，扩大就业。三是东部、中部发展与西部开发的关系。东、中、西部地区都要积极探索符合自身特点的发展路子，实现优势互补”。

2001 年 3 月《关于国民经济和社会发展第十个五年计划纲要的报告》提出，“十五”期间，“坚持把结构调整作为主线。我国经济已经到了不调整就不能发展的时候。按原有结构和粗放增长方式发展经济，不仅产品没有市场，资源、环境也难以承受。必须在发展中调整结构，在结构调整中保持较快发展。今后五年要着力调整产业结构、地区结构和城乡结构，特别要把产业结构调整作为关键。要巩固和加强农业基础地位，加快工业改组改造和结构优化升级，大力发展服务业，加快国民经济和社会信息化，继续加强基础设施建设”，“大力推进产业结构优化升级”，“用高新技术和先进适用技术改造提升传统产业”，“综合运用经济、法律和必要的行政手段，继续依法关闭产品质量低劣、浪费资源、污染严重、不具备安全生产条件的厂矿，淘汰落后和压缩过剩生产能力，并严禁转移重建。积极疏通和逐步规范企业退出市场的通道”，“发展高新技术产业，以信息化带动工业化”，“加强水利、交通、能源等基础设施建设，高度重视资源战略问题”，“加快发展服务业”等。

为实施西部大开发，促进地区协调发展，提出“集中力量建设西气东输、西电东送、青藏铁路等一批具有战略意义的重大项目”，“要从各地实际出发，调整和优化产业结构，加强农业，加快资源优势向经济优势转化，培育和形成各具特色的地区经济”。中部地区要“巩固和发展农业，继续加强基础设施和生态环境建设。加大用高新技术和先进适用技术改造传统产业的力度，提高技术水平和竞争能力”。东部沿海地区“要面向国内外市场，加快科技进步和创新，着力发展高新技术产业和外向型经济，提高经济的综合素质和国际竞争力，有条件的地区率先基本实现现代化”。

同时提出，“促进科技进步和创新，为结构调整和经济发展提供强大动力”，“要积极推进具有战略意义的高技术研究，力争在一些关系国民经济命脉和国家安全的关键技术领域取得突破。努力提高自主创新能力，促进高新技术成果产业化。要为传统产业升级提供技术支持。重点在农产品加工及转化、装备制造、节水节能、纺织品后整理等方面的技术取得进步，加快高新技术向传统产业渗透”。

2001 年 4 月，国务院颁布《国务院关于进一步加快旅游业发展的通知》，要求“树立大旅游观念，充分调动各方面的积极性，努力扩大旅游发展规模，进一步发挥旅游业作为国民经济新增长点的作用”。

2001 年 12 月，国务院办公厅转发国家计委《关于“十五”期间加快发展服务业若干政策措施的意见》指出，“从总体上看，服务业供给不足、比重偏低、结构落后、质量不高、竞争力差等问题仍很突出，已经成为当前以及今后一段时期制约产业结构优化升级和国民经济发展的重要因素”，要求“服务业增加值年均增长速度适当快于国民经济的增长速度”，应采取以下政策措施：“优化服务业行业结构”，“扩大服务业就业规模”，“加快企业改革和重组”，“放宽服务业市场准入”，“有步骤地扩大对外开放”，“推进部分服务领域的产业化”，“促进后勤服务的社会化”，“鼓励中心城市‘退二进三’”，“加快服务业人才培养”，“多渠道增加服务业投入”，“扩大城乡居民的服务消费”，“加强服务业的组织领导”。

三、新世纪以来至国际金融危机发生前的产业政策（2002～2008年）

以2002年党的十六大召开为标志，中国的经济发展和改革开放进入新的阶段。一方面，产业结构和产业发展已经站到一个更高的水平之上，工业化向中后期迈进。另一方面，新的阶段在面临着旧问题尚未完全解决的情形下，又遇到一些新问题。主要是产业结构调整和优化升级的任务还很重，同时土地、资源、能源、环境约束更加明显，产业结构和各次各类产业向更高水平发展过程中的一些深层次矛盾变得突出，加之经济社会发展中的地区差距、城乡差距、社会矛盾、国际竞争加剧以及不断增加的不确定性因素等，对该时期产业政策的目标、任务、方向和措施等方面提出了更高的要求。

这一阶段产业政策的重点是产业结构的调整、优化和升级，实现产业发展从“量”向“质”的根本性转变。按照走新型工业化道路和转变经济增长方式的要求，既重视产业结构合理化，又加快推进产业结构优化升级，引导和推动产业内在素质的改善，通过鼓励自主创新推动国内产业在全球产业链中的地位提升和国际竞争力的提高。节能、环保等因素成为产业结构调整的重要目标。这一时期，市场经济体制已经初步建立，产业政策更注重市场机制和利益导向机制的作用，更加注重对市场主体行为的引导，措施上综合运用经济、法律和必要的行政手段等。

2002年3月国务院政府工作报告指出，“产业结构不合理和经济体制深层次问题尚未解决”，“必须大力推进经济结构调整”，“加快产业结构优化升级。一要采用高新技术和先进适用技术，改造和提升传统产业。支持重点行业和骨干企业进行技术改造，支持承担国家重点任务的大型装备制造企业提高产品开发和技术创新能力。巩固和扩大纺织、冶金、煤炭等行业淘汰落后生产能力取得的成果，继续推进石化、建材、机械、医药、制糖、烟草等行业压缩过剩、落后生产能力的工作。继续调整能源结构。推动老工业基地加快调整和改造。支持以资源开采为主的城市和老矿区发展接续和替代产业。二要加快发展信息、生物、新材料等高新技术产业。三要积极发展第三产业特别是现代服务业。加快发展金融、会计、咨询、法律服务等行业。逐步推行连锁经营、物流配送、代理制、电子商务等组织形式和服务方式。大力发展旅游业和文化产业”。

2002年11月，党的十六大报告提出“走新型工业化道路，大力实施科教兴国战略和可持续发展战略。实现工业化仍然是我国现代化进程中艰巨的历史性任务。信息化是我国加快实现工业化和现代化的必然选择。坚持以信息化带动工业化，以工业化促进信息化，走出一条科技含量高、经济效益好、资源消耗低、环境污染少、人力资源优势得到充分发挥的新型工业化路子”。“推进产业结构优化升级，形成以高新技术产业为先导、基础产业和制造业为支撑、服务业全面发展的产业格局。优先发展信息产业，在经济和社会领域广泛应用信息技术。积极发展对经济增长有突破性重大带动作用的高新技术产业。用高新技术和先进适用技术改造传统产业，大力振兴装备制造业。继续加强基础设施建设。加快发展现代服务业，提高第三产业在国民经济中的比重。正确处理发展高新技术产业和传统产业、资金技术密集型产业和劳动密集型产业、虚拟经济和实体经济的关系”。

“走新型工业化道路，必须发挥科学技术作为第一生产力的重要作用，注重依靠科技进步和提高劳动者素质，改善经济增长质量和效益。加强基础研究和高技术研究，推进关键技术创新和系统集成，实现技术跨越式发展。鼓励科技创新，在关键领域和若干科技发展前沿掌握核心技术和拥有一批自主知识产权”。

就区域发展中的产业政策而言，西部地区要“重点抓好基础设施建设”，“积极发展有特色的优势产业”，中部地区“要加大结构调整力度，推进农业产业化，改造传统产业，培育新的经济增长点，加快工业化和城镇化进程”，东部地区“要加快产业结构升级，发展现代农业，发展高新技术产业和高附加值加工制造业，进一步发展外向型经济”，“支持以资源开采为主的城市和地区发展接续产业”。

应当说，走新型工业化道路，是总结改革开放20多年工业发展方面正反两方面经验的基础上，在新的历史时期提出的重大发展战略，对今后一个较长时期的产业政策起到指导作用。

2003年3月5日国务院政府工作报告强调，“按照走新型工业化道路的要求，加快产业结构调整。积极发展对经济增长有重大带动作用的高新技术产业。大力推进信息化，用信息化带动工业化，加快工业化进程。广泛采用先进适用技术改造传统产业，努力振兴装备制造业。搞好钢铁、汽车、建材等行业发展的规划和调整，防止盲目发展和无序竞争。进一步淘汰落后生产能力。积极发展现代服务业和旅游业。高度重视发展社区服务业”。为积极推进西部大开发，要求“积极发展特色经济和优势产业”。为支持东北地区等老工业基地加快调整和改造，“支持以资源开采为主的城市和地区发展接续产业”。同时提出，“努力在关键领域和若干科技发展前沿掌握核心技术和拥有一批自主知识产权。”

2004 年 3 月国务院政府工作报告指出，“在经济加快发展的过程中，又出现一些新的矛盾，特别是投资规模偏大，部分行业和地区盲目投资、低水平重复建设比较严重，能源、交通和部分原材料供求关系紧张”，提出“一要完善产业政策和行业规划，健全行业信息发布制度，正确引导社会投资方向。二要抓紧制定和完善行业准入标准，严格市场准入。凡在环保、安全、能耗、技术、质量等方面不符合标准的项目，尚未建设的不准开工，在建的要进行清理，已建的限期改造。三要依法加强用地管理。对不符合国家产业政策和行业准入标准的建设项目，一律不得批准用地。四要强化信贷审核和监管。对不符合市场准入条件的新建项目和改扩建项目，金融机构不予贷款。五要严肃税制，坚决禁止和纠正擅自出台税收优惠政策的行为”。“要按照走新型工业化道路的要求，推进国民经济和社会信息化，促进产业结构优化升级。积极发展对经济增长带动作用大和拥有自主知识产权的高新技术产业。加快振兴装备制造业。大力发展现代流通、旅游、中介服务等第三产业，逐步提高其在国民经济中的比重”。

为统筹区域协调发展，要求西部地区“加强基础设施建设，重点抓好关系全局的重大项目”，东北地区“着力抓好重点行业、重点企业的调整改造，做好资源型城市经济转型和采煤沉陷区治理工作”，中部地区“加强基础设施建设，发展有竞争力的制造业和高新技术产业，提高工业化和城市化水平”，东部地区“要加快产业结构升级”。

同时，要求继续实施科教兴国战略，“组织实施一批关系经济社会全局的重大科技项目，促进科学技术与产业结合，推动高新技术产业化”。

2004 年 5 月国家发改委颁布《汽车产业发展政策》，同时废止了 1994 年版的汽车产业政策，目的是在新的经济社会形势下，进一步推进汽车产业结构调整和升级，增强汽车产业的国际竞争力和自主创新能力，使汽车产业在 2010 年前发展成为国民经济的支柱产业。

2004 年 9 月中央十六届四中全会指出，“我国经济显露出一些不健康不稳定的因素，包括固定资产投资增长过快，煤电油运供求紧张等”，“要严把信贷和土地两个闸门，清理整顿开发区和土地市场秩序，依据法律法规和国家产业政策认真清理固定资产投资项目，遏制一些行业的盲目投资和低水平重复建设。同时，加强经济运行调节，努力搞好煤电油运的供需衔接”。“加快电源、电网、大型煤炭基地和重要交通干线、枢纽项目的建设，支持推进产业升级、提高核心竞争力的项目建设，启动资源勘探开发和高效利用、工业节水、交通现代化等重大关键共性技术开发等”。

2004 年 9 月中央十六届四中全会第三次会议指出，“经济结构不合理仍然是制约我国经济发展的质量和效益提高的主要因素。加快经济结构调整步伐，推动结构优化升级，是我们面临的紧迫任务”，“要抓住新一轮全球产业分工调整重组的重大机遇，努力在国际分工中赢得有利位置，同时又要立足我国实际，充分利用自身优势和现有基础，努力形成既能够充分发挥我国优势又具有强大国际竞争力的产业结构。要大力发展资金技术密集型产业，提高技术水平和效率，培育新的经济增长点，同时又要重视用高新技术和先进适用技术改造提升传统产业，提高产品的科技含量和质量档次，还要积极发展劳动密集型产业，充分利用我国劳动力资源丰富和人工成本较低的比较优势”。“要培育和发展一批竞争力强、拥有自主知识产权和著名品牌的大公司、大企业集团，提高企业的国际竞争力，同时又要重视形成一批小而强、小而精、小而专的中小企业群，发挥它们在活跃城乡经济、扩大就业、满足群众需要等方面的作用”。

2005 年 3 月国务院政府工作报告指出，“经济社会发展中的一些长期性问题和深层次矛盾依然存在。主要是：就业压力巨大；经济结构不合理，产业技术水平低，第三产业发展滞后；投资率持续偏高，消费率偏低；经济增长方式粗放，资源约束和环境压力加大”。要求“加快推进经济结构调整和增长方式转变。推进产业结构优化升级。坚持走新型工业化道路。依靠科技进步，围绕提高自主创新能力，推动结构调整。加快开发对经济增长有重大带动作用的高新技术，以及能够推动传统产业升级的共性技术、关键技术和配套技术。抓紧制定若干重大领域关键技术创新的目标和措施，务求尽快取得新突破。大力发展高新技术产业，积极推进国民经济和社会信息化。加快用高新技术和先进适用技术改造传统产业。以重大工程为依托，推动装备制造业振兴。在专项规划指导下，继续加强能源、重要原材料等基础产业和水利、交通、通信等基础设施建设。积极发展现代流通、旅游、社区服务等第三产业。要加快发展资金技术密集型产业，又要继续发展劳动密集型产业”。

2005 年 6 月《国务院关于促进流通业发展的若干意见》颁布，指出“随着改革开放不断深入和社会主义市场经济体制的完善，我国流通业在促进生产、引导消费、推动经济结构调整和经济增长方式转变等方面的作用日益突出。当前，我国商品市场供求总格局已发生根本性变化，面临的国际化竞争更趋激烈，但流通领域仍存在流通企业规模偏小，组织化程度低，现代化水平不高，市场体系不够完善等问题，迫切需要我们在流通领域树立和落实科学发展观，建设大市场，发展大贸易，搞活大流通，加快推进内外贸一体化和贸工农一体化，促进经济结构调整和经济增长方式转变，为促进城乡协调发展和国民经济持续快速健康发展作出新贡献”。

2005 年 7 月，国家发改委颁布《钢铁产业发展政策》，指出“我国钢铁产量已多年居世界第一，但钢铁产业的技术水平和物耗与国际先进水平相比还有差距，今后发展重点是技术升级和结构调整”。实施钢铁产业发展政策的目的就是“为提高钢铁工业整体技术水平，推进结构调整，改善产业布局，发展循环经济，降低物耗能耗，重视环境保护，提高企业综合竞争力，实现产业升级，把钢铁产业发展成在数量、质量、品种上基本满足国民经济和社会发展需求，具有国际竞争力的产业”。

2005 年 10 月，中共中央《关于制定国民经济和社会发展第十一个五年规划建设的建议》指出，“我国正处于并将长期处于社会主义初级阶段，生产力还不发达，城乡区域发展不平衡；粗放型增长方式还没有根本转变，经济结构不合理，自主创新能力不强，经济社会发展与资源环境的矛盾日益突出”。“推进产业结构优化升级”，一是“以自主创新提升产业技术水平。发展先进制造业、提高服务业比重和加强基础产业基础设施建设，是产业结构调整的重要任务，关键是全面增加自主创新能力，努力掌握核心技术和关键技术，增强科技成果转化能力，努力掌握核心技术和关键技术，增强科技成果转化能力，提升产业整体技术水平”。二是“加快发展先进制造业。坚持以信息化带动工业化，广泛应用高技术和先进适用技术改造提升制造业，形成更多拥有自主知识产权的知名品牌，发挥制造业对经济发展的重要支撑作用”。三是“促进服务业加快发展。制定和完善促进服务业发展的政策措施，大力发展金融、保险、物流、信息和法律服务等现代服务业，积极发展文化、旅游、社区服务等需求潜力大的产业，运用现代经营方式和信息技术改造提升传统服务业，提高服务业的比重和水平”。四是“加强基础产业基础设施建设。能源产业，要强化节约和高效利用的政策导向，坚持节约优化、立足国内、煤为基础、多元发展，构筑稳定、经济、清洁的能源供应体系。交通运输，要合理布局，做好各种运输方式的相互衔接，发挥组合效率和整体优势，形成便捷、通畅、高效、安全的综合交通运输体系。原材料工业，要根据能源资源条件和环境容量，着力调整产品结构、企业组织结构和产业布局，提高产品质量和技术含量”。

2005 年 12 月国务院发布《促进产业结构调整暂行规定》，明确产业结构调整的目标是：推进产业结构优化升级，促进一、二、三产业健康协调发展，逐步形成农业为基础、高新技术产业为先导、基础产业和制造业为支撑、服务业全面发展的产业格局，坚持节约发展、清洁发展、安全发展，实现可持续发展。产业结构调整的原则是：坚持市场调节和政府引导相结合；以自主创新提升产业技术水平；坚持走新型工业化道路；促进产业协调健康发展。产业结构调整的方向和重点：“巩固和加强农业基础地位，加快传统农业向现代农业转变”；“加强能源、交通、水利和信息等基础设施建设，增强对经济社会发展的保障能力”；“以振兴装备制造业为重点发展先进制造业，发挥其对经济发展的重要支撑作用”；“加快发展高技术产业，进一步增强高技术产业对经济增长的带动作用”；“提高服务业比重，优化服务业结构，促进服务业全面快速发展”；“大力发展循环经济，建设资源节约和环境友好型社会，实现经济增长与人口资源环境相协调”；“优化产业组织结构，调整区域产业布局”；“实施互利共赢的开放战略，提高对外开放水平，促进国内产业结构升级”。

2006 年 2 月，国务院发布了《国务院关于加快振兴装备制造业的若干意见》，指出“我国装备制造业经过 50 多年的发展，取得了令人瞩目的成就，形成了门类齐全、具有相当规模和一定水平的产业体系，成为我国经济发展的重要支柱产业。但我国装备制造业还存在自主创新能力弱、对外依存度高、产业结构不合理、国际竞争力不强等问题”，对振兴装备制造业提出了振兴目标：“到 2010 年，发展一批有较强竞争力的大型装备制造企业集团，增强具有自主知识产权重大技术装备的制造能力，基本满足能源、交通、原材料等领域及国防建设的需要。依靠区域优势，发挥产业集聚效应，形成若干具有特色和知名品牌的装备制造集中地。建设和完善一批具有国际先进水平的国家级重大技术装备工程中心，初步建立以企业为主体的技术创新体系。逐渐形成重大技术装备、高新技术产业装备、基础装备、一般机械装备等专业化合理分工、相互促进、协调发展的产业格局。”

2006 年 3 月国务院政府工作报告指出，“经济社会生活中的困难和问题还不少，一些长期积累的和深层次的矛盾尚未根本解决”，如“固定资产投资增幅仍然偏高。有些行业投资增长过快，新开工项目偏多，投资结构不合理，投资反弹的压力比较大。部分行业过度投资的不良后果开始显现。产能过剩问题日趋突出，相关产品价格下跌，库存上升，企业利润减少，亏损增加，潜在的金融风险加大”等。要求“加大产业结构调整力度、资源节约和环境保护力度”。“一要着力提升产业层次和技术水平。要加快发展先进制造业、高新技术产业和现代服务业，继续加强交通、能源、水利等基础产业和基础设施建设，推进国民经济和社会信息化”。“二要推进部分产能过剩行业调整。要综合运用经济、法律和必要的行政手段，充分发挥市场的作用。主要措施是：认真贯彻国家产业政策，严格市场准入标准，控制新增产能；推动企业并购、重组、联合，支持优势企业做强做大，提高产业集中度；依法关闭那些破坏资源、污染环境和不符合安全生产条件的企业，淘汰落后生产能力；通过调整投资结构、扩大消费需求等措施，合理利用和消化一些已经形成的生产能力”。为继续推动区域协调发展，提出西部“要着力支持重点地带、重点城市和重点产业加快发展”，东北地区建立“衰退产业援助机制”，中部地区“加强能源和重要原材料基地建设，加强现代综合交通运输体系、现代流通体系和现代市场体系建设。支持老工业基地振兴和资源型城市转型”，东部地区“着力增强自主创新，推进产业结构优化升级，增强国际竞争力和可持续发展能力”。

2006 年 3 月，国务院发布《关于加快推进产能过剩行业结构调整的通知》，指出“部分行业盲目投资、低水平扩张导致生产能力过剩，已经成为经济运行的一个突出问题，如果不抓紧解决，将会进一步加剧产业结构不合理的矛盾，影响经济持续快速协调健康发展”，对钢铁、电解铝、电石、铁合金、焦炭、汽车等产能已经出现明显过剩的产业，以及水泥、煤炭、电力、纺织等潜在着产能过剩的产业，提出一系列的具体调整措施。国家发改委及有关部委相应颁布了一系列针对上述产能过剩行业结构调整的指导意见，如《关于加快焦化行业结构调整的指导意见的通知》（2006 年 3 月 22 日）、《关于推进铁合金行业加快结构调整的通知》（2006 年 4 月 5 日）、《关于印发加快煤炭行业结构调整、应对产能过剩的指导意见的通知》（2006 年 4 月 10 日）、《关于加快铝工业结构调整指导意见的通知》（2006 年 4 月 11 日）、《关于加快水泥工业结构调整的若干意见》（2006 年 4 月 13 日）、《关于加快电石行业结构调整有关意见的通知》（2006 年 4 月 21 日）等。

2006 年 3 月，《中华人民共和国国民经济和社会发展第十一个五年规划纲要》颁布，要求“推进工业结构优化升级”，“按照走新型工业化道路要求，坚持以市场为导向、企业为主体，把增强自主创新能力作为中心环节，继续发挥劳动密集型产业的竞争优势，调整优化产品结构、企业组织结构和产业布局，提升整体技术水平和综合竞争力，促进工业由大变强”。“加快发展高技术产业”“振兴装备制造业”“优化发展能源工业”“调整原材料工业结构和布局”“提升轻纺工业水平”；“加快发展服务业”，“坚持市场化、产业化、社会化方向，拓宽领域、扩大规模、优化结构、增强功能、规范市场，提高服务业比重和水平”，“拓展生产性服务业”“丰富消费性服务业”。

2006 年 10 月，十六届六中全会提出“要着力推进经济结构调整和经济增长方式转变。要抓住当前经济运行环境比较宽松、经济效益比较好的有利时机，加快推进经济结构调整和经济增长方式转变。要大力推进自主创新，抓紧落实支持科技进步和自主创新的财税、金融、政府采购、科技成果转化、知识产权保护、人才队伍建设等方面的政策措施，健全自主创新激励机制。要按照新型工业化道路的要求引导投资方向，大力发展服务业，发展资源消耗低、环境污染少、经济效益好的高新技术产业，振兴装备制造业，加快产业结构优化升级。要抓紧组织实施产能过剩行业结构调整，淘汰落后生产能力，推进技术改造，促进兼并重组，并注意做好人员安置等工作。要把节能降耗和环境保护作为产业结构调整的重要内容，突出抓好重点行业节能降耗和环境保护工作，严格环境保护标准和环境保护执法，完善能耗公布制度，加快建立排放总量控制目标责任制，加快实施重大节能工程，确保实现节能降耗和环境保护的目标”。

2006年12月中央经济工作会议指出，“当前，我国经济社会发展面临的突出矛盾和问题有以下几个方面。一是农业基础依然脆弱和农民增收难度加大。二是投资反弹并引发经济波动的风险依然存在。三是经济增长付出的代价依然过大”。提出“必须在结构优化中促进总量平衡。当前经济运行中最突出的总量矛盾是投资增长过快、信贷投放过多、贸易顺差过大，这实际上是经济结构不合理的反映。经济结构矛盾突出表现为投资和消费关系不协调，投资规模过大，消费需求相对不足，特别是广大农民和城镇低收入者的收入水平低，消费能力不强。同时，产业结构存在工业特别是重工业比重较大、服务业比重偏低的问题。因此，解决总量矛盾必须加大结构调整力度，着力调整投资和消费比例，不断优化产业结构，合理调整国民收入分配格局，努力使总量平衡建立在结构优化的基础上”。

2007年3月国务院政府工作报告指出，“我国经济社会发展中仍然存在不少矛盾和问题”，“一是经济结构矛盾突出。一二三产业比例不合理”“增长方式粗放。能源消耗高，环境污染重”“产业结构调整进展缓慢，重工业特别是高耗能、高污染行业增长仍然偏快，不少应该淘汰的落后生产能力还没有退出市场”。提出“把节能降耗、保护环境和节约集约用地作为转变经济增长方式的突破口和重要抓手”，“加快推进产业结构升级和自主创新。坚持走新型工业化道路，着力优化产业结构。重点是大力发展服务业，提升工业层次和水平，继续推进国民经济和社会信息化。要从改革体制、加大投入、完善政策等方面，鼓励和支持服务业加快发展，尤其要发展物流、金融、信息、咨询、旅游、社区服务等现代服务业。我国工业总体规模已经不小，但产业层次和技术水平不高，促进工业由大变强是一项紧迫的任务。要加快发展高新技术产业，振兴装备制造业，积极发展可再生能源，有序发展替代能源，广泛应用先进技术改造提升传统产业。加快产能过剩行业调整。在优化产业结构中，注重运用经济、法律手段，加强产业规划和政策的引导”。“要围绕建设创新型国家，认真落实国家中长期科学和技术发展规划纲要提出的目标任务。实施国家重大科技专项，努力攻克一批事关国计民生和国家安全的核心关键技术，依托重点工程推进重大装备自主化建设，力争在重点优势领域取得突破”。为进一步推动区域协调发展，提出“积极推进东北地区等老工业基地振兴，重点是加大产业结构调整力度，搞好重要行业、企业的重组改造，推动装备制造业、原材料加工业、高新技术产业和农产品加工业发展”“加快资源枯竭型城市经济转型试点和采煤沉陷区治理。加快棚户区改造”，中部地区“重点是加强能源、重要原材料基地、综合交通运输体系建设，支持发展先进制造业和高新技术产业”，东部地区“重点是推进产业结构优化升级，增强自主创新能力和国际竞争力”。

2007 年 3 月，《国务院关于发展服务业的若干意见》颁布实施，指出“加快发展服务业，提高服务业在三次产业结构中的比重，尽快使服务业成为国民经济的主导产业，是推进经济结构调整、加快转变经济增长方式的必由之路，是有效缓解能源资源短缺的瓶颈制约、提高资源利用效率的迫切需要，是适应对外开放形势、实现综合国力整体跃升的有效途径”。“加快发展服务业，形成较为完备的服务业体系，提供满足人民群众物质文化生活需要的丰富产品，并成为吸纳城乡新增就业的主要渠道，也是解决民生问题、促进社会和谐、全面建设小康社会的内在要求”。“当前在服务业发展中还存在不容忽视的问题，特别是一些地方过于看重发展工业尤其重工业，对发展服务业重视不够。我国服务业总体上供给不足，结构不合理，服务水平低，竞争力不强，对国民经济发展的贡献率不高，与经济社会加快发展、产业结构调整升级不相适应，与全面建设小康社会和构建社会主义和谐社会的要求不相适应，与经济全球化和全面对外开放的新形势不相适应”。“当前和今后一个时期，将发展服务业作为加快推进产业结构调整、转变经济增长方式、提高国民经济整体素质、实现全面协调可持续发展的重要途径”，“适应新型工业化和居民消费结构升级的新形势，重点发展现代服务业，规范提升传统服务业，充分发挥服务业吸收就业的作用，优化行业结构，提升技术结构，改善组织结构，全面提高服务业发展水平”。“大力发展面向生产的服务业，促进现代制造业与服务业有机融合、互动发展”，“大力发展面向民生的服务业，积极拓展新型服务领域，不断培育形成服务业新的增长点”，“大力培育服务业市场主体，优化服务业组织结构”，“积极发展农村服务业”等。

2007 年 10 月，中共十七大报告指出，“要大力推进经济结构战略性调整，更加注重提高自主创新能力、提高节能环保水平、提高经济整体素质和国际竞争力”。“加大对自主创新投入，着力突破制约经济社会发展的关键技术”。报告认为“加快转变经济发展方式，推动产业结构优化升级”，是关系国民经济全局紧迫而重大的战略任务，“坚持走中国特色的新型工业化道路”，“发展现代产业体系，大力推进信息化与工业化融合，促进工业由大变强，振兴装备制造业，淘汰落后生产能力；提升高新技术产业，发展信息、生物、新材料、航空航天、海洋等产业；发展现代服务业，提高服务业比重和水平；加强基础产业基础设施建设，加快发展现代能源产业和综合运输体系。确保产品质量和安全。鼓励发展具有国际竞争力的大企业集团”。此外，还提出“加强能源资源节约”，“发展环保产业”，“重大项目布局要充分考虑支持中西部发展”等等。

2008年3月政府工作报告指出，“一二三产业发展不协调，工业特别是重工业比重偏大，服务业比重偏低；自主创新能力不强，经济增长的资源环境代价过大”，提出“坚持把推进自主创新作为转变发展方式的中心环节”，“坚持走中国特色新型工业化道路，推进信息化与工业化融合。着力发展高新技术产业，大力振兴装备制造业，改造和提升传统产业，加快发展服务业特别是现代服务业。继续实施新型显示器、宽带通信与网络、生物医药等一批重大高技术产业化专项”。“充分发挥国家高新技术开发区的集聚、引领和辐射作用。围绕大型清洁高效发电装备、高档数控机床和基础制造装备等关键领域，推进重大装备、关键零部件及元器件自主研发和国产化。加强地质工作，提高资源勘查开发水平。积极发展现代能源原材料产业和综合运输体系”。为了促进区域协调发展，提出在西部地区“开工建设一批重点工程，支持重点地区优先开发”，东北地区“支持先进装备制造业、现代农业发展和资源枯竭型地区经济转型”等。提出“加大节能减排和环境保护力度，做好产品质量安全工作”，“落实电力、钢铁、水泥、煤炭、造纸等行业淘汰落后生产能力计划”，“大力发展节能服务产业和环保产业”。

四、全球金融危机以来至今的产业政策（2008~2015年）

2008年爆发的全球金融危机使中国面临的国际国内形势发生重大变化，经济发展遭遇重大困难和挑战。一方面国际市场需求萎缩，全球通货紧缩明显，贸易保护主义抬头，外部经济环境严峻，不确定因素显著增多。另一方面，国内经济增速明显下滑，长期制约中国经济健康发展的体制性、结构性矛盾依然存在，一些行业产能过剩，第三产业发展滞后，自主创新能力不强，能源资源消耗多，环境污染重，城乡、区域发展差距仍在扩大。

这一阶段产业政策的重点仍是抓好结构调整，促进转型升级。适应市场需求变化，根据科技进步新趋势，发挥中国产业在全球经济中的比较优势，发展结构优化、技术先进、清洁安全、附加值高、吸纳就业能力强的现代产业体系。这一时期，产业政策更加强调科技创新，大力培育战略性新兴产业，加强节能减排和生态环保，推进区域经济协调发展。

2008 年 12 月，中央经济工作会议指出，“世界经济金融形势复杂多变，不稳定不确定因素明显增多”，“受国际金融危机快速蔓延和世界经济增长明显减速的影响，加上我国经济生活中尚未解决的深层次矛盾和问题，目前我国经济运行中的困难增加，经济下行压力加大，企业经营困难增多，保持农业稳定发展、农民持续增收难度加大，金融领域潜在风险增加”。提出“虽然我们面临着保增长的繁重任务，但加快发展方式转变、推进经济结构战略性调整的大方向不能动摇”，“必须坚持把保增长、扩内需、调结构有机结合起来。要以增强发展协调性和可持续性、提高自主创新能力为目标，通过扩大最终消费需求，带动中间需求，有效吸收和消化国内生产能力，形成发展新优势”，“要以提高自主创新能力和增强三次产业协调性为重点，优化产业结构。着力突破制约产业转型升级的重要关键技术，精心培育一批战略性产业，加快企业兼并重组、支持重点企业技术改造，加快发展生产性服务业和生活性服务业，加强铁路、水利等基础设施建设。要全面加强节能、节水、节地、节材和资源综合利用工作，突出抓好节能减排、生态环境保护重点工程建设”，“要以缩小区域发展差距和优化生产力布局为重点，调整地区结构。继续实施西部大开发、东北地区等老工业基地振兴、中部地区崛起、东部地区率先发展的区域发展总体战略，促进区域间生产要素合理流动和梯度转移”。

2009年3月，国务院政府工作报告指出，“长期制约我国经济健康发展的体制性、结构性矛盾依然存在”，“第三产业发展滞后，自主创新能力不强，能源资源消耗多，环境污染重，城乡、区域发展差距仍在扩大”。提出“要围绕保增长、促升级，重点抓好产业结构调整”，“认真实施汽车、钢铁、造船、石化、轻工、纺织、有色金属、装备制造、电子信息、现代物流等重点产业调整和振兴规划。着力解决这些行业发展中存在的突出矛盾和问题，推进结构调整和优化升级”，“加快发展现代服务业。促进金融保险、现代物流、信息咨询、软件和创意产业发展，拓展新兴服务领域。提升传统服务业”；“大力推进科技创新”，“选择一些带动力强、影响面大、见效快的项目抓紧开展工作，争取尽快突破一批核心技术和关键共性技术，带动产业转型和技术升级，支撑产业振兴和经济长远发展”，“做强做大装备制造业。落实自主研发重大装备国内依托工程和政府采购制度，着力发展重大成套设备、高技术装备和高技术产业所需装备，提高装备制造业集成创新和国产化水平”，“支持和推进新能源、生物、医药、第三代移动通信、三网融合、节能环保等技术研发和产业化，发展高新技术产业群，创造新的社会需求”；“毫不松懈地加强节能减排和生态环保工作”，“突出抓好工业、交通、建筑三大领域节能，继续推进十大重点节能工程建设，落实电机、锅炉、汽车、空调、照明等方面的节能措施”，“大力发展循环经济和清洁能源。坚持节能节水节地。积极发展核电、水电、风电、太阳能发电等清洁能源。推进洁净煤技术产业化。严格执行能耗和环保国家标准，加大节能技术和产品推广应用力度，加强资源综合利用”；“继续实施西部大开发、东北地区等老工业基地振兴、中部地区崛起、东部地区率先发展的区域发展总体战略，促进区域协调发展”，“东部地区要大力开拓国际市场，稳定出口，着力发展先进制造业、现代服务业和高新技术产业，加快产业升级和体制创新，培育新的经济增长点，形成参与国际合作竞争新优势，增强更高水平上的可持续发展能力。经济特区、上海浦东新区、天津滨海新区要继续当好改革开放排头兵。进一步支持中西部和东北地区加强薄弱环节，以消除瓶颈制约为重点，加大基础设施、生态建设和环境保护投资力度，新开工一批交通、水利重点工程，加快建设一批粮食、能源原材料、装备制造等优势产业基地和特色产业基地，加快重点地区优先开发，促进矿产资源枯竭型城市经济转型”。

2009 年 12 月中央经济工作会议指出，“经济回升内在动力仍然不足，结构性矛盾仍很突出”，提出“要以扩大内需特别是增加居民消费需求为重点，以稳步推进城镇化为依托，优化产业结构，努力使经济结构调整取得明显进展”，“发展战略性新兴产业，推进产业结构调整。要抓紧研究提出培育我国战略性新兴产业的总体思路，强化政策支持，加大财政投入，培育新的经济增长点。要抓紧落实国家重大科技专项，落实重点产业调整振兴规划，大力推进技术改造，加快传统产业优化升级”，“推进节能减排，抑制过剩产能。要强化节能减排目标责任制，加强节能减排重点工程建设，坚决管住产能过剩行业新上项目，开展低碳经济试点，努力控制温室气体排放，加强生态保护和环境治理，加快建设资源节约型、环境友好型社会”，“推进基本公共服务均等化和引导产业有序转移，促进区域协调发展”。

2010 年 3 月，国务院政府工作报告指出，“经济增长内生动力不足，自主创新能力不强，部分行业产能过剩矛盾突出，结构调整难度加大”。提出“要大力推动经济进入创新驱动、内生增长的发展轨道”，“继续推进重点产业调整振兴。一是加大技术改造力度。用好技改专项资金，引导企业开发新产品和节能降耗。二是促进企业兼并重组。打破行业垄断和地区封锁，推动优势企业兼并困难企业，加快淘汰落后产能。三是全面提升产品质量。引导企业以品牌、标准、服务和效益为重点，健全质量管理体系，强化社会责任。切实加强市场监管和诚信体系建设，努力把我国产品质量提高到新水平”；“大力培育战略性新兴产业”，“要大力发展新能源、新材料、节能环保、生物医药、信息网络和高端制造产业。积极推进新能源汽车、‘三网’融合取得实质性进展，加快物联网的研发应用”；“加快发展服务业。进一步提高服务业发展水平和在国民经济中的比重。大力发展金融、物流、信息、研发、工业设计、商务、节能环保服务等面向生产的服务业，促进服务业与现代制造业有机融合。大力发展市政公用事业、房地产和物业服务、社区服务等面向民生的服务业，加快发展旅游业，积极拓展新型服务领域。农村服务业基础薄弱、发展潜力大，要加快构建和完善以生产销售、科技信息和金融服务为主体的农村生产生活服务体系”；“打好节能减排攻坚战和持久战”，“要以工业、交通、建筑为重点，大力推进节能，提高能源效率”，“积极发展循环经济和节能环保产业。支持循环经济技术研发、示范推广和能力建设。抓好节能、节水、节地、节材工作。推进矿产资源综合利用、工业废物回收利用、余热余压发电和生活垃圾资源化利用。合理开发利用和保护海洋资源”；“推进区域经济协调发展”，提出“继续深入推进西部大开发，全面振兴东北地区等老工业基地，大力促进中部地区崛起，积极支持东部地区率先发展”。

2010年10月中共十七届五中全会强调，“坚持把经济结构战略性调整作为加快转变经济发展方式的主攻方向，坚持把科技进步和创新作为加快转变经济发展方式的重要支撑”，提出“要发展现代产业体系、提高产业核心竞争力，改造提升制造业，培育发展战略性新兴产业，加快发展服务业，加强现代能源产业和综合运输体系建设，全面提高信息化水平，发展海洋经济”，“要加快建设资源节约型环境友好型社会、提高生态文明水平，积极应对全球气候变化，大力发展循环经济，加强资源节约和管理，加大环境保护力度，加强生态保护和防灾减灾体系建设，增强可持续发展能力”，“要深入实施科教兴国战略和人才强国战略、加快建设创新型国家，增强科技创新能力，完善科技创新体制机制，加快教育改革发展，建设人才强国，为加快转变经济发展方式、实现全面建设小康社会奋斗目标奠定坚实科技和人力资源基础”。

2010年12月中央经济工作会议指出，“经济结构调整压力加大，资源环境约束强化，改善民生和维护社会稳定任务艰巨”，提出“坚持把经济结构战略性调整作为加快转变经济发展方式的主攻方向”，“要调整优化产业结构，提升产业核心竞争力；加快改造提升传统制造业，培育一批适应市场需要、拥有核心技术、重视创新、机制灵活的优势企业和产业，提高产业集中度；加快壮大服务业规模，全面提高服务业特别是现代服务业发展水平；切实强化企业在技术创新中的主体地位，推进产学研紧密结合，扎实发展战略性新兴产业”，“加强重点节能工程建设，大力发展循环经济和环保产业，加快低碳技术研发应用”，“要积极稳妥推进城镇化，合理确定大中小城市和小城镇的功能定位、产业布局、开发边界，形成基本公共服务和基础设施一体化、网络化发展的城镇化新格局”。

2011年3月，国务院政府工作报告指出，“经济增长的资源环境约束强化，投资与消费关系失衡，收入分配差距较大，科技创新能力不强，产业结构不合理，农业基础仍然薄弱，城乡区域发展不协调”。提出“加快构建现代产业体系，推动产业转型升级。一是改造提升制造业。加大企业技术改造力度，重点增强新产品开发能力和品牌创建能力，提高能源资源综合利用水平、技术工艺系统集成水平，提高产品质量、技术含量和附加值。推动重点行业企业跨地区兼并重组。完善落后产能退出机制和配套政策。二是加快培育发展战略性新兴产业。积极发展新一代信息技术产业，建设高性能宽带信息网，加快实现‘三网融合’，促进物联网示范应用。大力推动节能环保、新能源、生物、高端装备制造、新材料、新能源汽车等产业发展。要抓紧制定标准，完善政策，加强创新能力建设，发挥科技型中小企业作用，促进战略性新兴产业健康发展，加快形成生产能力和核心竞争力。三是大力发展服务业。加快发展生产性服务业，积极发展生活性服务业。大力发展和提升软件产业。着力营造有利于服务业发展的市场环境，加快完善促进服务业发展的政策体系。尽快实现鼓励类服务业用电、用水、用气、用热与工业基本同价。四是加强现代能源产业和综合运输体系建设。积极推动能源生产和利用方式变革，提高能源利用效率。推进传统能源清洁利用，加强智能电网建设，大力发展清洁能源。统筹发展、加快构建便捷、安全、经济、高效的综合运输体系。坚持陆海统筹，推进海洋经济发展”。为“促进区域协调发展”，提出“坚持把实施西部大开发战略放在区域发展总体战略的优先位置”，“全面振兴东北地区等老工业基地，继续推进资源型城市转型”，“大力促进中部地区崛起，进一步发挥承东启西的区位优势”，“积极支持东部地区率先发展，在体制机制创新和发展方式转变上走在全国前列”。提出

“加强节能环保和生态建设”，“突出抓好工业、建筑、交通运输、公共机构等领域节能”，“大力开展工业节能，推广节能技术，运用节能设备，提高能源利用效率”。

2011 年 3 月，《中华人民共和国国民经济和社会发展第十二个五年规划纲要》指出，“我国发展中不平衡、不协调、不可持续问题依然突出，主要是，经济增长的资源环境约束强化，投资和消费关系失衡，收入分配差距较大，科技创新能力不强，产业结构不合理，农业基础仍然薄弱，城乡区域发展不协调，就业总量压力和结构性矛盾并存，物价上涨压力加大，社会矛盾明显增多，制约科学发展的体制机制障碍依然较多”。“转型升级，提高产业核心竞争力”，要求“坚持走中国特色新型工业化道路，适应市场需求变化，根据科技进步新趋势，发挥我国产业在全球经济中的比较优势，发展结构优化、技术先进、清洁安全、附加值高、吸纳就业能力强的现代产业体系”。一是“改造提升制造业。优化结构、改善品种质量、增强产业配套能力、淘汰落后产能，发展先进装备制造业，调整优化原材料工业，改造提升消费品工业，促进制造业由大变强”。二是“培育发展战略性新兴产业。以重大技术突破和重大发展需求为基础，促进新兴科技与新兴产业深度融合，在继续做强做大高技术产业基础上，把战略性新兴产业培育发展成为先导性、支柱性产业”。三是“推动能源生产和利用方式变革。坚持节约优先、立足国内、多元发展、保护环境，加强国际互利合作，调整优化能源结构，构建安全、稳定、经济、清洁的现代能源产业体系”。四是“构建综合交通运输体系。按照适度超前原则，统筹各种运输方式发展，基本建成国家快速铁路网和高速公路网，初步形成网络设施配套衔接、技术装备先进适用、运输服务安全高效的综合交通运输体系”。五是“全面提高信息化水平。加快建设宽带、融合、安全、泛在的下一代国家信息基础设施，推动信息化和工业化深度融合，推进经济社会各领域信息化”。六是“推进海洋经济发展。坚持陆海统筹，制定和实施海洋发展战略，提高海洋开发、控制、综合管理能力”。

同时，还要“营造环境推动服务业大发展。把推动服务业大发展作为产业结构优化升级的战略重点，营造有利于服务业发展的政策和体制环境，拓展新领域，发展新业态，培育新热点，推进服务业规模化、品牌化、网络化经营，不断提高服务业比重和水平”。一是“加快发展生产性服务业。深化专业化分工，加快服务产品和服务模式创新，促进生产性服务业与先进制造业融合，推动生产性服务业加速发展”。二是“大力发展生活性服务业。面向城乡居民生活，丰富服务产品类型，扩大服务供给，提高服务质量，满足多样化需求”。三是“营造有利于服务业发展的环境。以开放促改革，以竞争促发展，推动服务业制度创新，完善服务业政策体系，优化服务业发展环境”。

在区域发展总体战略方面，“推进新一轮西部大开发”，“发挥资源优势，实施以市场为导向的优势资源转化战略，在资源富集地区布局一批资源开发及深加工项目，建设国家重要能源、战略资源接续地和产业集聚区，发展特色农业、旅游等优势产业”。“全面振兴东北地区等老工业基地”，“发挥产业和科技基础较强的优势，完善现代产业体系，推动装备制造、原材料、汽车、农产品深加工等优势产业升级，大力发展金融、物流、旅游以及软件和服务外包等服务业”。“大力促进中部地区崛起”，“发挥承东启西的区位优势，壮大优势产业，发展现代产业体系，巩固提升全国重要粮食生产基地、能源原材料基地、现代装备制造及高技术产业基地和综合交通运输枢纽地位。改善投资环境，有序承接东部地区和国际产业转移。提高资源利用效率和循环经济发展水平”。“积极支持东部地区率先发展”，“发挥东部地区对全国经济发展的重要引领和支撑作用，在更高层次参与国际合作和竞争，在改革开放中先行先试，在转变经济发展方式、调整经济结构和自主创新中走在全国前列”，“着力培育产业竞争新优势，加快发展战略性新兴产业、现代服务业和先进制造业”。

2011 年 10 月中共中央《关于深化文化体制改革推动社会主义文化大发展大繁荣若干重大问题的决定》，“我国文化领域正在发生广泛而深刻的变革”，“我国文化发展同经济社会发展和人民日益增长的精神文化需求还不完全适应”，“文化产业规模不大、结构不合理，束缚文化生产力发展的体制机制问题尚未根本解决”。提出“加快发展文化产业，推动文化产业成为国民经济支柱性产业”，“必须坚持社会主义先进文化前进方向，坚持把社会效益放在首位、社会效益和经济效益相统一，按照全面协调可持续的要求，推动文化产业跨越式发展，使之成为新的经济增长点、经济结构战略性调整的重要支点、转变经济发展方式的重要着力点，为推动科学发展提供重要支撑”。一是“构建现代文化产业体系。加快发展文化产业，必须构建结构合理、门类齐全、科技含量高、富有创意、竞争力强的现代文化产业体系”；二是“形成公有制为主体、多种所有制共同发展的文化产业格局。加快发展文化产业，必须毫不动摇地支持和壮大国有或国有控股文化企业，毫不动摇地鼓励和引导各种非公有制文化企业健康发展”；三是“推进文化科技创新。科技创新是文化发展的重要引擎。要发挥文化和科技相互促进的作用，深入实施科技带动战略，增强自主创新能力”；四是“扩大文化消费。增加文化消费总量，提高文化消费水平，是文化产业发展的内生动力”。

2011 年 12 月中央经济工作会议强调，“当前我国经济发展中不平衡、不协调、不可持续的矛盾和问题仍很突出”，“节能减排形势严峻”，提出“加快经济结构调整，促进经济自主协调发展”，“着力推进产业结构优化升级。要坚持创新驱动，强化知识产权保护，促进产学研结合，全面落实国家中长期科技发展规划纲要，加快实施重大科技专项。培育发展战略性新兴产业，要注重推动重大技术突破，注重增强核心竞争力。改造提升传统产业，要严格产业政策导向，进一步淘汰落后产能，促进兼并重组，推动产业布局合理化。要加快重点能源生产基地和输送通道建设，积极有序发展新能源。发展服务业特别是现代服务业，要营造良好政策体制环境，建立公平、规范、透明的市场准入标准。要加快壮大文化产业，推动文化事业蓬勃发展”，“着力推动区域协调发展。东部地区要更加自觉地率先转变经济发展方式，努力提高经济发展质量，中西部地区要创新发展模式”。

2012 年 3 月，国务院政府工作报告指出，“解决体制性结构性矛盾，缓解发展不平衡、不协调、不可持续的问题更为迫切、难度更大”，“部分行业产能过剩凸显，能源消费总量增长过快”。提出“促进产业结构优化升级。推动战略性新兴产业健康发展。建立促进新能源利用的机制，加强统筹规划、项目配套、政策引导，扩大国内需求，防止太阳能、风电设备制造能力的盲目扩张。发展新一代信息技术，加强网络基础设施建设，推动三网融合取得实质性进展。大力发展高端装备制造、节能环保、生物医药、新能源汽车、新材料等产业。扩大技改专项资金规模，促进传统产业改造升级。以汽车、钢铁、造船、水泥等行业为重点，控制增量，优化存量，推动企业兼并重组，提高产业集中度和规模效益。落实并完善促进小型微型企业发展的政策，进一步减轻企业负担，激发科技型小型微型企业发展活力。实施有利于服务业发展的财税、金融政策，支持社会资本进入服务业，促进服务业发展提速、比重提高、水平提升。”为“推进节能减排和生态环境保护”，提出“综合运用经济、法律和必要的行政手段，突出抓好工业、交通、建筑、公共机构、居民生活等重点领域和千家重点耗能企业节能减排，进一步淘汰落后产能”，“优化能源结构，推动传统能源清洁高效利用，安全高效发展核电，积极发展水电，加快页岩气勘查、开发攻关，提高新能源和可再生能源比重”。为“促进区域经济协调发展”，提出“加强和完善跨区域合作机制，消除市场壁垒，促进要素流动，引导产业有序转移，推动区域经济良性互动、协调发展”。

2012 年 11 月，中共十八大报告指出，“发展中不平衡、不协调、不可持续问题依然突出，科技创新能力不强，产业结构不合理，农业基础依然薄弱，资源环境约束加剧，制约科学发展的体制机制障碍较多，深化改革开放和转变经济发展方式任务艰巨”。提出“要适应国内外经济形势新变化，加快形成新的经济发展方式，把推动发展的立足点转到提高质量和效益上来，着力激发各类市场主体发展新活力，着力增强创新驱动发展新动力，着力构建现代产业发展新体系，着力培育开放型经济发展新优势，使经济发展更多依靠内需特别是消费需求拉动，更多依靠现代服务业和战略性新兴产业带动，更多依靠科技进步、劳动者素质提高、管理创新驱动，更多依靠节约资源和循环经济推动，更多依靠城乡区域发展协调互动，不断增强长期发展后劲”。“实施创新驱动发展战略。科技创新是提高社会生产力和综合国力的战略支撑，必须摆在国家发展全局的核心位置”，“深化科技体制改革，推动科技和经济紧密结合，加快建设国家创新体系，着力构建以企业为主体、市场为导向、产学研相结合的技术创新体系”，“实施国家科技重大专项，突破重大技术瓶颈。加快新技术新产品新工艺研发应用，加强技术集成和商业模式创新”。“推进经济结构战略性调整。这是加快转变经济发展方式的主攻方向。必须以改善需求结构、优化产业结构、促进区域协调发展、推进城镇化为重点，着力解决制约经济持续健康发展的重大结构性问题”，“牢牢把握发展实体经济这一坚实基础，实行更加有利于实体经济发展的政策措施，强化需求导向，推动战略性新兴产业、先进制造业健康发展，加快传统产业转型升级，推动服务业特别是现代服务业发展壮大，合理布局建设基础设施和基础产业”，“建设下一代信息基础设施，发展现代信息技术产业体系，健全信息安全保障体系，推进信息网络技术广泛运用”。

2012 年 12 月中央经济工作会议强调，“我国发展仍面临不少风险和挑战，不平衡、不协调、不可持续问题依然突出，经济增长下行压力和产能相对过剩的矛盾有所加剧，企业生产经营成本上升和创新能力不足的问题并存，金融领域存在潜在风险，经济发展和资源环境的矛盾仍然突出”。提出“加快调整产业结构，提高产业整体素质。实现尊重经济规律、有质量、有效益、可持续的发展，关键是深化产业结构战略性调整。要充分利用国际金融危机形成的倒逼机制，把化解产能过剩矛盾作为工作重点，总的原则是尊重规律、分业施策、多管齐下、标本兼治。要加强对各个产能过剩行业发展趋势的预测，制定有针对性的调整和化解方案。要着力增强创新驱动发展新动力，注重发挥企业家才能，加快科技创新，加强产品创新、品牌创新、产业组织创新、商业模式创新。要合理安排生产力布局，对关系国民经济命脉、规模经济效益显著的重大项目，必须坚持全国一盘棋，统筹规划，科学布局”。

2013 年 3 月，国务院政府工作报告指出，“发展中不平衡、不协调、不可持续问题依然突出”，“产业结构不合理，农业基础依然薄弱”。提出“要大力推进转变经济发展方式，加快产业结构调整。我国生产力发展水平具有多层次性，回旋余地很大，无论传统产业还是新兴产业、劳动密集型产业还是资金密集型产业，都有发展的空间，重要的是优化资源配置和产业布局，解决产能过剩、核心技术缺乏、产品附加值低的问题，解决低水平重复建设和地区产业结构趋同的问题。必须加快改造提升传统产业，大力发展高新技术产业，提高产品质量和市场竞争力。要加强政策引导，鼓励企业跨行业跨区域跨所有制兼并重组，利用市场倒逼机制促进优胜劣汰。以扩大国内市场应用、重要关键技术攻关为重点，推动战略性新兴产业健康发展。积极推动信息化和工业化融合，加快建设新一代信息基础设施，促进信息网络技术广泛应用。坚持生产性服务业和生活性服务业并重，现代服务业和传统服务业并举，进一步发展壮大服务业”。在节能减排方面，提出“要坚持节约资源和保护环境的基本国策，着力推进绿色发展、循环发展、低碳发展。大力推进能源资源节约和循环利用，重点抓好工业、交通、建筑、公共机构等领域节能，控制能源消费总量，降低能耗、物耗和二氧化碳排放强度”。

2013 年 12 月中央经济工作会议强调，“经济运行存在下行压力，部分行业产能过剩问题严重”，提出“大力调整产业结构。要着力抓好化解产能过剩和实施创新驱动发展。坚定不移化解产能过剩，不折不扣执行好中央化解产能过剩的决策部署。把使市场在资源配置中起决定性作用和更好发挥政府作用有机结合起来，坚持通过市场竞争实现优胜劣汰。政府要强化环保、安全等标准的硬约束，加大执法力度，对破坏生态环境的要严惩重罚。化解产能过剩的根本出路是创新，包括技术创新、产品创新、组织创新、商业模式创新、市场创新。大力发展战略性新兴产业，加快传统产业优化升级。创造环境，使企业真正成为创新主体。政府要做好加强知识产权保护、完善促进企业创新的税收政策等工作。强化激励，用好人才，使发明者、创新者能够合理分享创新收益，打破阻碍技术成果转化的瓶颈”。

2014 年 3 月政府工作报告指出，“部分行业产能严重过剩，宏观调控难度增大。”提出“创新是经济结构调整优化的原动力。要把创新摆在国家发展全局的核心位置，促进科技与经济社会发展紧密结合，推动我国产业向全球价值链高端跃升。”提出“产业结构调整要依靠改革，进退并举。进，要更加积极有为。优先发展生产性服务业，推进服务业综合改革试点和示范建设，促进文化创意和设计服务与相关产业融合发展，加快发展保险、商务、科技等服务业。促进信息化与工业化深度融合，推动企业加快技术改造、提升精准管理水平，完善设备加速折旧等政策，增强传统产业竞争力。设立新兴产业创业创新平台，在新一代移动通信、集成电路、大数据、先进制造、新能源、新材料等方面赶超先进，引领未来产业发展。退，要更加主动有序。坚持通过市场竞争实现优胜劣汰，鼓励企业兼并重组。对产能严重过剩行业，强化环保、能耗、技术等标准，清理各种优惠政策，消化一批存量，严控新上增量。2014 年要淘汰钢铁 2700 万吨、水泥 4200 万吨、平板玻璃 3500 万标准箱等落后产能，确保‘十二五’淘汰任务提前一年完成，真正做到压下来，决不再反弹”。

2014 年 12 月中央经济工作会议指出，“从消费需求看，过去我国消费具有明显的模仿型排浪式特征，现在模仿型排浪式消费阶段基本结束，个性化、多样化消费渐成主流，保证产品质量安全、通过创新供给激活需求的重要性显著上升，必须采取正确的消费政策，释放消费潜力，使消费继续在推动经济发展中发挥基础作用。从投资需求看传统产业相对饱和，但基础设施互联互通和一些新技术、新产品、新业态、新商业模式的投资机会大量涌现，对创新投融资方式提出了新要求，必须善于把握投资方向，消除投资障碍，使投资继续对经济发展发挥关键作用。从出口和国际收支看，国际金融危机发生前国际市场空间扩张很快，出口成为拉动我国经济快速发展的重要动能，现在全球总需求不振，我国低成本比较优势也发生了转化，同时我国出口竞争优势依然存在，高水平引进来、大规模走出去正在同步发生，必须加紧培育新的比较优势，使出口继续对经济发展发挥支撑作用。从生产能力和产业组织方式看，过去供给不足是长期困扰我们的一个主要矛盾，现在传统产业供给能力大幅超出需求，产业结构必须优化升级，企业兼并重组、生产相对集中不可避免，新兴产业、服务业、小微企业作用更加凸显，生产小型化、智能化、专业化将成为产业组织新特征。从生产要素相对优势看，过去劳动力成本低是最大优势，引进技术和管理就能迅速变成生产力，现在人口老龄化日趋发展，农业富余劳动力减少，要素的规模驱动力减弱，经济增长将更多依靠人力资本质量和技术进步，必须让创新成为驱动发展新引擎。从市场竞争特点看，过去主要是数量扩张和价格竞争，现在正逐步转向质量型、差异化为主的竞争，统一全国市场、提高资源配置效率是经济发展的内生性要求，必须深化改革开放，加快形成统一透明、有序规范的市场环境。从资源环境约束看，过去能源资源和生态环境空间相对较大，现在环境承载能力已经达到或接近上限，必须顺应人民群众对良好生态环境的期待，推动形成绿色低碳循环发展新方式。从经济风险积累和化解看，伴随着经济增速下调，各类隐性风险逐步显性化，风险总体可控，但化解以高杠杆和泡沫化为主要特征的各类风险将持续一段时间，必须标本兼治、对症下药，建立健全化解各类风险的体制机制。从资源配置模式和宏观调控方式看，全面刺激政策的边际效果明显递减，既要全面化解产能过剩，也要通过发挥市场机制作用探索未来产业发展方向，必须全面把握总供求关系新变化，科学进行宏观调控。”会议提出，“要切实把经济工作的着力点放到转方式调结构上来，推进新型工业化、信息化、城镇化、农业现代化同步发展，逐步增强战略性新兴产业和服务业的支撑作用，着力推动传统产业向中高端迈进。要高度关注风险发生发展趋势，按照严控增量、区别对待、分类施策、逐步化解的原则，有序加以化解”。“推动全面创新，更多靠产业化的创新来培育和形成新的增长点，创新必须落实到创造新的增长点上，把创新成果变成实实在在的产业活动。”

2015 年 3 月，国务院政府工作报告指出，“工业产品价格持续下降，生产要素成本上升，小微企业融资难融资贵问题突出，企业生产经营困难增多。经济发展方式比较粗放，创新能力不足，产能过剩问题突出，农业基础薄弱”。提出“推动产业结构迈向中高端。实施‘中国制造 2025’，坚持创新驱动、智能转型、强化基础、绿色发展，加快从制造大国转向制造强国。采取财政贴息、加速折旧等措施，推动传统产业技术改造。坚持有保有压，化解过剩产能，支持企业兼并重组，在市场竞争中优胜劣汰。促进工业化和信息化深度融合，开发利用网络化、数字化、智能化等技术，着力在一些关键领域抢占先机、取得突破”。“实施高端装备、信息网络、集成电路、新能源、新材料、生物医药、航空发动机、燃气轮机等重大项目，把一批新兴产业培育成主导产业。制定‘互联网 +’行动计划，推动移动互联网、云计算、大数据、物联网等与现代制造业结合，促进电子商务、工业互联网和互联网金融健康发展，引导互联网企业拓展国际市场。国家已设立 400 亿元新兴产业创业投资引导基金，要整合筹措更多资金，为产业创新加油助力。”“深化服务业改革开放，落实财税、土地、价格等支持政策以及带薪休假等制度，大力发展旅游、健康、养老、创意设计等生活和生产服务业。深化流通体制改革，加强大型农产品批发、仓储和冷链等现代物流设施建设，努力大幅降低流通成本。”

2015年10月，十八届五中全会提出，“坚持创新发展，必须把创新摆在国家发展全局的核心位置，不断推进理论创新、制度创新、科技创新、文化创新等各方面创新，让创新贯穿党和国家一切工作，让创新在全社会蔚然成风。必须把发展基点放在创新上，形成促进创新的体制架构，塑造更多依靠创新驱动、更多发挥先发优势的引领型发展。培育发展新动力，优化劳动力、资本、土地、技术、管理等要素配置，激发创新创业活力，推动大众创业、万众创新，释放新需求，创造新供给，推动新技术、新产业、新业态蓬勃发展。拓展发展新空间，形成沿海沿江沿线经济带为主的纵向横向经济轴带，培育壮大若干重点经济区，实施网络强国战略，实施‘互联网+’行动计划，发展分享经济，实施国家大数据战略。深入实施创新驱动发展战略，发挥科技创新在全面创新中的引领作用，实施一批国家重大科技项目，在重大创新领域组建一批国家实验室，积极提出并牵头组织国际大科学计划和大科学工程。大力推进农业现代化，加快转变农业发展方式，走产出高效、产品安全、资源节约、环境友好的农业现代化道路。构建产业新体系，加快建设制造强国，实施《中国制造二〇二五》，实施工业强基工程，培育一批战略性产业，开展加快发展现代服务业行动。构建发展新体制，加快形成有利于创新发展的市场环境、产权制度、投融资体制、分配制度、人才培养引进使用机制，深化行政管理体制改革，进一步转变政府职能，持续推进简政放权、放管结合、优化服务，提高政府效能，激发市场活力和社会创造力，完善各类国有资产管理体制，建立健全现代财政制度、税收制度，改革并完善适应现代金融市场发展的金融监管框架。创新和完善宏观调控方式，在区间调控基础上加大定向调控力度，减少政府对价格形成的干预，全面放开竞争性领域商品和服务价格”。

2015年12月中央经济工作会议提出，“要更加注重提高发展质量和效益。稳定经济增长，要更加注重供给侧结构性改革。实施宏观调控，要更加注重引导市场行为和社会心理预期。调整产业结构，要更加注重加减乘除并举”。“产业政策要准，就是要准确定位结构性改革方向。要推进农业现代化、加快制造强国建设、加快服务业发展、提高基础设施网络化水平等，推动形成新的增长点。要坚持创新驱动，注重激活存量，着力补齐短板，加快绿色发展，发展实体经济”“积极稳妥化解产能过剩。要按照企业主体、政府推动、市场引导、依法处置的办法，研究制定全面配套的政策体系，因地制宜、分类有序处置，妥善处理保持社会稳定和推进结构性改革的关系。要依法为实施市场化破产程序创造条件，加快破产清算案件审理。要提出和落实财税支持、不良资产处置、失业人员再就业和生活保障以及专项奖补等政策，资本市场要配合企业兼并重组。要尽可能多兼并重组、少破产清算，做好职工安置工作。要严格控制增量，防止新的产能过剩。”

五、对中国产业政策实施效果的总体评价

尽管产业结构调整和产业发展是多因素共同作用的结果，但客观地看，产业政策与市场化的改革一道，在引导和推动中国产业结构调整、各次产业发展、产业升级、工业化的推进、经济持续增长方面起到了重大作用。改革开放三十多年来出台的产业政策——点多、面广、

影响强、成就大。

第一，产业结构调整取得重大进展。改革开放初期重工业与轻工业比例严重失调，燃料动力工业与其他工业比例严重失调，农业与工业比例严重失调关系。20 世纪 80 年代中后期以来一般加工工业过快增长、基础产业严重滞后等重大结构性问题基本得以解决，三次产业结构严重失调的状况基本得以纠正。产业结构合理化程度有所提高，产业结构高度化不断推进。各次产业的各类技术水平有所提高，产业层次有较大提升，工业部门深加工趋势增强，高技术出口比重增加，一大批国产的国际知名品牌得以涌现。

第二，各次各类产业有很大发展，产业内在素质有很大提高。产业政策在重视一、二、三产业结构的调整外，同时注重各次产业结构内部关系的调整，注重各类各次产业的发展。基础产业的瓶颈有很大缓解，制造业总规模位居世界第三，钢铁、电解铝、水泥、煤炭、电冰箱、洗衣机、空调器、化纤、纱、布、服装等产量稳居世界第一，汽车、房地产等支柱产业快速成长，高新技术产业发展迅速。

第三，产业竞争力持续提升。轻工、纺织等传统优势产业在国际市场上有很强竞争力，钢铁、有色、石油化工、电子信息、造船等产业有较强竞争力，交通、物流、电子商务等产业竞争力快速提升。

但同时也要看到，产业政策在解决中国产业发展和产业结构调整的深层次问题上的作用还不尽理想。

第一，产业结构调整滞后问题未得到根本改变。核心基础零部件、先进基础工艺、基础软件、产业技术基础等长期受制于人，传统产业改造提升等关键性结构调整进展缓慢。特别是 2012 年以来部分重化工业产能过剩严重，工业企业利润下滑，亏损面扩大，以及现代生产性服务业严重不足，国际竞争力弱。

第二，产业发展方式粗放的问题并未得到根本改观。多数行业处于国际价值链的低端；“高投入－低产出－高排放”现象严重，产业发展的能源资源、环境代价过大，产业发展的能源资源环境约束性增强；产业组织不合理，产业趋同、集中度过低、规模经济缺乏和规模不经济并存等。

第三，部分产业政策在制定和实施的过程中，对产业总体发展带来了一些负面影响，引起了一些争议。如1994年出台的《汽车工业产业政策》对中国汽车工业的发展的利弊问题就引发了学界争论，该政策被认为未能很好地鼓励和引导国内民营资本进入汽车工业领域，相反却阻碍着民营资本的进入，从而使得汽车工业的“小、散、弱”、缺乏自主品牌、创新活力受到抑制。又如，2009年十大产业振兴政策带来的投资过度扩张，被认为是中国今天产能过剩的重要原因之一。

第四，产业政策在制定和实施的过程中也暴露出一些问题。例如，政策制定者对产业政策的理解和运用还不够全面和成熟；政策制订者因信息不对称和不完全，使得产业政策目标、范围、着力点不准；因政府职能转型不到位，计划的痕迹还比较明显，以产业政策之名，用行政手段干预企业经营的行为时有发生；过度行政化和直接干预，对市场机制造成伤害；有些产业政策深入到对产业内特定企业、技术、产品和工艺的选择和扶持；制定和执行产业政策的过程中存在着寻租行为；产业政策按所有制、按企业大小、准入等形成不同的政策，有损公平和竞争；产业政策实施过程中的各类政策工具，效果差异很大，有些政策工具效果不尽人意；存在以产业政策来固化部门自身利益的现象；产业政策未能有效协调地方间的分工，重复建设问题严重；产业政策与相关政策协调不足；部分产业政策与WTO规则发生冲突等。

因此，对中国产业政策的作用需辩证看待，不能因产业政策的巨大成效而否定市场机制，也不能因产业政策的问题而对其全面否定。恰恰相反，问题的存在正是新时期需要进一步改进和完善产业政策的理由。

执笔人：魏际刚

第四章

2008年金融危机以来发达国家和地区产业政策的动向及启示

一、2008年金融危机以来欧盟产业政策的动向分析

在当今国际经济交往中，尽管欧盟常常被视为特殊的单一主体，但是其自身属性决定了它只是一个由多个主权国家组成、凝聚力很高的区域一体化组织，所以欧盟的产业政策必然会与普通主权国家的产业政策存在较大的差别。主要表现为如下四项。

一是欧盟产业政策实施方式的核心和主要内容是横向政策，即跨部门政策。其政策工具大体包括制度手段和预算手段两个方面。

二是政策的设计突出前瞻性，重视研发活动在推动制造业升级过程中发挥的作用。

三是辅助性和补充性构成了欧盟产业政策的显著特点。尽管经过几十年的演化，欧盟已被公认为目前世界上一体化程度最高的区域组织，但是其毕竟不是一个主权国家。欧盟委员会颁布的各项政策如果想要落地实施，需要得到各个成员国政府的支持，而要想限制和规范成员国的行动，则必须有以各成员国间签署的条约为基础的法律法

规，这极大地限制了欧盟产业政策的实施效果。

四是欧洲的基本价值观决定了经济增长并非欧盟产业政策的最重要的目标。经济增长、稳定和凝聚，共同构成了欧盟经济政策的三重目标，《欧洲联盟条约》规定了应当追求兼顾“稳定”（全社会保持低通货膨胀率）和“凝聚”（区域内各国间以及本国内部的民众生活水平趋同）这两大目标的高质量的经济增长，因此欧盟的产业政策也普遍重视社会公平正义和包容。

第一份正式的欧盟产业政策通报于 1990 年公布。可是直到 1992 年，欧盟委员会才得到《欧洲联盟条约》正式授权，开始具备制定产业政策的权力。总体而言，过去二十多年欧盟的产业政策体现出明显的市场导向型特征，侧重于借助其他的政策工具，为各国工业（主要是制造业）发展营造良好的外部环境，对成员国自身的产业政策发挥必要的补充。始终强调对研发活动的支持，以指导性和协调性的手段鼓励制造业的海外发展，重视劳动者素质的提高，同时关注能源和环境政策对工业竞争力的影响等。

（一）“欧盟 2020 战略”出台的相关背景

2008 年国际金融危机爆发后，欧盟陷入了成立至今最为严重的经济衰退。2009 年 GDP 增速同比下滑超过了 4%，工业生产减少了两成；全社会失业率飙升至 10% 附近，其中青年劳动者的失业率突破 20%；各成员国财政赤字占 GDP 的平均比重高达 6.9%，远远高于《欧盟稳定与增长公约》规定的 3% 的上限。

为了应对危机，尽早实现经济复苏、增加就业和社会稳定，欧盟启动“欧盟 2020 战略”为核心的“再工业化战略”。事实上，“欧盟 2020 战略”是对 2000 年发布的“里斯本战略”的延续和修正，后者早在21世纪之初就雄心勃勃地提出要用10年的时间将欧盟建设成为世界上最有竞争力与活力的知识经济体，超过美国和日本两个国家的科研水平。“里斯本战略”还设定了两个定量指标作为评判标准，即“R&D占GDP的比重达到3%”和“全社会就业率突破70%”。然而由于规划制定者过于乐观，规划内容过于超前，未充分考虑欧盟经济社会发展中存在的结构性和趋势性问题（如人口老龄化加剧、维持高福利社会对政府财政的拖累等），加上不期而遇的金融危机，导致“里斯本战略”设定的目标没能实现。

与此同时，早在2007年美国学者里夫金就掀起了全世界关于第三次工业革命的大讨论，他将第三次工业革命的前景勾勒为依靠互联网技术、可再生能源技术与数字制造技术的重大创新与融合，引导全球经济进入一个可持续、分布式发展的新时代。欧盟委员会也认同他的观点，指出金融危机为全球的产业变革提供了难得的机遇，应当重新审视工业在经济发展中的价值，并在2012年初正式提出了“新工业革命”的说法，进一步充实了“再工业化”战略的内涵。

（二）“欧盟2020战略”指导下的产业政策动向

2008年年底，经欧盟各成员国协商后，一致通过“欧洲经济复苏计划”（EERP），核心包括“一个原则”和“两个基本点”，前者是指应加强成员国之间的团结、维护社会公平正义，后者是指向经济体注入购买力和信息，以及通过短期的行动增强欧洲长期的竞争力。其中基于绿色技术的新能源产业被大家认可为后危机时代拉动经济增长的重要引擎，欧盟将筹集到的50亿欧元经费中的一半用来资助低碳项目的发展。次年3月，欧盟决定在未来5年内投资上千亿欧元支持绿色技术的开发及应用，保持欧盟在“绿色技术”领域的世界领先地位，全力打造欧盟地区的“绿色经济”。

2010 年，“欧盟 2020 战略”正式公布。它是欧盟在 21 本世纪的第二个 10 年发展战略，也被视为引领欧盟走出危机，重塑辉煌的纲领性文件。“欧盟 2020 战略”由 3 个未来发展重点（其中“发展智能经济”涵盖了“再工业化”的主要内容），5 个要实现的具体目标以及 7 个框架计划共同构成，具体内容是：

3 个发展重点——发展以知识和创新为主的智能经济；通过提高能源使用效率，大力发展绿色能源，增强竞争力，实现可持续发展；通过提高就业增强社会凝聚力，实现综合性增长。

5 个具体目标——（到 2020 年）实现 20 岁至 64 岁的适龄人群就业率达到 75%；欧盟所有研发投入占总体 GDP 比例提高至 3%，尤其要鼓励私营研发部门提高研发投入；完成既定减排目标（温室气体排放总量在 1990 年基础上削减 20%）、能效提高 20%；大学毕业生占总人口比例提升到 40%，同时将未完成基本教育人群的比例降低至 10%；贫困人口控制在 2000 万以下，即在欧盟当前水平下降低 25%。

7 个框架计划——为了配合完成上述目标，欧盟将从创新、教育、数字社会、气候和能源、工业政策、就业和技能以及消除贫困等 7 个方面着手努力。

通过吸取“里斯本战略”的教训，“欧盟 2020 战略”还设计了实现最终目标的三个递进阶段：“聪慧增长”、可持续性增长、包容性增长。在第一个阶段，知识和创新是最重要的增长动力。通过提高教育质量、增强研发能力，促进创新成果转化，服务社会发展。该阶段包括三个环节：创新联盟、青年人流动、数字化欧盟。进入第二个阶段后，以绿色技术和智能电网为代表的新工艺新技术将要发挥更大作用，可持续增长由能效联盟和面向全球化的产业政策两部分内容构成，前者追求经济增长与资源能源利用的“脱钩”，后者则强调随着更多的欧洲企业开展国际化运营，未来欧盟产业政策需要适应视野从区域性向全局性的过渡，以保持欧洲工业的强大竞争力。代表最高级的第三阶段包括两部分内容：新技能、新就业和泛欧反贫困平台。“欧盟2020战略”强调经济增长的最终目标是提高生活质量，建设一个有凝聚力的社会，消除贫困和社会歧视。

结合上述规划路径，欧盟启动了相关的产业创新和发展政策，如“地平线2020”计划和新能源产业发展政策。前者是欧盟有史以来最大规模的研究和创新项目，欧盟投入约800亿欧元，联合其他来自私人和国家公共渠道的资金，提供有效的策略以取得更多的技术突破、重大发现和世界一流成果；后者是欧盟基于长期以来在能源领域积累的研发和创新优势，对后危机时代全球经济新引擎做出的科学研判，而且放弃了对短期增长的追求，确立了“提高能源产业国际竞争力，发展可持续能源，确保能源供给安全”这三大长远目标。

2012年年末，被视为欧盟“再工业化”战略的纲领性文件发布，即《指向增长与经济复苏的更强大的欧洲工业》，其中明确提出了“再工业化”战略的目标：到2020年，将工业占欧盟国内生产总值比重由当时的15.6%提升至20%。其核心内容可以归纳为4个支柱（大力鼓励新技术研发与创新，改善内外部环境、培育市场需求，提高企业融资机会、培养人力资本）和6个优先领域（先进制造技术、关键使能技术、生态型产品、可持续的建筑材料、清洁运输工具、智能电网）。

事实上，在2011年前后，欧盟主要成员国也相继发布了本国的“再工业化”战略，如英国针对国内制造业比重降低至10%、大批制造企业向海外转移的局面，颁布了《强劲、可持续和平衡增长之路》

的报告，指定了航空、建筑、汽车、信息技术等 11 个行业作为关键发展领域，同时支持前沿技术的研发和创新技术市场化；法国成立了生产振兴部，推出“新工业法国”计划，意图重振法国工业，并公布了智能汽车、机器人研发、新式高铁等 34 个优先开发项目；西班牙政府通过“再工业化援助计划”，出资 4.6 亿欧元资助由本国企业和非营利性公共实体提交的 908 个再工业化项目，希望创造超过 4500 个直接就业岗位。

作为欧洲老牌的制造业强国，德国在实施“再工业化”战略方面成效显著。2010 年 7 月，德国政府发布“高技术战略 2020”，将气候/能源、保健/营养、交通、安全、通信和节能城市等 10 个项目列为全力支持发展的计划，预计投资 2 亿欧元。2011 年的“汉诺威工业博览会”上，通过物联网等媒介推动第四次工业革命的呼声越来越高，“工业 4.0”概念初现端倪。2013 年 4 月，《保障德国制造业的未来：关于实施“工业 4.0”战略的建议》报告正式提出“工业 4.0”概念，其核心是将最先进的信息技术和通信技术与制造业进行系统集成，提供兼具低成本和高品质双重特征的定制产品，以满足客户的个性化需求，它也成为了后危机时代德国政府的战略支柱。为了落实这个宏观的战略，德国由经济和能源部、教育和研究部共同启动升级版“工业 4.0 平台”的建设，参与其中的还有来自行业协会（机械及制造商协会、电气电子行业协会、信息技术协会、联邦工业协会、汽车协会、能源与水利协会）、工会（金属产业工会）、科技界（弗劳恩霍夫研究所）和指导委员会的代表，共覆盖德国 5000 余家企业，包括西门子和 IBM 等知名企业。“智能制造”和“智能生产”是“工业 4.0”项目的两大主题，实施过程中特别重视中小企业的参与，希望它们成为新一代智能生产技术的使用者和受益者。

总体而言，后危机时代的欧盟产业政策具有如下几个特点。

重视新兴产业对欧洲经济复苏的引领作用。与美国选择优先发展“先进制造技术”、中国重点扶持“战略性新兴产业”的做法类似，欧盟也将新兴产业看作拉动欧洲经济尽快走出泥潭的重要工具。如2008年末发起“经济复苏计划”，将一半左右的资金投入低碳经济；2009年启动“欧盟物联网行动计划”，意图推进欧洲物联网发展，成为全球物联网领域的领跑者；2009年宣布全力打造欧盟地区的“绿色经济”，保持欧盟在“绿色技术”领域的世界领先地位；2010年相继公布了“欧盟数字战略行动计划”和《能源2020：具有竞争力的、可持续和安全的能源战略》，促进欧盟实现智能、可持续和全面的发展；2014年还创造性地提出开发以海洋资源为代表的“蓝色经济”，建议设立“蓝色经济商业与科技论坛”，整合海洋数据，促进成员国之间分享研究成果。

产业政策的制定坚持以营造良好外部环境为目标。长期以来，欧盟都以促进共同市场建设为目标，希望通过市场机制的自我调节功能，实现成员国间商品、资本、技术、产权和劳动力的自由流动，几乎不介入对具体产业发展的干预。在后危机时代，欧盟委员会依然坚持上述原则，着力营造良好的市场环境，重视培育企业家精神，从制度设计上不断简化欧洲企业创立、经营、转让和破产等各个环节的审批程序，并鼓励陷入经营困境的企业家二次创业。与此同时，通过加强知识产权保护，规范市场竞争秩序，激发中小企业的创新活力，保证市场的持续繁荣。

持续关注研发和创新活动在经济社会发展中的价值。欧盟始终重视在科研方面的大规模、长期投入，并将其视为推动经济社会健康持续发展的重要动力。在研发预算方面，欧盟在全球仅次于美国。在金融危机前后的 2006～2012 年，研发强度也基本保持着增长势头。其实早在 1984 年，欧共体（欧盟的前身）就启动“科研框架计划”，这是一项以研究国际前沿和竞争性科技难点为主要内容，所有成员国共同参与的中期重大科研计划。计划启动至今，已完成了 7 期。当前正在执行的“地平线 2020”计划是“欧盟 2020 战略”的主要操作工具，不仅在经费投入方面创造了历史，而且还尝试探索新的资助机制和标准，如对中小企业的经费支持进行单独预算，将总预算中的 20% 专门用于中小企业，以及根据研发活动性质的不同，灵活实行相应的资助形式等。

强调人力资本培育对经济长期增长的支撑作用。人力资本培育是推动经济增长的重要支撑，为此应当重视教育和培训行业的发展。事实上，“欧盟 2020 战略”把教育及与教育的相关内容提升到一个崭新的高度。其中多处目标和内容都与人力资本培育有关，如总人口中关于大学毕业生和未完成基本教育人群的比例目标，适龄人群的就业率以及贫困人口比率等内容。通过教育和培训，人们可以增长知识、提高技能，获得更多的就业机会，降低全社会的贫困率，同时还能扩大私人消费，加快社会发展，实现增长、稳定和凝聚的三重目标，所以欧盟各成员国都对此主题非常重视，并安排了诸多政策。

（三）对欧盟“再工业化”战略的简要评述

欧盟的“再工业化”战略尽管力求设计科学合理，并充分考虑了各方利益，然而受制于各成员国的发展基础和体制机制差异等多重原因，其实施效果距离预期目标尚有较大差距。

首先，欧盟“再工业化”战略中设定的远期目标过分乐观。即“到 2020 年，工业占欧盟国内生产总值的比重将由 15.6% 提升至

20%”。然而一方面，金融危机爆发前，西欧国家工业产值占 GDP 的比重逐年下降已经是不争的事实，如英国、法国和希腊等国都减少至 10% 以下，这既与上述国家的制造企业加速向海外转移，服务业兴起壮大有关，也有部分原因是它们工业的国际竞争力正在不断下降；另一方面，欧盟部分主要成员国在经历了金融危机后，又接连遭遇了主权债务危机，导致经济恢复需要更加漫长的时间。即使是受危机冲击最小的德国，在 2012 年下半年又遭遇了短暂的经济负增长，法、英、意、西等国情况相对更差，因此 20% 的目标能否按时实现的确值得怀疑。

其次，欧盟研发投入的不足制约了“再工业化”战略的效果。如上文所说，尽管欧盟“地平线 2020”计划刷新了历次“科研框架计划”的新记录，但是随着各国对研发活动的重视，该计划的效果已经大打折扣。如有统计表明，在科研投入的绝对值方面，欧盟不足美国的 80%，且在 2014 年被中国首次超过。而在科研投入占国内生产总值的比重上，欧盟（1.94%）也长期低于中国（2.05%）。此外，韩国（4.29%）、以色列（4.11%）和日本（3.58%）在该项指标排行榜上已牢牢占据了前三名。另一方面，欧盟将科研成果转化为新产品、新工艺与新服务的能力也有所欠缺，制约了先进成果的市场化推广。

最后，欧盟自身体制决定了产业政策的实施效果有限。作为主权国家的联合体，欧盟对于各国的产业发展更多的是建议和指导，政策的执行程度主要还由各成员国自行决定。而且由于各国在金融危机中遭受的损失程度不同，面临的发展目标也存在差异，因此还可能发生欧盟内部在经贸和技术方面的不良竞争，这必将影响整体战略的推进。

二、2008 年金融危机以来美国产业政策的动向分析

美国是公认的成熟的市场经济国家，历届政府很少借助产业政策干预本国具体产业的发展。20 世纪末，克林顿政府执政时期，曾经对本国的高科技产业和有商业价值前景的民用技术给予了较大的支持，不过采取的也是相对“隐蔽”的方式，大体延续了市场在资源配置中发挥主导性作用的传统。

2008 年金融危机爆发后，众多学术界和企业界的人士都呼吁美国政府制定新的产业政策，以应对实体工业举步维艰、制造业产品出口下滑，失业人群规模攀升等问题，刺激国内经济的恢复和振兴，提高国家竞争力。奥巴马总统上任不久就做出了“美国的工业决定着美国的未来”的重要论断，将“再工业化”作为政府的长期战略执行。

（一）“再工业化”战略出台的相关背景

在世界发达国家中，美国是较早完成工业化的国家之一。20 世纪 60 年代起，美国国内出现了“去工业化”迹象，具体表现为工人薪酬的增长速度逐渐超过了工业产值的发展速度，导致行业净利润被不断提高的劳动力成本侵蚀。与此同时，以金融业为代表的第三产业方兴未艾，第三产业较高的行业利润率吸引越来越多的资本从实体经济中撤离，转向虚拟经济等服务行业。资本逐利性决定了完全的市场选择必然导致美国本土实体经济的衰落，之后恰逢国际产业转移的浪潮，所以相当数量的美国制造业转移到海外新兴市场，造成美国经济总量中工业的贡献率持续下滑。经过半个世纪的时间，该比例从 20 世纪 60 年代初的约 30%，降低至金融危机爆发前的 12% 左右，降幅接近

2/3。

学术界将这种现象定义为“去工业化”，指某些工业（尤其是制造业）被转移至国外，造成在本国经济发展中所占比重以及就业所占比重下降，而且未能由其他产业所替代或补充，并将经济发展重心逐渐转移至服务业，从而改变了该国的经济发展方式和产业结构的工业化过程。

长达半个世纪的“去工业化”给美国经济造成了严重伤害，体现为随着实体经济的衰退，金融服务业的兴起，资本从传统工业领域撤离的同时，也造成了大量工人失去就业机会。如果这些数以万计的劳动力不能被服务业，尤其是高端服务业完全吸纳，那么大部分失业工人将会被转移到建筑、物流和交通等中低端服务行业。与制造业相比，中低端服务业薪酬低、稳定性差，导致改换工作后民众收入下降，消费需求降低。一旦金融危机来临，社会矛盾将急剧恶化。据统计，“去工业化”造成了美国国内平均每年流失超过 23 万个制造业岗位，而金融危机期间，美国本土失业率最高时曾超过 10%。事实上，与服务业相比，制造业自身具有更大的乘数效应，不仅会带来产量成倍增长，还会带来就业岗位的持续增长。因此，增加就业岗位，稳定国内民心，构成了美国政府实施“再工业化”战略的一个重要原因。

《韦氏大词典》（2006 版）对“再工业化”的定义是“通过政府的扶持，刺激科研水平提高，加强对本土工业的税务减免，更新生产工具等政策，重振制造业及工业社会”。在奥巴马政府看来，实体经济与虚拟经济、进口与出口、消费与储蓄这三组重要关系的失衡是导致金融危机爆发的关键因素。尽管多年以来美国全球制造业强国的地位无人可以撼动，不过一方面，发达国家里德国和日本等依靠管理创新和增加研发投入不断朝着制造业的高端进军，另一方面，新兴国家里中国和印度等发挥劳动力成本优势，已经牢牢把持着产业链的生产制造环节，因此如何激发美国本土制造业的创造力，提高工业企业的整体实力，抢占未来竞争制高点也成为推动“再工业化”战略落实的重要原因。尤其是 2008 年以来美国以页岩气开发为主的非常规油气资源产量骤增导致燃料成本大幅下降，它为“再工业化”战略的实施提供了保障和支撑，也是吸引美国制造企业回迁本土的重要因素。

总体而言，“再工业化”战略并非只是为了吸引美国制造企业回归本土，增加就业岗位，扩大产品出口，实现消费和储蓄的平衡，而且希望依靠政府相关政策的扶持加快改造传统产业以及推动新兴产业的发展，最终目标是让美国成为新一轮全球技术革命的领导者和国际贸易规则的制定者，进一步提升美国的国际竞争力。

（二）“再工业化”战略指导下的产业政策动向

2009 年 12 月，白宫公布了《重振美国制造业框架》报告，标志着后危机时代“再工业化”战略的正式启动。

安排财政刺激计划，促进美国经济复苏。美国是 2008 年国际金融危机的发源地，也是受危机影响最深的地区之一。危机爆发之后，美国国内就业状况在短时间内急剧恶化。2008 ~ 2009 年期间，美国就业人数从 1.45 亿人骤降至 1.4 亿人，同期失业人数从 892 万人猛增至 1427 万人，增幅接近 60%，官方公布的失业率也在一年时间里从 5.8% 跃升至 9.3% 的高位。日益严峻的就业形势逼迫奥巴马政府将创造新增就业岗位作为短期内最紧迫的政策目标。因此 2009 年奥巴马政府发布《美国复兴与再投资法案》，宣布了总规模高达 8380 亿美元的财政刺激计划，这笔庞大经费中的很大一部分将直接发放给消费者以支撑消费市场，以保障社会的稳定和防止商业萧条。此外，该法案还包括了联邦税收优惠、扩大失业救济和其他社会福利等方面的规定，希望能增加250万到300万个就业岗位。

选择“先进制造业”抓手，推动产业升级。美国政府已经意识到，为了推动工业复苏，恢复经济增长，应当优先选择重点产业加大投入，不能搞“齐步走”的平面推进，既要注重解决当前紧迫问题，又应当注重统筹长远发展。因此，通过政府官员、企业家和知名学者的共同研讨，并结合美国自身比较优势，正式决定将具备高、精、尖特点的“先进制造业”作为未来产业发展方向和“再工业化”政策突破口，以期实现产业链重构和高附加值环节再造。2011年6月，奥巴马总统正式启动了“先进制造业伙伴关系”（AMP）项目，它是美国“再工业化”战略的基石，影响着后危机时代美国制造业的兴衰。该项目总共斥资5亿美元，目的在于提高美国制造业的科技实力，降低其制造成本，加速产品从设计到制成品的进程，创造出更多就业岗位。为保障AMP项目的执行效率，2011年年底，国家先进制造项目办公室（AMNPO）应运而生，该机构的主要职责是推动美国技术创新和产业进步，促进制造业信息分享与合作。事实上，在AMNPO之上还有一个“白宫制造业政策办公室”，它的行政级别更高，是为了协调各方力量推动“再工业化”政策的顺利执行而设立的政府部门。

2012年2月，《先进制造业国家战略计划》报告正式公布，正式将促进先进制造业发展提升为国家战略。其中明确提出了实施AMP的3大原则和5大目标。3大原则包括完善创新政策、加强“产业公地”建设、优化政府投资；5大目标是加快中小企业投资、提高劳动力技能、建立健全伙伴关系、调整优化政府投资、加大研发投资力度。报告公布1个月后，奥巴马总统宣布将用10年时间投资10亿美元构建“国家创新网络”，计划在本土打造15个顶尖的研究机构，以确保美国在全球先进制造业发展中始终保持领先位置。该网络成立的初衷之一是为了解决美国经济政策和创新政策的矛盾，完善公私伙伴关系建设。按照规定，每个研究机构将获得约 7000 万美元的联邦启动资金，而非联邦政府及其他部门以大于 1：1 的比率提供配套资金。研究机构经营早期，以联邦支持为主，之后不断提高私人部门资金的支持力度，未来以收取会员费、合同研究和产品试制等方式维持正常经营，联邦政府逐渐退出。截至 2015 年 6 月，已经先后成立了 5 家制造业创新研究所，即增材制造业创新研究所、新一代电力电子制造业创新研究所、数字制造和设计技术创新研究所、轻量制造和现代金属制造业创新研究所和先进复合材料制造创新研究所。而且奥巴马总统还宣布了未来 1 年内再成立 4 个创新研究所的计划。

制定新的贸易规则，扩大本土产品出口。对外贸易中进、出口比重失衡的问题长期困扰着历届美国政府。20 世纪中期，美国曾经是全球贸易顺差额最大的国家。不过随着本土制造业对外转移，民众收入水平提高导致消费能力增强，美国进口商品的规模逐年递增，2008 年金融危机前已达 2.55 万亿美元，贸易逆差连续 4 年超过 7000 亿美元。因此，通过“再工业化”战略，美国政府一方面通过 4 次量化宽松政策使美元贬值、给企业大规模减税、简化出口手续等扶持政策鼓励本土商品加大出口规模，甚至还将许多原本在管制清单内的军事技术和产品陆续解除限制。另一方面，为了应对中国等新兴制造大国的崛起，美国政府将重心转向对国际贸易和投资规则的研究和制定上，全力推动“跨太平洋伙伴关系协议”（TPP）和“跨大西洋贸易与投资伙伴关系协议”（TTIP）的谈判，为其先进制造业发展量身定制新的国际贸易规则，同时也为本国高端制成品出口创造条件。

推动新能源研发利用，着眼经济长期增长。与欧盟的选择相似，美国政府也充分认识到了基于绿色技术的新能源产业的发展潜力，并将其视为振兴美国经济的重要依靠。过去美国曾长期依靠石油进口，不过近年来随着页岩气开发技术的成熟，美国已经成为世界上第一个大规模商业化开发应用页岩气的国家。通过大力开采页岩气，美国实现了天然气和石油共掌能源大局的场面，因此迫切希望未来通过推动可再生能源的发展来构筑清洁能源新体系。

2009 年，《美国复苏和再投资法案》里多达 1000 亿美元的资金被用于清洁能源直接投资及鼓励清洁能源发展的减税政策，这是美国历史上规模最大的新能源产业推动计划；2010 年，政府在财政预算中提出：计划从未来十年向污染企业征收的 6460 亿美元中划出 1500 亿美元用于清洁能源技术的研发，以降低对传统不可再生能源的依赖。根据计划，美国电力总量里来自风能、太阳能等可再生能源的比例，2012 年达到 10%，2025 年达到 25%，2035 年超过 50%，并在 2030 年之前将石油消费降低 35%。

重点关注中小企业，给予相应政策倾斜。尽管美国政府启动“再工业化”战略的一个初衷就是吸引卡特彼勒、福特、苹果和英特尔等大型企业将海外生产制造环节搬回本土，给国内创造更多的就业岗位，而且也确实初步达到了目标，但这并不代表美国政府忽视本国中小企业的重要性。历届美国政府先后颁布过许多扶持中小企业发展的法律法规，如 1953 年的《小企业法》、1980 年的《大学和小企业专利程序法案》、1982 年的《小企业创新发展法》和 2000 年的《技术转让商业化法》等。从数量上看，中小企业占美国企业总数的 99.7%；从收入上看，中小企业占全体企业收入的 40%；从行业上看，中小企业主要分布在建筑和零售等容易受到经济波动影响的行业。因此，美国政府历来也比较重视这个群体。尽管之前中小企业对美国出口贡献率不高，但这也反映了未来增长的潜力，因此美国政府在危机后实行了一系列鼓励中小企业发展的援助政策。例如在 2009 年的经济刺激计划中单独划拨 7.3 亿美元用于解决中小企业的贷款难的问题，将贷款担保覆盖比例提高到 90%；同年年底，政府将问题资产救助计划中的剩余款项拨付给中小企业，并要求金融部门放宽对小企业申请贷款时资质审核；次年 4 月，颁布《出口管制改革倡议的情况说明》，拓宽中小企业产品出口的范围。

持续加大教育投入，加快培养高技术人才。美国政府对研发活动历来重视，多年来保持着经费投入规模全球领先。与此同时，政府还不断完善各层次的教育体系，期望为本国高端制造业培养相匹配的人才。随着“再工业化”战略的深入推进，美国未来对高技术人才的需求将会更加强烈，因此政府在扶持相关实体经济发展的同时，也不忘加强对教育事业的投入。例如，政府计划用 5 年时间，共计 25 亿美元用于帮助弱势群体子女享有同等接受大学教育的权利；为了提高在校教育与岗位要求之间的匹配度，政府实施“美国毕业计划”和“美国未来技能计划”，加强社区大学与各个行业的合作，使得人才的培养更有方向性；扩大了《工人调整与再培训通知法案》的执行力度，发展区域性的创新集群，以培养专业人才和技术专家。

（三）对美国“再工业化”战略的简要评述

第一，美国“再工业化”战略取得了初步效果。

一方面，本土失业状况得到了极大地改善。为了吸引海外制造企业回归，奥巴马政府在税收方面做出了巨大的让步，如通过《制造业促进法案》将美国公司税从 35% 降低至 28%，对回归本土的制造企业提供土地和税收优惠，对陷入经营困境的制造企业，政府甚至豁免了其数百亿的税收。依靠税收优惠政策吸引，以及爱国主义宣传的影响，谷歌、惠而浦和英特尔等知名企业陆续回归本土，它们创造了众多的工作岗位，极大地改善了美国的就业状况。在2010～2014年期间，全美就业人数分别是13906万、13987万、14247万、14393万和14631万，其中2014年的就业人数首次超过危机爆发前2008年（14536万）的水平，标志着劳动力市场全面复苏。失业率统计显示，美国失业率也从2010年的最高点9.6%，逐步降低至2014年6.2%，但离2008年的5.8%还有一定的差距。另一方面，商品出口数量明显增加。2010～2014年期间，美国商品出口总额分别是12.78亿、14.83亿、15.46亿、15.8亿和16.23亿美元，保持了稳定增长态势，与2008年12.87亿美元的出口规模相比，2014年增长了约1/3。不过受后危机时代全球经济低迷拖累，美国未能如期实现5年出口翻倍的计划，但相关出口支持政策对提高本土出口商品竞争力还是发挥了积极作用。

第二，美国"再工业化"战略的最终效果受多重因素制约。

一是美国政府的债务压力。"再工业化"战略是奥巴马政府启动的一个时间长、范围广、投资多的巨型项目，涉及产业政策、能源政策、教育政策和医疗政策等多个方面，需要财政资金的大力支持，因此对政府的执政能力提出了考验。尽管2009年之后，美国财政赤字占GDP的比重已经从最高点9.8%逐步下降，但18万亿美元的债务仍是不小的负担。如果后任者不能顺利缓解上述债务压力，推进再工业化的许多政策恐怕难以真正落地。

二是美国自身的政治体制。美国实行的是两党制，由民主党和共和党通过竞选获得议会多数席位，或者赢得4年一次的总统选举胜利的形式决定执政党。这种政治体制的最大弊端就是政策的连续性不强、政策制定的周期可能很长。过去几年里美国国内政治一直处于共和党与民主党分别控制不同权力机关的政治分裂状态。两党斗争的存在，大大限制了推动“再工业化”战略的政策空间，降低了其原本可能取得的效果。奥巴马政府耗时两届任期才勉强通过的“医改法案”就是两党斗争影响政策出台的最好证明。

三是复杂多变的国际环境。美国想要恢复昔日制造业强国的地位必须考虑当今国际环境的变化。在经历了长期的“去工业化”之后，全球制造业产业链已经形成了中国、印度、巴西和南非等新兴经济体依靠劳动力成本优势把持了中低端制造环节，而德国、日本甚至韩国等发达国家依靠持续的研发投入正在中高端产业链上朝美国发起冲击。与此同时，欧债危机延缓了欧洲主要发达国家的经济复苏脚步，也间接拖累了美国制造企业的利润率。因此，在经济全球化的背景下，分析“再工业化”战略的实施效果，不仅要考虑本国的因素，还应当将国际环境的因素也纳入其中。

三、2008 年金融危机以来日本产业政策的动向分析

日本作为率先实现工业化的亚洲发达国家，产业政策在其中发挥了重要的作用。通过科学选择和确立主导产业，并对其进行系列扶植，从而带动整个国民经济增长——这是二战后日本产业政策的成功经验。日本产业政策一直把推动产业结构优化升级作为重要目标，既有政策鼓励大企业间合并重组，实现规模化经营，也有政策加强对幼稚产业的保护和对衰退产业的调整。在实施过程中，产业政策往往与财政政策、货币政策和贸易政策等经济政策和法律手段紧密配合，从而发挥“组合拳”的功效。它成为了日本政府干预国民经济的重要手段，借此将本国产业发展朝着政府计划的目标靠拢。当然，日本的产

业政策带有浓厚的政府主导型的色彩，与美国等西方发达国家推崇的市场主导型产业政策具有明显的差异。事实上，与中国定期编制的“五年规划”类似，20世纪50年代起，历届的日本内阁也会发布一个中长期经济计划，提出下一阶段重点发展的目标，以此来引导民间资本的流向。日本政府先后颁布的经济计划包括“经济自立五年计划”“新长期经济计划”“国民收入倍增计划”“新经济社会发展计划”“新经济社会七年计划”“经济社会结构改革计划”等。

不过随着20世纪90年代以来日本经济陷入长期萧条，产业政策的效果开始受到各界的不断质疑，部分学者还提出了“日本保守封闭的金融市场、落后的服务业和缺乏竞争力的农业等都是由于政府过度保护的产业政策所导致”的极端观点。另一方面，在成功经历“贸易立国”“产业立国”和“技术立国”三个阶段后，尽管21世纪初期日本政府适应时代变化，提出了“IT立国”的发展战略，但是进展缓慢、收效不大。而且产业政策表现出不适应全球化、信息化、市场化的发展，不过2008年金融危机的爆发提供了一个重新审视日本产业政策功效的机会。

（一）“新增长战略”出台的相关背景

2008年国际金融危机爆发前，日本经济的年均增速仅为0.74%，增速明显低于其他同类经济体。金融危机的爆发，暴露出之前日本经济对汽车、家电等特定产业过度依赖导致产业结构存在较大的脆弱性。尽管时任福田内阁、麻生内阁、鸠山内阁和菅直人内阁在不到三年的时间里陆续制定了8套危机应对方案，包括“实现让国民安心的紧急综合对策”（2008年8月）、“保卫生活紧急对策”（2008年10月）、“为了未来的安心和增长紧急经济对策”（2009年12月）、“应对高汇率、通货紧缩的紧急综合经济对策”（2010年10月）等，但日本仍然成为经济衰退最严重的发达经济体之一，2008年经济增速为-1.2%，2009年继续降至-5.2%，经济下滑速度甚至超过了美国和欧盟国家。

长期以来，日本的产业政策都交由政府的经济产业省（其前身是著名的“通商产业省”）来制定和发布，该部门具有强大的经济信息获取能力，可以通过部门自身、其他部门、民间组织和海外机构四种渠道搜集需要的信息。2009年，当时执政的民主党鸠山内阁希望以此次危机应对为契机，通过产业结构的调整来拯救日本经济。2009年8月，经济产业省公布了《2010年经济产业政策重点》，报告首次对日本产业政策的发展趋势进行了说明。该报告提出“创造新的需求和就业机会，实现稳定的生活是未来中长期内日本产业政策的主要目标”，其中可以通过构建“低碳社会”和“健康社会”创造需求，而“稳定的生活”则具体表现为“中小企业稳定”和“社会稳定”。2009年12月30日，经济产业省正式发布《新增长战略》报告，它成为今后指导日本产业发展的重要依据。2010年6月，经济产业省发布《产业结构2010年远景》，进一步明确了日本今后的产业结构调整方向。2011年3月，日本发生里氏9.0级大地震，给处于复苏中的日本经济以沉重打击。为了将影响降低至最小程度，当年10月政府发布《旨在针对日元升值打造强大的经济体系》，提出日元升值背景下对中小企业给予金融支持、地震之后发展观光旅游业，创造就业机会，恢复受地震影响的农林水产业等。2012年年底，安倍晋三再次当选日本首相，自民党取代民主党执政，该国的产业政策发生了局部调整。如2013年6月公布的《日本复兴战略》是以“新增长战略”为基础，结合2011年日本大地震后国内外形势的变化作出的更新，而在一年之后的2014年该战略再次进行了修订。

（二）“新增长战略”指导下的产业政策动向

回顾20世纪中期以来的日本产业政策可知，日本先后经历两条不同的道路实现了经济发展。“第一条道路”是通过发展公共事业促进经济发展，主要发生在20世纪60~70年代。政府发行国债筹集资金，用于公共事业来保障就业、增加消费，并带动城镇化发展。但这种借助刺激需求来实现经济增长的方式也给政府留下了巨额的财政赤字。“第二条道路”是通过放松规制和结构改革，推动劳动力市场自由化，发挥市场机制作用，通过竞争提高企业经营效率，主要发生在20世纪80年代之后。这种增加供给来刺激经济增长的方式并未收到预期效果，只有少部分企业从中受益，但是国民整体收入和经济整体增长都陷入了低迷。

因此，鸠山内阁希望通过“新增长战略”为日本经济的复兴探索“第三条道路”，即创造新的市场需求和就业岗位，增加国民收入，促进经济增长。“新增长战略”包括6大领域：环境能源战略、健康（医疗、养老看护）战略、亚洲战略、旅游观光战略、科技战略和就业人才战略。在“产业结构远景”方面，日本政府进一步确定了具有前瞻性的未来增长产业扶持计划，具体包括官民一体致力于核电及铁路等社会基础设施的建设，以及医疗、护理、健康、儿童成长等社会课题，完善社会保障的服务，开发下一代能源，发展感性文化产业和机器人等尖端领域的五大战略产业。之后公布的《日本复兴战略》则以产业振兴、刺激民间投资、放宽行政管制、扩大贸易自由化为主要支柱，明确了增强国内制造业基础、培育战略新兴产业和扩大国际市场的目标，提出了加大设备投资减税、设立国家战略特区、改善国内企业经营环境以及促进培育健康医疗、环境能源、新一代基础设施、农林水产四大产业的措施，而且还大胆提出十年后日本人均国民总收入增加150万日元（约1.6万美元）的目标。

通过梳理上述各项政策主要内容，可归纳出2008年金融危机后日本产业政策的基本动向。

持续实施减税政策，为企业发展减负。财政政策和货币政策是日本产业政策实施过程中配合使用最多的两种经济政策，其中减税政策出现的频率非常高，它通过直接向企业返利，降低了经营成本，增加了收入，因此得到国内企业的普遍欢迎。近年来，日本政府主要在推动制造业设备投资、吸引国内投资和鼓励企业技术开发等方面采取了大规模的减税措施。例如，针对该国设备投资增长乏力，日本政府于2014年初制定了“以提高生产率为目的的设备投资促进税制”，提出如果企业对符合条件的设备进行投资，可当期折旧或减税5%；中小企业在购买指定设备时，也可以按照价格的30%计入特别折旧，或按其价格的7%减免法人税；为了鼓励本土企业的技术研发，日本先后实施了三个减税措施，包括“研究开发费总额减税制度”“中小企业基础技术制定”和“研究开发费增加额减税制度”，其中公布的减税额度都在10%左右。

调整国际产业分工，增强国内制造业基础。20世纪末期，随着日元汇率快速攀升，为日本企业的海外投资创造了条件，日本企业在海外投资的金额直线上升，造成本土制造业能力削弱，出现了“产业空心化”的现象。金融危机后，随着国外劳动力成本的提高，部分家电企业出现了回流的趋势。与此同时，随着德国“工业4.0”战略和美国“工业互联网”战略的问世，作为亚洲工业强国日本也面临着重新定位本国制造业体系，尽快研发新一代制造技术，抢占国际市场的压力。因此在“新增长战略”系列政策中通过安排资金投入、修订法律规定、推动“产学官”合作开发关键技术和共性技术等手段为本土制造企业服务。

推动双边贸易协定谈判，培养新的出口企业。扩大国际市场是《日本复兴战略》的三大目标之一，后危机时代日本政府选择鼓励培育新的出口企业和推动双边贸易协定谈判这两种方式同步推进出口贸易额的提升。一方面，政府设定了“国际利基领军企业支援贷款制度”，为符合条件的中小企业提供开展国际经营活动所需的长期贷款，期限一般是10年，而且允许到期一次性偿还以及根据业绩灵活设定利息。另一方面，政府认识到日本出口企业面临着产品竞争与制度竞争双重压力，如果单方面拒绝全球方兴未艾的双边贸易协定谈判，就存在被边缘化的危险。因此金融爆发后，日本政府及时做出战略转变，全面加强推动FTA谈判，并在《日本复兴战略》中明确提出2018年的目标是FTA比率（缔结FTA国的贸易额占总贸易额的比率）提高到70%（截至2012年年末尚不足20%）。经过7年的努力，日本参与生效的FTA/EPA协定已从2008年的5个增加至15个（截至2015年5月的数据）。

加大财政资金补贴，加快产业人才培养。日本想要增强本国的制造业基础，提高产业工人的素质是关键。正如《日本复兴战略》提到，“唯有人才是日本在世界上值得骄傲的资源”，因此政府制定“职业培训实施企业补助金制度”，由政府出资，补贴企业对员工所支出的培训成本，具体包括对大企业补贴培训经费的1/3，中小企业则补贴50%。2014年政府又扩大了可以享受补贴政策的企业范围，尤其加大了对健康、环保等新兴产业的关注。政府还实施“高技能工人上门指导”措施，对特定领域具有高度技能的工人授予“技能大师”的资格，然后以政府的名义安排这些高技术人才去有需求的企业指导年轻工人的技能培训，充分发挥“传帮带”的作用。而且日本政府还继续加强对各地职业能力开发学校和公共职业能力开发中心的扶持，帮助它们建立与中小企业的合作，采取定制方式培养技能人才。

（三）对后危机时代日本产业政策的简要评述

第一，后危机时代日本产业政策理念发生重大调整。

“新增长战略”是日本政府为恢复经济增长，探索的不同于以往“借助刺激需求来实现经济增长”和“增加供给来刺激经济增长”的“第三条道路”，即以创造需求为主的经济增长路线，并选择环保、健康、观光三大产业作为重点扶持对象，希望能在2020年以前创造出超过100万亿日元的产值，从而达到增加就业、提高国民生活水平的目标。

第二，日本产业政策更加重视培养产业的自身活力。

20世纪日本传统的产业政策是在选定主导产业后，通过政府的大规模经费投入和财政、货币、贸易政策配合，强行扶持重点产业发展壮大。这种方式尽管见效快，但是也留下了隐患，如带来了政府巨额的财政赤字、产业的后续增长缺乏动力等。后危机时代日本政府面临高额的财政赤字，无法继续通过直接投入扶持重点产业发展。政府既要节省各项开支，同时还希望以提高消费税等方式获得更多的税收收入来增加财政收入。因此，通过培养产业自身的活力，不仅可以加快行业内的优胜劣汰，增强企业盈利能力，还能真正实现产业结构的升级。

第三，“新增长战略”的实施效果有待持续关注。

通过实施以创造需求为核心的“新增长战略”，日本结束了二战结束以来历时最长的一次经济衰退期（共计17个月），2010年起经济恢复了正增长，国内就业状况也逐渐好转，并在2014年5月将失业率降低至危机前的水平。然而，由于结构性问题的存在，外界对“新增长战略”的前景始终持怀疑态度。如目标过高，规划中提出希望在2020经济年度实现基础财政收支盈余，这意味着基础财政赤字占GDP的比重必须从2015年的3.3%降低至2018年的1%，而且还要保持名义GDP增长率3%以上的持续增长，这与当前全球经济整体低迷的态势不符；政策可操作性不足，2006年小泉内阁公布“经济增长战略大纲”以来，10年时间里各届内阁先后8次推出了内容不同的经济增长战略，这些战略都不乏响亮的政策口号以及详尽的具体措施，可是事实证明执行的效果往往与预期有异，因此普通认为对后危机时代指导日本经济发展核心纲领的“新增长战略”，也应抱着审慎客观的态度来看待其最终效果。

四、对中国的启示

（一）加强顶层战略设计，发挥政策“组合拳”的功效

日本产业政策能在二战之后几十年的时间里长期发挥作用，帮助日本用较短时间完成对欧美工业强国的赶超，实现了后者需用上百年的时间才完成的工业化历程，其中政府对政策内容的科学设计和坚决执行功不可没。尤其是通产省，不仅在经济信息搜集方面积累了丰富经验，而且在政策草案最终上报内阁前充分听取民间经济团体和研究机构的建议，保障政策内容科学合理。当前中国发改委、工信部和商务部等多个部门都能颁布制造业的产业政策，必然导致政出多门、内容缺乏连续性和衔接性等问题。因此，建议参照日本通产省做法，加强战略性的顶层设计，在政策制定时多听取来自企业界和学术界的建议，着眼全球产业的发展趋势，充分考虑政策的前瞻性和可操作性。

同时还要配合颁布相关的财政、货币、金融、贸易和投资等经济政策，以发挥政策“组合拳”的效果，让产业政策真正落实到位。

（二）提高政府资金的引导作用，重视对通用技术的研发

在后危机时代，通过加快技术创新抢占新一轮产业革命的制高点成为欧美日等发达经济体的共识。为提高创新的成功率，降低企业创新的成本，发达国家政府纷纷对重点产业的关键技术突破和重大科技成果产业化进行资金扶持，尤其对新能源和先进制造技术等新兴产业加大了关注力度。中国政府早在改革开放初期就认识到技术创新对制造业发展的重要性，先后启动“863”和“973”等重大专项，在支持核心技术研发上投入数目不菲的资金。下一步，中央政府还应继续加大基础科学研究和对通用技术的探索。与此同时，还应借鉴美国“国家创新网络”的经验，完善相关财税和创新政策，鼓励社会资本参与研发活动，发挥政府引导投资功能。同时还要完善研发经费的规范使用，加强绩效考核，提高资金投入产出效率，避免无谓的浪费。

（三）加大对中小企业的扶持，完善产业创新联盟的构建

欧美日等发达经济体的政府在实施各自的产业政策时，都没有忽视中小企业的作用，并将其看做了“再工业化”和经济复苏的中坚力量。这不仅因为中小企业在各国的企业总数里都占据了较大的比重，还在于这个群体对市场变化的感受更加强烈，对需求趋势的判断更加灵敏。据不完全统计，中国的中小企业创造了国内约 60% 的产值、50% 以上的税收、65% 的发明专利和 80% 的新产品。然而抗风险能力弱、融资能力差也是制约它们发展壮大的关键因素。建议未来在制定产业政策时，明确中小企业在创新联盟中的价值，鼓励制造业龙头企

业通过产业链的形式将更多的中小企业联合起来，充分发挥大企业和中小企业在创新流程中的不同作用，实现利益共享、风险共担。

（四）完善在校教育与岗位需求对接，加快培育高技术人才

制造业具有较强的就业吸纳能力，不过当前随着制造业朝着“高、精、尖”方向不断升级，对劳动力素质的要求也逐渐提高，不仅需要广大的普通劳动者，更家需要相当数量的高技术产业人才。德国能够率先实现“工业4.0”制造，这与该国多年来构建的科学的职业教育体系密不可分。随着“刘易斯拐点”的出现，中国人口红利的时代也宣告结束，劳动力成本上升带来的“招工难”现象愈加普遍，这也影响了沿海省市制造业的转型升级。与此同时，尽管我们每年的高校毕业生人数不断攀升，但经济增速放缓造成了新增就业岗位减少，高校所学知识与岗位所需技能的不匹配则又加剧了制造产业的人才需求矛盾。因此，下一步建议中国参考德国技工培养模式，一方面扶持职业教育发展，鼓励社会力量参与办学，构建大企业和职业技术学院间的合作平台，扩大订单式人才培养规模。提高全社会对高技能人才的尊重程度，给予他们官方认可。另一方面，完善理工科高等院校里的课程设置，提高实际操作和进厂实践在最终成绩里的比重，培养一支能适应智能化、自动化生产的高素质产业人才队伍。

执笔人：郭　巍

第五章

新时期中国产业政策调整思路

一、新时期中国产业政策的制定原则

新时期中国产业政策的制定应当遵循“强化功能性政策、优化选择性政策、兼顾相关政策协调、致力国际共赢发展”的四项基本原则，由此形成如图5－1所示的产业政策体系。

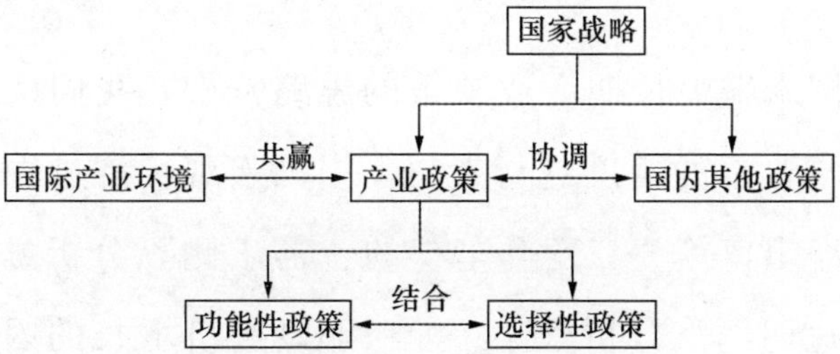

图5－1　新时期中国产业政策体系

强化功能性产业政策，就是指政府要加强对产业运行中市场失灵的弥补，以促进市场机制更加有效地发挥作用。常见的政策措施包括：营造良好的制度环境和商业体系，加强公共服务建设和公共项目投资，提升教育和公共服务水平等。

优化选择性产业政策，是指减少政府对具体产业直接干预的传统做法，将政府的作用限定在确实需要发展或解决问题的产业。常见的政策措施包括：针对战略性行业的信贷支持、支持特定技术创新活动的政府采购和税收激励等。

兼顾相关政策协调，则是指应当对不同政策统筹兼顾，促进政策之间的一致性和协调性。具体而言，应考虑宏观经济政策、社会政策、贸易政策等与产业政策的协调作用。因为这些政策也能够为产业的转型升级发挥促进作用，同时中国产业政策的制定也应有利于宏观经济稳定、社会安定团结和国际竞争力提升等目标的实现。

致力国际共赢发展，是指要将国内的产业升级与国际的产业发展结合起来。随着国内产业开放度的提高，中国应积极把握国际产业发展的机会，根据自身在国际产业中的相对地位确立升级战略。同时，也应当通过自身的产业升级，促进国际产业的整体发展。

二、新常态下中国产业政策的思路框架

针对中国未来中长期产业政策的思路框架，我们认为应从决定经济长期增长要素的角度进行考虑。中国宏观经济过去一直采取消费、投资、净出口等“三驾马车”的“需求侧”分析方法，这是凯恩斯主义的短期经济分析框架；而对驱动经济增长的因素，即劳动投入、资本投入和生产效率的状况进行分析，才是研究长期经济更可靠的办法（吴敬琏，2015）。实际上，国际上已经有学者从要素角度，对产业政策进行了分类探讨，例如 Warwick（2013）的研究就十分值得借鉴。

结合上述四项基本原则，我们对未来一段时期中国产业政策的调整思路提出以下框架建议：首先，作为产业政策的主体内容，我们分

别从制度、资本（包括土地）、劳动力、技术等4个方面设计了功能性政策和选择性政策的具体内容。其次，在政策协调性方面，重点考虑了产业政策与宏观经济政策、公共政策和对外开放政策的协调作用。最后，为了实现国际化背景下的共赢发展，建议中国产业的发展要定位于在国际产业中的地位，积极参与国际产业分工，并广泛开展国际联盟合作。表5-1列出了中国新时期产业政策的框架和内容。

表5-1　　中国新时期产业政策的框架和内容

政策领域	功能性政策	选择性政策
制　度	竞争机制 监管机制	产业准入制度
资　本	构建多层次资本市场 推动企业海外融资	战略投资基金 高新企业支持 技术改造资金
土　地	加强土地规划 规范土地市场	产业集群 基础设施
劳动力	加强职业技术教育 鼓励企业培训 规范劳动力市场	加强高端人才培养 提升低端劳动力效率
技　术	知识产权保护 技术服务中心 技术标准制定	绿色技术 高新产品的公共采购
其　他	兼顾相关政策协调	
	产业政策与宏观经济政策	
	产业政策与社会政策	
	产业政策与对外开放政策	
	致力国际共赢发展	
	准确把握国内产业的国际地位	
	积极参与国际产业的分工协作	
	广泛开展国际产业的联盟合作	

三、新常态下中国产业政策调整的具体建议

（一）产业政策的主体内容

1. 制度

（1）功能性政策

良好的制度是产业政策有效运行的基础。无论是面向何种行业，对中国产业制度的规范至少应包含竞争和监管两个方面。

首先，新时期中国政府应继续积极营造公平的竞争环境。新时期中国企业的竞争力已经极大地提升，因此充分发挥企业主动性将更有利于推动产业升级，这就需要政府能够建立保障和完善市场经济秩序的产业竞争机制。具体举措包括：

1）减少产业管理部门的直接干预。放弃政府对微观经济不必要的直接干预，包括试图主导产业发展与资源配置方向的做法。在创新、节能、环保等市场机制存在不足的领域，在尊重市场机制、不扭曲市场主体行为的基础上积极作为，弥补市场失灵问题，而不是代替市场去主导资源配置。

2）打破空间和部门的分割机制。必须解决产业内部分工和区域间产业逆分工的政府行为问题，回归产业逆分工的市场行为。立足于打破空间与部门的分割，鼓励企业通过横向一体化和纵向一体化构造产业内合理的市场结构，优化产业内市场行为，提高产业内的市场绩效。

3）建立关联性产业竞争机制。一是，着力推动产业中关联度较高环节与产业内不同价值链之间的融合，形成组织竞争优势，进而形成有竞争优势的产业。二是，通过营造具有公平竞争的产业间合作机

制，发挥集聚效应和学习效应，推动新技术在产业间的传播，进而提高整个产业的组织竞争优势。通过上述组织优势，个别链段或产业竞争机制的完善，带动整个产业或多个产业运行效率的提升，从而推动产业体系运行效率的整体升级。

4）继续推动国企改革。企业是产业竞争政策实施和产业组织创新的主体，政府应为企业展开公平竞争提供均等机会，让企业通过理性竞争行为构建产业的市场结构、市场行为和市场绩效。国有企业和民营企业在技术创新中各具优势，国有企业技术创新具有明显的公共价值和国家使命性，因此需要承担起国家科技创新战略的总体使命，推动整个中国成为创新型国家。在此基础上，积极开展混合所有制改革，促进国有和民营经济的优势互补。具体措施可考虑：一是政府将具备条件的国有企业实现整体上市和资产证券化，提升国有资本整体效率；二是政府利用民营上市公司的价值发现功能，让其重组竞争性国有资产；三是国有企业控股尤其是股权比例高的上市公司，通过向民营企业定向增发的方式，引入民营战略投资者，实现两者互补。

其次，新时期产业的转型升级需要辅以更加完善的监管机制。产业竞争机制的运行应以监管机制的完善为前提，从而对中国政府的监管职能提出了更高的要求。一个完善的监管体系必须能够做到全面、明确和严格。

1）构建全面的监管体系。这里的全面涵盖三个方面：一是政府的监管需要涉及产业发展的各个领域，包括产品质量、资源利用、环境保护、信用保障、信息安全等。二是在每一个领域都应当构建多层次的监管机构，可包括政府直属监管部门、下属事业单位、民间组织等。当然，应根据每个领域的具体情况有所侧重，例如，在标准明确、直接关系民生的质量监管领域，政府就应当建立专门的质量监管部门，同时辅以民间机构的约束；而在取证困难的信用监管领域，政府则应当充分利用行业协会、商会、社会公众等民间资源加以监督。三是监管手段应当形式多样，包括采取立法、建立标准和事后补救等方式。例如，在信息安全方面当务之急就是要完善中国信息安全的立法工作和审查制度，在环境监管方面则应尽快建立与国际接轨的环境标准，而在质量监管方面建立缺陷产品的召回和赔偿制度则是有必要的。

2）明确监管机构的职责。全面的监管体系必然涉及众多领域和部门，从而需要明确各个监管机构的职责，以便监管工作更加有效地衔接和开展。一是监管机构在设定时就必须对其层次和职能进行明确的规定。二是监管机构在运行的过程中，应加强彼此之间的沟通协调。三是对于已存在的冗余机构应及时进行整合。例如，当前中国很多政府部门都具有质量监管的职能，彼此之间难免存在职能重复，因此应将现有部门中的监管职能进行合并建立专门的质量监管机构，并赋予新部门更多的综合管理、组织协调的职能。经过以上三方面措施，相信能够有效避免监管环节中的交叉重复和责任推诿。

3）建立奖惩严格的监管制度。新时期的监管体系必须从标准、制度和惩罚措施方面从严制定，对于存在问题的责任人和渎职的行政部门要给予严厉的惩处。一是要坚决贯彻监管法律的规定，准确理解相关法规的内容，用好执法依据。二是要严格规范自由裁量权，确保行政处罚与违法行为的性质、情节和危害程度相适应，并进一步统一行政处罚的口径和标准以及处理政策的运用。三是对行为不规范或轻微违法行为，可尝试采取行政告诫的方式，口头或书面对当事人做出行政训诫或建议，以督促其及时改正。四是应尽快完善申请法庭强制执行的操作细则，合理利用法定权力克服执法过程中拒不配合和拒不执行处罚的情况。

（2）选择性政策

上述功能性政策是在每一个产业领域都应当贯彻执行的制度设计，然而有一些制度则应当根据产业的具体情况进行区分，产业准入制度是新时期中国产业政策调整过程中应考虑的重要方面。

产业准入要改变过去政府直接规定重点产业发展指导目录、重点领域指南等方式，更多以“非限制即许可”的负面清单方的式指导国家和地方产业发展思路和工作。在引导各方资源向重点领域集聚的过程中，侧重以反映创新绩效、附加价值、产业核心竞争力等方面的指标和标准进行引导。具体而言，“负面清单”型产业准入政策的制定应遵循三个步骤，考虑三个角度，并按照“四个清单 + 两个标准”的配套体系贯彻实施。

所谓“三个步骤”是指，第一要摸清家底，搞清楚当前存在哪些不符合国民待遇等义务的措施；第二应确定将哪些不符措施列入负面清单；第三还应考虑将虽然目前不存在不符措施，但未来可能会采取不符措施的行业列入负面清单。

“三个角度”则是指，为了提高负面清单的针对性和可操作性，需要从行业、投资主体、地域角度等三个角度进行分析，探索不同具体情形之下相应负面清单的制定。

“四个清单 + 两个标准”是为保证负面清单有效施行的配套体系。其中，“四个清单”分别是负面清单、准许清单、政府权力清单和企业失信清单，“两个标准”则指的是行业能耗限额标准和产业污染物排放标准，他们具体的内容和实施方式以及功能如表 5 - 2 所示。

表 5－2　“四个清单＋两个标准”的产业准入政策配套体系

清单或标准	主要内容	实施方式	功能作用
负面清单	国家产业结构调整目录中淘汰类和限制类项目，各地区结合产业发展和地区战略的要求禁止准入的部分行业	事前告知	告知企业禁止投资的行业及区域，把投资的决策权和选择权交还给企业
准许清单	保留部分核准事项，对目录内的项目，政府只审查产业政策、节能环保、公共安全等外部条件	事中准许	在特定行业中，告知企业具体投资管理方式，对企业进行条件审查
政府权力清单	将政府部门行政审批事项、程序和收费标准逐项细化	事前公布	实现政府管理“法无授权不可为”
企业失信清单	强化事中、事后监管，建立投资活动参与主体的“失信黑名单”	事中、事后监管	完善责任追究制度，将监管方式由事前审批向事中、事后监管转变
行业能耗限额标准	三级能耗指标：能耗限额先进值、能耗限额准入值和能耗限额限定值。新建企业或企业改扩建生产线必须达到“能耗限额准入值”；现有企业未能达到“能耗限额限定值”，其生产线将被强行整改或停产	事中动态补充	在事中通过监管，对不达标的企业，比照负面清单目录类行业进行管理。将严重超标的企业纳入企业失信清单
产业污染排放物标准	将污染物排放限值分为直接排放和间接排放两类，新进企业排污量不得超过限值	事中动态补充	在事中通过监管，对不达标的企业，比照负面清单目录类行业进行管理

资料来源：陈升、李兆洋（2014）。

2. 资本

（1）功能性政策

资本作为基础要素之一，对于推动产业的转型升级起着重要的作用。在当前中国市场机制不断完善的情况下，应当减少过去那种直接针对个别企业和产业的补贴行为，而应通过加强国内资本市场建设、鼓励企业海外融资等功能性政策，对产业的升级发展提供资金支持。

国内多层次的资本市场将帮助企业在生命周期的各阶段持续获得资本，有助于产业资本的良性循环。

1）对于创业期的中小企业，由于面临着较大的市场风险而往往不易获得资金支持，因此政府应致力于消除信息不对称，鼓励金融机构或个人投资者向初创期的企业投资。例如，政府可以通过构建信息平台，或者提供商业贷款担保等方式，帮助创业型企业从商业银行或天使投资人等处获得早期的发展资金。

2）对于成长期的企业，风险资本开始发挥重要作用，因此政府可以通过税收优惠等方式增加风险资本的收益，以提升风险资本的投资规模。具体而言，可以降低风险投资企业的所得税率，或者对风投公司持有的非上市股票中获得的收益或资本净收益免征所得税。

3）当企业已经成长到一定规模并需要大量资金支持其快速扩张时，上市便成为企业的重要融资方式。此时，完善信息披露机制，严格制定资本市场的上市和考核标准就成为加强资本市场运作效率的重要手段。

鼓励和支持企业到海外开展融资活动，有利于企业利用国际资本、树立国际声誉、开拓国际市场。

1）政府应致力于降低企业海外股权融资的交易成本。中国企业在海外融资方面已经取得了不少成功案例，政府可基于这些成功经验为有志于海外融资的企业提供信息服务和必要的培训课程，并进一步简化国内的审批程序。

2）鼓励和支持企业以更加多样化的方式开展海外融资活动。目前中国已经有不少企业在海外实现股权融资，但公司债券、商业票据等债权融资的成功案例还很少，这主要是受到国内金融评级体系和企业自身信用状况等条件的限制。因此，政府应尽快完善国内的信用评级制度，建立与国际接轨的信用评级体系，并培养企业的风险意识和信用意识。

3）鼓励和支持企业进入更加多元化的国家和地区开展融资活动。中国企业之前的海外融资主要局限于香港、美国等少数地区，实际上英国、荷兰、澳大利亚、新加坡等地都拥有发达的资本市场，也可成为企业融资的备选之地。多元化的融资地点不仅有助于企业分散融资风险，还有助于中国企业在欧洲、澳洲、东南亚等地树立声誉并开拓当地市场。

（2）选择性政策

在选择性政策方面，战略性新兴产业投资基金应是最重要的政策措施，同时也有必要对高新技术企业的研发活动和传统企业的技术改造活动给予特别支持。

战略性新兴产业具有投资巨大、技术含量高、风险大等特点。一般企业很难进入，即使进入后，追赶国外先进企业的难度相当大，很难与国外企业站在同一起跑线上进行竞争。通过设立战略性新兴产业投资基金，统筹规划、部署投资一批大项目，集中力量突破制约中国战略性新兴产业发展的核心关键技术。

建议由国家财政主管部门牵头，联合政策性银行、大型国有金融企业、大型工业企业，分领域设立战略性新兴产业投资基金，投资范围严格限制为战略性新兴产业领域，投资项目以大型、超大型项目为主，主要目标为攻克核心的、基础性、共性的技术，从而带动整个产业的发展，占据国际竞争的制高点。

选择核心项目集中支持。建议由国家财政部门、工业行业主管部门统筹规划，确定最急需支持的核心项目，选择具有产业及技术基础的大企业作为载体，连续2~3年给予集中的资金支持。

对战略性并购给予资金支持。建议加大对国际产业发展及动态的研究和关注，积极寻找以获取核心技术为目的的跨国并购目标，支持国内企业对处于本行业领先地位、经营陷入困难的国外企业进行整体收购，吸引其核心技术团队，掌控核心技术。

高新技术企业的研发活动常常面临着比较严重的外部性问题，从而导致企业投资不足，因此需要政府资金方面给予特殊的鼓励和支持。具体而言，可采取以下几方面措施：第一，税收优惠。政府可以对企业的研究开发经费给予税收优惠，包括允许税前一次性扣除、加计扣除、定比例或新增部分一定比例的税收抵免等。第二，信贷优惠。政府可通过政策性银行向高技术企业提供利率较低、期限较长、归还条件较优惠的贷款，并为高技术企业的贷款提供信用担保。第三，会计制度优惠。对于固定资产投资比重较高的高技术领域，实行加速折旧或特别折旧制度，缩短高技术领域机器设备的折旧年限，对某些高技术行业实行高于一般折旧率的折旧办法。

传统企业的技术改造十分重要。政府可以通过信贷政策、资本市场和财政政策予以支持（刘志彪，2015b）。

1）信贷政策支持。把央行降低存款准备金率放出来的信贷增量作为启动中国企业大规模技术改造活动的主流资金。2015年2月4日中央银行首次降低准备金率大约释放7000亿元的信贷资金。如果央行连续降低3~4次存款准备金率，配合2015年可能的多次降低利率的行动，由此得到的较低成本的新增信贷资金，将可以对全国性的大规模技术改造产生足够的金融支持。

2）资本市场支持。对那类计划用募集来的资金，优先或主要投入技术设备改造的IPO企业，政府可以给予优先上市的资格，以体现政策支持技术改造，也可以对计划用定向增发的资金投向技术改造的上市公司，在排队序列中优先批准，还可以对承诺并购后首先改造企业技术设备的企业放松并购限制。

3）财政政策支持。政府通过技术改造专项资金、事后奖励补助政策、股权投资、贴息等方式支持高端的、有规模效应的、龙头集聚效应的技术改造项目，发挥财政贴息的杠杆效应。另外，政府就是要把对生产者的供给方补贴适当地改为对消费者的补贴，即对使用技术改造后产品的用户进行一定的财政补贴。这样既可以为技术改造企业创造市场，也可以有效地防止寻租性腐败。

3. 土地

（1）功能性政策

土地作为重要的生产要素，是产业政策中不可忽视的部分。不过，中国之前的产业政策一直没有给予土地政策足够的重视，造成了中国土地使用计划性不强、市场不规范等问题。新时期的产业政策应在加强土地规划、规范土地市场等方面给予关注。

加强土地规划将能够对产业的转型升级起到引导作用，提升地区的产业发展效率。具体可通过用地审批和布局调整两种手段来实现（卢为民，2008）。

一方面，对于新建项目的用地审批，要优先保障有利于产业结构调整的重点项目。对列入限制供地目录的项目，要通过提高供地门槛，促使地方政府和企业投资者加快产业结构优化升级的步伐：淘汰落后工艺，引进新技术，推进产品升级换代，走节约集约、高效利用资源的发展道路。对不符合国家产业政策、发展规划和市场准入标准的项目，坚决不予供地。对于那些高耗能、高污染项目以及生产工艺落后、浪费资源严重的项目，要严格控制，甚至禁止投资。

另一方面，对于已有项目的地区布局，要加强土地结构调整，促进产业区域布局的合理化。特别是在中国推动城市化的进程中，可以充分利用城市中心区有利的区位优势，鼓励第三产业向市中心集聚，第二产业向外围扩散并在郊区集聚，同时在城郊发展生态观光型农业。这样构建的城市产业综合体，有利于促进产业之间的协调发展，并满足市民回归自然的精神需求。

土地市场也应当以市场机制予以规范，减少政府的行政干预，以增强土地资源的配置效率。可以从以下三个方面规范土地市场（张杰，2011）。

1）健全土地使用的市场机制。通过构建城乡统一的建设用地市场、健全土地储备制度等措施完善市场机制，建立土地政策促进产业结构调整的内生机制。

2）以市场化手段创新土地二次开发机制。在不违反土地规划方针的前提下，支持企业节地挖潜、拓宽发展空间，有序推进城市未利用土地的开发，完善工业企业的土地退出机制。

3）扩大土地有偿使用范围。充分运用市场经济杠杆来调控土地流转，确保土地利用总体规划目标的全面实现。对新增建设用地除法律规定可以划拨的以外，其他用地一律实行有偿使用；对不流转的原划拨土地推行土地租赁和出让；从工业、商业、金融、娱乐、旅游等生产经营性用地开始实施，逐步扩大实施范围，除法律规定的四种类型用地可以保留划拨方式外，其他用地一律实行有偿使用；规定用地单位在原划拨土地上新建、改建、扩建的项目，凡土地使用权没有发生转移的，除法律明确规定可以划拨供地外，均应以出让方式供地。

（2）选择性政策

在选择性产业政策方面，地区集群和基础设施应当是未来土地政策重点考虑的方面。

产业集群因其示范效应和信息流动效应，正在成为现代产业政策的重要组成部分。但是，由于每个地区的要素条件不同，各地方政府应在充分考虑区域特殊性的基础上，依据“区域现实主义”的观念选择最适合自身条件的产业集群。

1）集群政策的制定必须立足地方。产业集群具有很强的自发性，市场竞争、比较优势和历史因素等对于它的形成具有至关重要的影响。发展产业集群必须充分考虑地区条件，包括地区的经济、社会发展水平、地理环境和自然禀赋等基本条件，并以当地产业集群的类别、性质、所处发展阶段以及集群本身的需求为依据。

2）集群政策要避免跟风和重复。产业同构和重复建设将严重影响同类及关联产业的集聚所产生的资源合理配置的效应，导致各地区的低水平重复建设，还容易引起集群之间的过度竞争和地方保护主义等问题。政策制定要充分认识新形势下集群发展的特殊性，树立差异化、特色化的集群发展意识，增强集群企业的“根植性”。

3）集群政策要统筹全局。地方政府的作用范围与行政区划高度一致，然而产业集群却与行政区划并不完全吻合。这就要求地方政府在制定产业集群政策的时候应具备战略眼光和统筹全局的发展观。统筹全局就是要求地方政府在制定本地区产业集群政策的同时，兼顾全国的利益，使产业集群的发展不仅是给本地经济带来切实的好处，也要符合全国的产业布局要求，符合国家的经济发展战略。

基础设施长期受到中国政府的高度重视，30 多年来中国基础设施与产业同步升级，为中国的产业发展提供了重要战略支撑。不过当前，中国基础设施区域不平衡的问题仍然明显。加大基础设施建设，平衡区域间的基础设施水平将对中国技术创新能力的提高和产业结构升级具有重要的意义。具体来说，要根据基础设施类型和区域特点制定不同的发展策略（梁超，2012）。

1）根据基础设施的特点，与区域经济发展相适应。对于交通基础设施，必须与区域经济发展相适应，重点加快高速公路和高速铁路的投资和建设，同时还要加强对已有基础设施的管理和技术水平的提升；对于通讯与网络基础设施，适度超前发展和降低通讯、网络资费是促进经济发展和提高居民生活水平的根本要求；对于能源、水利基础设施，要加大电网的改造和升级，着力解决电力紧缺的局面和大力发展水利基础设施建设。

2）根据区域地理环境的特点，因地制宜地促进基础设施的发展。面对基础设施落后的中西部地区，国家应该加大政策倾斜力度，重点突破影响地区经济发展的瓶颈，并加大投资力度和重点发展。同时加强基础设施融资的多元化，降低基础设施行业的进入壁垒，鼓励社会资本和个人资本投资基础设施建设，为基础设施建设提供强有力的资金保障。对于基础设施发达的东部地区，在原有基础设施存量的前提下，进一步提升质量和技术含量，逐步建立现代的交通运输、物流以及信息通讯网络，逐步建立基础设施比较完备、现代化程度比较高的基础设施体系，促进东部地区的技术创新能力和经济发展的质量的提升。

4. 劳动力

（1）功能性政策

随着中国人口红利的消逝，劳动力的转型升级已成为支撑新时期产业转型升级的必要条件。在功能性政策方面，应当加强职业技术教育，鼓励和引导企业开展培训活动，并规范劳动力市场建设。

首先，应加强职业技术教育以缓解技工人才对产业发展的瓶颈效应。职业技术教育是“生产生产力”“造就劳动者”的教育，而高技能性正是生产力发展的本质要求。随着中国产业结构正由劳动密集型向技术密集型和知识密集型转变，对高技能人才的需求越来越紧要和迫切。高等职业教育作为孵化技能型人才的重要教育形式，应当在以下几个方面有所突破（张健，2008）。

1）转变课程理念，彰显技能实践。高职教育应确立技能本位的课程理念，彰显“能育”为本的教学思想。应根据能力标准设计课程和培养计划，并落实实践技能的培养。例如，可以按照“初级技能—高级技能—综合技能”的层次设置课程等级，并将不同层次的技能训练嵌入到“课内实验—课程实训—校内综合实训—校外顶岗实习”四个实践环节中。

2）培养核心技能，带动相关技能。核心技能是一种基础的、可迁移的、对劳动者的未来发展起关键性作用的能力，是相关技能的基础和实现技能迁移的关键，有利于应对职业频变的流动性。因而高职技能教育要突出核心技能培养，把核心技能教学放在中心地位、主导地位，做到“纲举目张”。在具体操作时，可以将核心技能分解为不同的模块，由浅入深、层层推进，构成一个完整递进的逻辑体系。

3）开展“崇技创新”活动，设立技能创新学分。在学生获得职业教育的过程中，就应当重视培养他们的创新意识和能力。技能创新学分是指学生在技能竞赛、科技成果、论文、手工制作活动方面，取得高水平的成绩而获得的一种特别学分。创新学分的设立有利于促进高职实践教学体系的完善，有利于形成以技能训练为主的高职教育特色，培养学生创新精神和实践能力。

4）加强实训、实习基地的建设。实训、实习基地是职业教育的

“心脏”，是产出“生产力”的地方。高职院校要紧密联系行业企业，进行厂校合作，积极探索校内生产性实训基地建设的校企合作新模式，加强校外顶岗实习力度，使校内生产性实训、校外顶岗实习比例逐步加大，为学生提供良好的实训平台，提高学生的实际动手能力。

其次，应当提升企业的培训意识，鼓励企业定期开展培训活动。政府可以通过立法强制、政策引导、资金支持和宣传教育等方式促进企业的培训活动。

1）通过立法的形式对企业培训做出一些强制性的规定，以适应中国经济社会发展和企业所面临的内外环境变化的需要。具体内容包括：企业培训内容的重心、企业培训对象的范围、企业培训的目标以及企业对培训投入所占工人工资的比例等。通过立法，以法律的形式强制性要求、规范企业培训投资，使企业培训投资从法律角度得到基本保障，这已是各国政府的普遍做法。

2）以政策的形式对企业培训进行引导和鼓励。充分发挥政策的作用，在各个不同时期，根据实际情况、面临的内外环境以及针对企业的实际需要，对企业培训的内容、模式、方法以及投资等进行非强制性的引导和规定。

3）建立职业教育与培训经费的长效机制。可以参考西方国家的做法，采用税收豁免或优惠、培训基金制、培训补贴制、借贷制、返还制、培训假期与培训储蓄计划等经费分担方式来保障劳动力市场的培训资金来源，在具体操作上可将培训经费事业经费单列、企业的培训税制、巨额滚存的失业保险金提取用于职业培训的比例等进行细化与规制。

4）建立以提高国民技能水平为目的、尊重科学崇尚技能的“终身教育”的文化氛围。除了以法律、政策的形式对企业培训进行干预、约束和指导以外，政府还应积极倡导建立学习型社会，在民间宣传“终身教育”的文化氛围，潜移默化地对企业培训产生深刻影响，从而产生一个有利于建立学习型企业的氛围。

最后，应加强中国劳动力市场的建设，提升产业发展过程中的人力资源配置效率。具体而言，政府的作用可以体现在完善行政管理、法规环境和信息建设三个方面。

1）完善劳动力市场的行政管理。一方面，要建立强有力的管理机构，做好劳动力投入计划、协调、户口审批、劳保福利等工作。另一方面，要加强公共就业服务机构，做好求职登记、职业指导、职业介绍、劳务派遣、档案管理、社会保险关系接续等管理服务。同时，要对跨区域性流入城市的农民工进行总量和存量调控，将进城就业农民工纳入就业培训管理，全面实行流动就业凭证管理制度，规范用工行为，保证公共就业管理的效率和质量。

2）规范劳动力市场的法律环境。一是要在执行好现有劳动法律法规的基础上，加大对劳动力市场流通环节的执法力度。二是要抓紧出台《公平就业法》《劳动监察条例》《劳动力市场管理条例》等有关“促进公平就业”的法律法规，杜绝就业歧视。三是要全面充实劳动力市场的法律框架，不断完善劳动关系三方协商机制，建立健全集体协商和集体合同制度。

3）要加强劳动力市场的信息建设。尽快建立完善中国劳动力的统计制度和供需系统。一是按照国际通行的标准规范劳动统计制度，包括指标设置、指标定义、调查方法以及数据的发布方法等。二是建立全国统一的劳动力供需信息网络系统，并通过对全国城乡广泛的劳动力资源调查与需求预测，及时向社会公布劳动力供求状况。

（2）选择性政策

中国当前在劳动力结构方面存在两大突出问题，一是高端科技人才的欠缺，二是低端劳动力工资的增速高于劳动生产率的增速。因此，这两个方面应是未来一段时间中国劳动力政策关注的重点。

高端科技人才是中国实施创新驱动发展不可或缺的重要资源。为了满足产业升级所需要的高端人才，中国政府应在加强科技人才培养的产学结合、建立科学用人制度和吸引国际高端人才三个方面做出努力。

1）加强中国高科技人才培养的产学结合。将科技人才的培养与企业科技创新的需要结合起来，鼓励高等学校与企业合作。促进企业与高校之间的横向合作，帮助在校学生对企业的创新活动有直接的认识，毕业后能够更加顺利地步入工作岗位。鼓励高校开展企业科技人员的继续教育，使企业科技人员能够借助高校的平台了解更多前沿的基础技术。

2）建立以市场为导向的科学用人机制。为了发挥高科技人才的创造力和积极性，在收入分配、业务奖励、职称评定等用人制度方面强调绩效优先、成果优先。例如，积极探索和建立与国际惯例接轨、“绩效优先”的人才收入分配机制，实行协议工资、年薪制和技术、技术要素入股以及对突出贡献人员奖励股权、期权等多元分配方式；建立协调、统一的多元人才奖励制度，提高对高新技术成果和科技成果产业化的奖励力度；改革专业技术职称（务）评聘办法，由单位根据实际工作需要自主确定专业技术职务的结构比例和设置岗位，逐步建立公开、公平、公正的个人申报、社会评价的职称社会化评审考核体系。

3）完善国际高端人才的吸引制度。一是尽快完善吸引国际科技人才的相关法律制度，确保人才引进政策的制度化、常规化。二是不断扩宽吸引国际科技人才的渠道，针对国际科技人才的特征差异采取不同的人才引进策略，构建多样化、多层次的人才引进机制。三是落实科技人才的服务措施，为国家特殊领域急需的科技人才引进开设绿色通道，并在科技人才的评聘、使用、辞退以及收入分配等方面给予企业充分的自主权。

中国低端劳动力的问题主要体现在新生代农民工“量”和“质”的矛盾，为了解决这一问题，应发挥政府在构建新生代农民工职业培训体系中的主导作用。

1）完善农民工培训的政策法规。政府应尽快制定完善新生代农民工职业培训的法律和规章制度，明确规定培训主体应享有的权利、承担的义务及管理责任，建立健全职业培训的组织领导机构，加强政府和企业之间以及城乡之间的横向联动，制定并落实相应的规划和政策措施。政府发挥宏观管理和协调作用，加强对培训工作的指导和监督。建立国家职业培训进入和退出机制，通过招标、抽查、考核、鉴定等环节，坚决预防培训中的“偷工减效”行为，提升职业培训效果。

2）建立多方合作的培训机制。政府可以与用人单位、职业院校和培训机构签订委培协议，委托他们对新生代农民工进行职业培训。鼓励和引导各类教育、培训机构和工青妇组织等社会力量开展职业培训，整合各类培训资源和渠道，形成政府、用人单位、职业院校、培训机构及社会组织多方合作的多层次培训体系。

3）加强区域间培训合作。劳动力输出地和流入地政府之间要加强区域劳务合作对接，开展有计划、有组织的就业创业培训和劳务输出，实现培训与就业对接。建立健全青年人才库，逐步形成集信息共享、就业指导、管理服务于一体的社会化服务体系，搭建新生代农民工发展的服务平台。

4）增大资金投入力度，完善投入保障机制。政府加大资金投入力度，鼓励企业、社会和个人通过各种形式提供资金和赞助，多渠道筹集培训经费，建立国家投资、地方扶持、企业资助、个人承担相结合的多元筹资机制，并建立新生代农民工培训专项资金，保障培训体系正常运转。对培训机构在办学经费、设备购置、师资配备等方面进行补贴，保障培训经费来源。对创办新生代农民工培训机构的社会组织和个人给予资金支持和政策倾斜。

5）加大宣传力度，拓宽信息渠消。政府应充分发挥群团组织、互联网、新闻媒体的作用，多渠道、灵活性地宣传已有的相关政策，拓宽新生代农民工获取职业培训的信息渠道。加强教育培训信息化建设，在相关部门官网中开设新生代农民工职业培训窗口，发布相关培训信息。在社区、劳动力市场、工业园区和企业等新生代农民工集中的场所设立固定的培训咨询点，发放培训宣传资料，为新生代农民工答疑解惑。

6）大力推行就业准入制度。政府要讲一步完善“先培训、后就业”“先培训、后上岗”的劳动用工制度，严格实行“持证上岗”，以就业准入制度规范劳动力市场，用职业资格证书制度引导职业培训。尽快制定、完善各行业各工种的职业资格标准，将职业技能鉴定标准推广到包括服务、技术和管理等方面在内的全部职业。制定有关政策，积极引导用人单位把职业资格作为上岗、晋级、核定待遇的重要依据，以期引导新生代农民工努力学习技能，提高职业素质。劳动保障部门要加大对就业准入的监察力度，在企业招工、职业介绍等环节严格把关。

5. 技术

（1）功能性政策

中国经济正从要素和投资驱动转向创新驱动，技术将在产业发展中发挥越来越重要的作用。要想推动国内技术的发展，加强知识产权保护、建设技术服务中心、建立技术标准制度都是新时期应当重点考虑的功能性政策。

知识产权保护对企业的技术创新活动提供了必要的保障，已成为推动产业技术升级的基础条件之一。从中国的实际情况来看，新时期在知识产权保护方面还需要在以下几个方面继续发力（杨放，2008；上官丽娜，2012）。

第一，提高知识产权的法律保护意识。大力培育知识产权文化，营造尊重知识、鼓励创新、诚信守法的舆论氛围。通过多种途径进行知识产权教育，加大宣传力度。包括通过报纸杂志、广播电视、网络等方式，以及有奖问答、举办讲座等途径。加大知识产权执法力度，提高侵权成本，降低维护成本，增强公民保护知识产权的意识。

第二，完善中国知识产权相关法律法规。中国在知识产权法律法规的制定和修订上应当以人为本，以鼓励科研人员自主创新为基点，进一步形成既与国际接轨又符合中国国情的知识产权法律法规体系。尽快修订《专利法》《商标法》和《著作权法》等知识产权基本法，完善有关知识产权行政执法的规章和知识产权侵权判断标准，修订《高校知识产权管理办法》，制定《职务发明条例》等，进一步激发科研人员创新的积极性，保护知识产权所有者的合法权利。

第三，加强对知识产权侵权行为的查处和处罚力度。加强对高素质的知识产权保护人才的培养，为相应的侵权行为调查、证据收集和解决提供专业化的知识。加强知识产权保护跨部门之间的交流沟通和协调合作，建立国家知识产权局、工商行政管理局、国家版权局、海关总署及其他部门之间的知识产权联网系统，鼓励成立与知识产权保护相关的法律、咨询、中介等服务机构，进一步落实知识产权保护。

第四，缩小知识产权保护的区域差异。加强对中西部地区产权保护机构设置和人才培养的倾斜，不断完善中西部地区经济、文化、教育等方面的建设，带动中西部地区公众的产权保护意识的形成和产权保护行为的实施。借鉴东部地区的先进经验和优秀成果，并结合自身情况，因地制宜，提高知识产权保护的执法力度，增强自身知识产权的保护水平，缩小产权保护的区域差异。

技术服务中心能够为企业提供技术、资本、管理、法律、信息等多方面的综合服务，促进企业的技术创新活动。加强技术服务中心的建设，可从以下几方面入手。

1）加快行业技术服务中心的市场机制建设。建立行业技术服务中心必须按照市场经济规律的要求：一是以企业为主体建立行业技术服务中心，政府发挥引导作用；二是以市场需求为目标，根据行业和区域产业发展的需要，有针对性地开展工作；三是坚持利益最大化原则，探索建立行业技术服务中心的投入机制、运行机制、激励机制；四是充分利用各地政策优势和创业环境，吸引政府资金和民间资金的支持。

2）以产学研联合为途径，加快行业技术服务中心创新能力建设。一是充分发挥高等院校、研究院所的基础研究、人才和信息集聚等优势，加快行业技术服务中心的建设。二是积极探索产学研合作的有效机制，按照经济规律谋求建立行业技术服务中心的有效方法，推进行业技术服务中心的持续发展，促进其技术创新服务功能的发挥。同时，创造条件，与高校、研究所共建行业技术服务中心，形成利益共享、风险共担的紧密联合体。

3）提升行业技术服务中心的信息化服务水平。各行业技术服务中心要积极推广信息技术及其应用，利用现代信息网络技术，拓展服务领域，提高服务水平。一是构建服务平台，建立与企业之间便捷的联系通道，通过网络化的技术中介服务平台，促进产业关键共性技术和新技术的推广、应用和扩散，发布产品和技术标准信息。二是构建产学研合作网上平台，针对目前行业技术服务中心技术力量还较弱的现状，通过网络发挥高等院校、研究院所的优势，为行业技术服务中心提供技术支撑。三是构建网络化的设计平台，为企业提供远程设计服务，并通过互联网将设计产品展示给客户，加快产品开发和产业化进程。

建立技术标准制度有助于规范企业的技术行为，加速产业的技术升级进程。在产业发展过程中，技术标准作为一项先进的技术经济要素，其作用正在凸显：它不仅是产业技术发展的创新平台、技术锁定和控制市场的工具，而且还是保护产业和促进对外贸易发展的重要方式，并已演化成为决定竞争规则的关键性因素。中国现有的技术标准体系仍不足以支持产业市场规模和企业技术能力的持续扩张，因而迫切要求通过产业标准战略的制定和实施，加快技术标准体系的建设（余文波，2013；吕铁，2005）。

1）建立基于企业联盟的技术标准形成机制。中国技术标准的形成机制可以考虑采用一种将市场机制和组织机制的优势结合起来的混合机制，企业联盟作为组织机制的一种形式，具有影响用户预期、支持相关企业进行互补产品开发、采用有利于市场渗透的定价策略等作用，从而有利于率先建立起规模化的用户安装基础，在技术标准的市场竞争中赢得领先优势。

2）加强技术标准开发与科技研发和知识产权保护之间的协调发展。推动一批具有国际先进水平和产业化前景的科技成果转化为适应市场需要的技术标准，以提高中国技术标准的科技含量。制定和完善与技术标准化相关的知识产权政策，以达到提高中国企业的技术标准竞争力和降低技术标准使用成本的目的。

3）努力提高中国技术标准的开放程度。进一步利用中国的市场优势，大力吸引以跨国公司为主的外国企业加入由中国企业主导的专利联盟，扩大中国技术标准的国际影响力和适用性。

（2）选择性政策

在选择性政策方面，参考发达国家近年来产业技术政策的经验，重点考虑的政策应包括绿色技术政策、以政府采购推动创新等。

绿色技术的开发和推广，在环境约束日益增强的现在受到世界各国的普遍青睐，已成为未来技术发展的重要趋势。为了推进中国的绿色技术创新，政府可以从经济、法律、技术和文化四个方面探讨对策（陈国玉，2008）。

1）在经济方面，政府应加大对绿色技术创新的资金投入，完善排污权交易制度，并建立绿色技术创新的评价指标体系。第一，加大国家公共财政对资源循环利用的支持力度，具体手段可包括公共财政支持、设立专项基金、以现有中小企业创新基金来支持、建立商业性投融资扶持机制、以公私合营方式共同开展等。第二，完善排污权交易制度方面。从法律上确认排污权和富余排污权的交易权，并从法律上和制度上强化政府的环境监管职能。提高排污收费标准，对于污染非常严重的企业应采取强制关闭措施。积极发展排污权交易市场，提供市场服务信息，调节不合理的价格交易制度。组建专业的排污权中介机构，建立相关的信息网络系统，为交易各方提供中介信息，提高交易的透明度，降低排污权交易的费用。完善排污申报登记制度和排污许可证制度，以便更好地规范和核算可交易的排污权。第三，建立绿色技术创新的评价指标体系。从企业到国家探索一套绿色经济核算制度，包括绿色会计制度、绿色审计制度、绿色国民经济核算体系。建立保护环境诚信档案和绿色 GDP 考核制度。把生态绿化、生态环保、生态修复、生态招商、环境质量评价、空气环境质量变化、环境诉求群众性事件发生数量等绿色 GDP 指标和对环保法律法规的落实情况等纳入干部政绩考核体系，建立生态目标责任制，作为干部任用的重要依据。

2）在法律方面，对绿色法律制度进行创新，构建公众、专家和政府相结合的决策机制，建立科学的执法监督制度。第一，对绿色技术法律制度的创新，主要是指环境税收制度、环境资源有偿使用制度、绿色技术创新风险管理制度、绿色技术决策与规划制度、绿色技术成果评价制度、金融法律制度、环境会计制度、企业绿色管理制度等方面的制度创新。第二，畅通公众参与渠道，完善立法听证机制，落实公众参与、专家论证和政府决策相结合的决策机制，征求专家和公众意见。加强立法的研究和前期调研，通过召开立法听证会、专家论证会等形式，广泛听取专家学者和社会各界的意见，拓宽公众参与立法的范围。第三，建立科学的执法监督制度与工作程序，依法强化对环境的监督管理，坚持有法必依、违法必究、执法必严。必须有效纠正“有法不依，执法不严”的不正常现象，解决目前环境行政主体之间利益一致，被监督者、被执法者与监督者、执法者一体化的弊端。

3）在技术方面，要促进高新技术绿色化，实行工业生态化，推行现代企业微观生态经济管理。第一，促进高新技术绿色化。在新的技术革命中应当遵循生态学原理和生态经济规律，大力发展绿色高新技术，促进高新技术中的非绿色技术向着生态效应增加的方向发展，促使一般绿色技术朝着高新技术化的方向发展。第二，尽快建立和完善生态工艺，实行工业生态化。遵循使企业内的物质流、能量流、信息流、人流和价值流高效、和谐运转的原理，改造、建立并运转好“少废”和“无废”的“生态工艺”，实行工业生态化。生态工艺以厂内闭路循环的形式，在各部门之间建立一种生态化的网络关系，相互利用各自的废物、副产品和产出物，以降低资源和能源消耗、减少环境污染，达到在整个生产过程中保持物质循环的高效、能量流动的合理、价值增殖的高效和生态环境的洁净。第三，推行现代企业微观生态经济管理。应调整与改革企业内部组织结构和功能，设立专门机构，建立内部生态经理制，建立一套自我完善、自我约束的环境管理体系，参与企业绿色技术创新决策，在企业绿色技术创新过程中加强环境审计。推行现代企业微观生态经济管理将引起一场现代企业的管理革命，对推动企业绿色技术创新、实现中国企业可持续发展具有重要的促进和推动作用。

4）在文化方面，要建立有中国特色的环境教育制度培养生产者和消费者的绿色意识，加强绿色产品的认证管理。第一，环境教育制度，主要包括环境知识的宣传普及，环境法规的宣讲灌输和环境管理中的典型案例的示范教育，重视社区服务和社会实践，强化绿色信息技术教育，推行劳动技术教育；开展正式会议的宣传、文件书籍的宣传、新闻媒体的宣传、绿色学校以及绿色社团的自我教育和社会活动，培养良好的环境意识、情感和行为，使公民懂得生态环境对人类的重要性和环境法规的严肃性，从而形成坚定的生态理念和环保习惯。第二，要培养生产者和消费者的绿色意识。灌输企业经营者以生态伦理意识，使其树立绿色经营理念，通过绿色技术创新走生态经济的道路。

提高公众的环境意识、生态意识，促进绿色市场的形成，为企业开展绿色技术创新提供原动力。公众的绿色意识一旦提高，就会形成强大的舆论和监督力量，人们通过自觉监督企业行为，确保绿色技术创新顺利进行。第三，加强绿色产品的认证管理。应结合国内现有的绿色产品、绿色工艺的认证标准，尽快制订一个内容全面的绿色产品标准，“绿色标志”是用在产品或其包装上用来表明该产品不仅质量符合标准，而且在生产、使用、消费、处理过程中符合环境标准，对环境和人类健康均无损害的一种图形。绿色标志是企业产品冲破“绿色贸易壁垒”、进入国际市场的绿色通行证。通过申请绿色标准认证，可促使企业环境管理更为科学化和规范化，并促使其进行绿色技术创新和采用绿色技术，在产品和工艺的研究开发中纳入环境准则并将其置于优先考虑的位置，进行产品生态设计和全生命周期分析，增加产品的耐用性、可处置性、循环复用性等。

政府采购一直是各国用来支持高新技术产业发展的重要举措之一，不仅能够为企业的技术创新创造需求，还能降低高新技术产业化过程中的风险。应继续加强政策采购政策，具体需在以下几个方面加以完善（何涛，2014）。

1）完善政府采购的法律法规制度建设。虽然中国的《政府采购法》已实施多年，而且在提高财政资金使用效果、发挥政府对市场调节及对产业的扶持等方面发挥了较大的促进作用。但是《政府采购法》在实施过程中也暴露了诸多的问题，例如，对高新技术产业产品采购缺乏针对性和指向性、采购规模不大、增长速度缓慢、存在时滞性等，弱化了政府采购政策。因此为了进一步扶持高新技术产业的快速发展，政府相关部门应尽快出台《高新技术产业产品政府采购条例》和《高新技术产业发展促进法》，明确规定政府采购高新技术产业内企业产品范围、政府采购占政府经常性财政比例、优惠价格比例及政府采购增长率等，以发挥政府采购对高新技术产业发展的促进作用。

2）调整优化政府支出结构，扩大政府采购规模。为了扶持高新技术产业和战略性新兴产业的发展，发挥好政府采购的作用，安排政府采购支出时要不断调整政府采购支出结构，压缩一般性采购支出规模，扩大对高新技术产业和战略性新兴产业产品的采购规模。一方面，提供政府采购支出占 GDP 的比例，扩大政府采购的范围和规模。另一方面，将政府采购支出增加的绝对量尽量用于高新技术产品的采购，以保证政府对高新技术产品的采购随着政府采购规模的扩大而扩大。

3）实行高新技术产品的政府“首购”政策。政府采购产品和劳务时，同等条件下首先购买国内高新技术产业和战略性新兴产业提供的产品和劳务；其次选择国内的外资企业生产的产品；最后才是由于国内确实不能生产而选择国外的高新技术替代产品。实施“首购”时必须做到从程序上规范政府采购，通过公开招标的形式完成。参与投标的企业必须是符合条件的、政府有关部门认定的高新技术和战略性新兴产业内企业，采购的对象必须符合“高新技术”和“战略性新兴产业”发展要求，防止和避免个别企业以低端技术产品充当高新技术产品、以国外企业的高新技术产品充当国内企业的高新技术产品。

4）高新技术产品政府采购实行优惠价格政策。对高新技术产业和战略性新兴产业产品采购实行优惠价格政策，就是在同等条件下，政府对此类企业的利益返还，即对企业的“明补”和“让利”。通过对高新技术产业产品实行 5% ~10% 的优惠价格采购，极大提高高新技术产品的市场中标率。一旦高新技术企业以优惠价格中标，随之而来的是高新技术产业产品市场需求扩大，产品供给增加，企业收益增加，研发投资 R&D 增加，产品更新换代加快，市场竞争力提升，产业内企业赢得更多的市场发展空间和优势。

5）及时调整高新技术企业和高新技术产品目录。政府部门对高新技术产业和产品目录进行适时的调整，且应本着政府扶持、市场需要、高新技术产业内企业发展的原则进行。对高新技术企业和高新技术产品目录的适时调整和补充，可以降低政府采购政策的时滞性，保证政府采购的始终是高新技术产品。

6）设立政府采购专项基金，扶持中小型高新技术产业内企业发展。对于中小型高新技术企业政府应通过设立政府采购专项基金的方式进行扶持。一是设立中小型高新技术产业产品采购专项基金，从政府采购基金中专门列支 20% ~30%，用于采购中小型高新技术企业的产品。二是鼓励中小型高新技术企业积极申报国家设立的“六大”专项基金，争取得到专项基金支持，同时地方政府也应进行配套资金扶持。三是设立中小型高新技术企业产业转移和产品升级基金，以推动中小型高新技术企业产业结构升级、调整与产业转移。四是随着政府财力的不断增强，要不断加大专项基金和地方财政配套的投入力度，以扩大专项基金支持力度和规模。

（二）兼顾相关政策协调

1. 产业政策与宏观经济政策相协调

通常所说的宏观经济政策，主要是指财政政策和货币政策。这两项政策对资源配置的引导作用有助于经济结构的调整，为产业政策提供支持。

（1）财政政策

财政政策肩负着调节经济结构、产业结构、收入结构以及资源配置等任务，在产业结构升级中能发挥重要作用，政策的重点要放在调整结构、转型升级上，政策要向“短板”倾斜，使政策做到“稳中有为”。财政政策在产业结构升级中的作用主要体现在三个方面（张馨艺，2015）。

一是财政政策对促进科技进步有重要作用。财政政策可以通过对推动科技进步的研究与开发活动施以各种财政支持和税收优惠，刺激投资意愿，达到促进科技进步和产业结构升级的目的。

二是财政政策是政府推进产业结构升级的重要手段。产业结构升级实际上是资金、劳动、技术及政策等要素在不同产业间流动及要素水平和生产率不断提高的结果。财政政策可以改变不同要素收入的相对水平，从而使资源按照产业结构优化升级的方向流动。

三是财政政策是促进资源节约和环境保护的重要工具。通过财政政策，对低碳生产的企业给予奖励，对超标排放的企业给予罚款；对新能源开发利用给予财政支持，对排污征收环保税，加快资源税改革，有助于促进资源节约、环境保护和经济可持续发展。

财政政策的取向要充分服务于新时期产业结构升级的新任务、新目标及其重点。具体而言，可从以下五个方面予以考虑。

1）考虑推动工业转型升级的财政政策。制定政府支持和促进工业转型升级的财政政策，设立工业发展专项资金，对工业发展转型升级予以全方位、多角度的支持。通过财政专项支出、政府补贴和税收优惠等方式支持高端产业（如大飞机产业、高铁、数控机床等）有计划地扩张。认真落实促进高新技术产业发展的税收优惠政策，支持符合条件的高新技术企业上市融资、发行企业债券和公司债券，支持新材料及产品的研究开发，完善新材料产业重点研发项目及示范工程相关进口税收优惠政策。

2）考虑支持发展新兴服务业的财政政策。新兴服务业是指随着信息技术的发展和知识经济的出现、社会分工的细化和消费结构的升级，用现代化的新技术、新业态和新的服务方式改造提升传统服务业而产生的，向社会提供高附加值、满足社会高层次和多样化需求的服务业。要加大财政投入，完善基础设施和配套设施建设，不断改善新兴服务业的发展环境，提升服务业的整体水平和科技含量，提高新兴服务业的产出。此外，要继续完善有利于发展服务业的税收政策，结合“营改增”相关经验，继续扩大增值税征收范围，争取覆盖所有新兴服务业；完善增值税抵扣链条，实现为服务业“减负”的目的。

3）考虑鼓励资源节约利用和环境保护的财政政策。实现产业结构优化升级需要促进资源节约利用，加快推进节能减排。对新能源和可再生资源技术研发、产品培育与项目推广，财政资金应给予大力支持和政策倾斜；在政府采购中，对促进资源节约利用和节能减排的产品予以价格优惠，优先采购通过环境认证的产品，将“绿色采购”落到实处。要深化资源税改革，拓宽资源税范畴，将水、耕地、森林、草场等不可再生或再生时间较长、难度较大的资源纳入资源税税目中，并酌情制定较高税率；严格执行《环保法》，开征大气污染税、水污染税、固体废物税和噪声税，建立和完善环境保护税。此外，对高耗能、严重污染环境的产业实行惩罚性税率，对新能源和可再生资源产业给予税收减免优惠，进而实现抑制高能耗、高污染行业和产品的目的。

4）也应考虑支持中小微企业发展的财政政策。从国家和地方层面，可通过财政投入扩大中小微企业创业投资基金、市场开拓基金、研发基金、信用担保基金的规模，建立高效、严格的资金使用和管理制度；针对中小微企业融资难的问题，制定切实可行、风险可控的贷款担保和贴息长效机制；对中小微企业固定资产购置、研发投入予以财政补贴；制定政府采购扶持中小微企业的具体办法，在政府采购中同等条件下优先选择中小微企业的产品；对中小微企业给予税收优惠，进一步减轻中小微企业负担。

5）还应考虑激励增强创新能力的财政政策。财政政策要鼓励、支持和奖励自主创新：政府要加大科技投入，为研究机构和企业提供良好的研发条件；要继续加大财政补贴或财政担保的扶持力度，对自主创新提供低成本融资的有利条件；要在政府采购中优先考虑自主创新企业的产品和服务；要进一步拓宽和完善税收优惠政策，加大研发支出税前扣除、固定资产加速折旧等激励政策的力度；在财税体制机制上进行创新，进一步改善科技创新环境，让每位科研人员有机会、有积极性、有能力参与创新。

（2）货币政策

相比于财政政策，货币政策更像是一个总量调节手段，缺乏向某个或某几个行业倾斜的能力。不过，由于中国的市场化程度已明显提升，现在生产领域的投资主要依靠金融工具来筹措，所以应当更加充分地发挥货币政策的引导作用，促使通过金融渠道筹集的资金流向政府希望扶植的行业。新时期经济增长方式转型要求货币政策更多地发挥结构性调控功能，具体应在以下方面做出调整（汪川，2015；潘锡泉、郭福春，2015）。

1）在维持总量稳定的基础上盘活存量。在总量稳定条件下，优化增量，盘活存量，回笼过去提供给传统劳动密集型、依靠要素和投资驱动行业的流动性，严格控制对传统“两高一低”“产能过剩”行业的贷款，运用定向宽松的货币政策，盘活存量贷款，支持再贷款，促进信贷结构优化。同时进一步发挥政府的金融服务职能，加大对新兴产业、创新驱动行业等国民经济重点领域的金融支持力度，鼓励和引导金融机构更多地将信贷资源配置到小微企业、“三农”等薄弱环节和现代服务业、新兴产业和创新驱动行业等重点领域。

2）通过定向微调促进经济结构优化。在中国经济进入新常态的现实背景下，宏观调控框架必然会发生适当的调整，这也必然要求央行货币政策行为由原先的“总量调控”向“总量稳定、结构优化”的方向转变。譬如，当经济面临下行压力时，央行货币政策可以而且需要进行适度微调以稳定产出缺口，但更多地则是需要将重点放在“通过盘活现有存量、优化增量继续为经济结构转型升级创造稳定的货币金融生态环境，促进经济科学发展、可持续发展”。与此同时，央行还需要契合中国现阶段深化改革创新的时代背景，寓改革创新于政策调控之中，将货币政策调控与深化改革创新紧密结合，进一步完善调控模式，疏通传导机制，改善金融服务，提高金融运行效率和服务实体经济的能力，更充分地发挥金融在实现市场资源配置中的决定性作用。

3）货币政策转型应注重协调传统货币政策与结构性货币政策。中国货币政策不仅面临结构性难题，也面临总量上的挑战。新形势下外汇占款的急剧减少和货币乘数的大幅下降使得国内基础货币出现了较大幅度的缺口。在此情况下，央行必须明确不同类型货币政策的分工，既要发挥“降准”“调息”等传统货币政策的总量调控作用，也要使用常备借贷便利、抵押补充贷款等结构性货币政策在经济结构调整中的作用，以发挥总量性货币政策与结构性货币政策的协同作用。

2. 产业政策与社会政策相协调

社会政策，是通过国家立法和政府行政干预，解决社会问题，促进社会安定，增进社会福利的一系列政策、行动准则和规定的总称。

其核心是解决市场经济下公民的社会风险。针对中国当前产业发展过程中出现的主要社会矛盾，需要加强产业政策与就业、劳资和环境政策等相协调。

（1）就业政策

当前中国经济新常态与人口新常态叠加，就业形势异常严峻。在经济新常态下，中国就业形势发生了新的变化：就业岗位减少、劳动力市场竞争加剧、失业风险增加、劳动力素质与产业结构升级不匹配等。新时期中国产业政策有必要考虑就业目标，而就业政策也应努力服务于产业的转型升级。

第一，坚持推进结构升级和扶持就业创业相协调，进一步增强经济竞争优势和就业吸纳能力。把提高劳动者素质和适应市场竞争能力作为解决推进结构升级和扶持就业创业的关键环节，通过提升人力资本质量推进产业结构的优化升级，通过扶持就业创业增加就业机会。

第二，大力发展第三产业，使之尽快成为吸纳劳动力的主渠道。一方面，应加强个人和社会服务业的发展，例如物流、家政等领域。这些产业具有吸纳劳动力的巨大潜力，应通过产业政策鼓励其发展以促进就业。另一方面，也应当鼓励具备就业创造能力并处于价值链高端的生产性服务业的发展，如研发设计、商务咨询等产业。

第三，将促进小企业发展作为产业政策的重要抓手。应制定专门针对重点行业中的小微企业的产业扶持政策和服务体系，例如培训体系、信息服务体系、社保服务体系、信贷支持体系等，以促进吸纳就业人数最多的小微型企业的发展。

（2）劳资政策

产业政策与劳资政策在目标、措施、调整手段等方面存在较大差异，劳资政策追求社会效益，产业政策追求经济效益，二者在现实运行中常常存在冲突。特别是在经济发展新常态下，中国经济增长速度下行，调结构、转方式、促创新的任务繁重，劳动力供需在数量和结构上都出现新的变化特点和趋势，和谐劳资关系的构建面临新的机遇和挑战，因此在产业转型升级的过程中协调产业政策与劳资政策的关系就显得更加重要（胡磊，2015）。

第一，强化对企业与边缘劳动力之间劳动关系的“集体自治”和政府规制。产业转型升级对就业的影响集中表现为结构性转换效应：减少了低人力资本含量的就业岗位，增加了高人力资本含量的就业岗位，人力资本存量较低、年龄较大的劳动者出现结构性失业和摩擦性失业的情况增多，其工资收入、技能提升和社保权益也难免会受到冲击和影响。对此，各级政府和工会应深入分析劳动者面对技术进步、企业兼并重组或搬迁倒闭时的利益受损情况和主观权益诉求，有的放矢地完善劳动关系政策。在改制重组和结构调整中，加强对劳动关系处理和厂务公开、民主协商等工作的指导和规范，防止治理经济痼疾转化为劳资矛盾的集聚和激化。引导企业将与员工切身利益相关的重要经营决策和裁员分流方案公开，畅通劳动者利益诉求表达的正常渠道，做实做细再就业人员的技能培训、就业帮扶、经济补偿和社保转移接续等工作。

第二，引导和鼓励企业与核心劳动力实现“个人自治”，建立健全合作互惠、利益共享的劳资两利机制。随着创新驱动发展战略和产业转型升级的推进，高人力资本劳动者的稀缺性进一步凸显，其相对资方的博弈地位增强，企业和地方政府与核心劳动力构建长期稳定的事业和利益共同体的内在动力增强。各级政府应推行企业经营者评先评优与劳动关系和谐度挂钩；在税收优惠、技术扶持、政府采购等方面向劳动关系和谐企业倾斜，引导企业构建多层次人力资源开发与管理机制；为核心劳动力建立企业年金计划和民主参与机制，实施员工持股、民主管理、职工董事和职工监事制度，有效提高劳动者努力程度和创新活力。

第三，稳慎调整最低工资标准，保持产业稳定发展。在国民经济较快增长且“招工难”蔓延的背景下，前些年各地最低工资标准做出较大调整，有效促进了劳动力市场的公平有序，减少了企业经营者恶意侵害劳动者权益的行为。最低工资标准与多项社会保险缴费标准相关联，如果调整幅度过大过快，对低劳动生产率和低产品附加值、低利润率的劳动密集型企业冲击会比较大。新常态下，经济潜在增长率下降、劳动力供求发生积极变化，部分行业化解产能过剩和产业升级转移加速推进，各地政府可根据经济增长、失业率和物价变动等实际，稳慎把握最低工资标准的调整幅度和频率，为构建劳资两利的和谐关系创造更好的政策环境和空间。

（3）环境政策

当前，中国的环境承载能力已经达到或接近上限，因此要求资源环境要素的投入呈现下降趋势，同时实现能源结构、产业结构、消费结构优化升级。为此，在制定产业政策的过程中要充分考虑环境目标，发挥环境保护优化经济发展、倒逼经济结构调整、助推经济转型的综合作用，推进淘汰落后产能、化解过剩产能，培育和发展节能环保产业（宋丹瑛、张天柱，2012）。

第一，环保与经济目标齐头并举、建立产业与环境政策综合决策体制。彻底摆脱“经济增长优先、环境治理在后”的局面，以提高环境质量为目标，制定各项产业相关政策。应进一步提高环境保护在中国经济社会发展中的地位，加强环境保护实施力度，节能环保与经济发展齐头并举。在产业政策制定过程中，贯彻可持续发展战略，统筹规划产业发展与环境保护，推进节能环保型产业政策。强调环境部门与经济部门的会审机制——从环境角度审议经济政策和从经济角度审议环境政策。

第二，促进传统产业技术改造，发展知识密集型产业。针对传统产业，一方面压缩过剩产能，加快工艺技术改造，促进节能减排；另一方面调整产品结构，促进产品高附加值化发展。通过加强项目引进、加大技术改造力度、控制传统产业的过剩产能，积极倡导产品的深加工、精细加工，以节约型、环保型企业代替过去的粗放型企业。同时，通过信息化带动工业化，推广信息技术应用，因地制宜，大力发展知识密集型产业。

第三，调整能源结构，促进节能减排。调整能源结构、促进节能减排、改善经济发展方式、促进产业结构升级。逐步削减中国煤炭消费比重，加快新能源开发，推进水电、核电建设，积极有序做好风电、太阳能、生物质能等可再生能源的转化利用，推进传统能源清洁高效利用，发展智能电网，扩大油气战略储备，提高中国清洁能源与非化石能源比重。

第四，增强科技投资，提高创新能力。产业结构升级的关键在于产业创新，以环境保护为目标，创新发展新兴产业、环保产业，加快清洁能源开发利用。加强产学研三方联合攻关，突出企业在应用研究中的重要地位，促进企业创新能力的提升。同时大力发展节能技术和高科技产业，努力完成从资本密集型的“工业化结构”向技术密集型的“后工业化结构”转型，最终实现技术要素代替资源要素在经济增长中的支柱地位。

3. 产业政策与对外开放政策相协调

中国的对外开放政策已经实行了30多年，在新时期要继续统筹利用国际、国内两个市场、两种资源，因时制宜地调整贸易政策、吸引外资政策、对外投资政策和国际合作政策，与产业政策相辅相成地推动中国产业的转型升级。

（1）贸易政策

产业和贸易实际上是一个事物的两个方面，产业结构决定贸易的结构和国际竞争力，而贸易结构的先导作用又会促进产业结构的升级和优化。新时期要继续发挥贸易政策与产业政策各自的功能作用，强化二者的沟通协同（李钢，2013）。

第一，加强货物贸易政策中各类出口目录与产业政策的协调。中国在贸易政策的具体实施过程中，有各类出口目录，如一般贸易中的《高新技术产品出口目录》，严格控制“两高一资”产品出口的内控目录，加工贸易产品指导目录，以及依据2010年国务院发布的《关于中西部地区承接产业转移的指导意见》而制订的中西部地区加工贸易指导目录。所有这些均是宏观经济贸易部门与产业部门协调合作的结果，今后在调整、修订与完善相关政策过程中，应继续强化这些部门的衔接与协调。

第二，在更加注重进口的同时，协调好其与国内产业的关系。近期国务院出台了促进进口的相关指导意见，旨在调整和优化进口结构，积极鼓励先进技术、关键装备、短缺资源和消费品的进口。这项贸易政策，不仅是促进贸易平衡的重大举措，也是服务于国民经济可持续发展、短缺资源的海外供应，促进产业升级，提升国民贸易福利水平的重大举措。但是部分产品的进口不仅会替代国内相关产业的产品，也会带来更加严峻的市场竞争。在这方面，关键是把握好度，避免过度进口给国内产业带来过大冲击，进而导致丧失自主发展的空间。

第三，加强服务贸易政策与服务产业政策的协调。在一次产业和二次产业均已开放的条件下，未来的重点是进一步扩大服务业的开放，大力发展服务贸易。一是要在近期服务业、服务贸易及服务外包等“十三五”规划相继出台后，细化二类政策的协调与衔接。二是要加紧研究制定促进服务业和服务贸易进一步开放的具体政策措施。

第四，在积极应对贸易摩擦，实施贸易救济中加强与产业的协调。贸易摩擦的应对与贸易救济措施是一个问题的两个方面，同时也是在贸易政策与产业政策相互协调的基础上才能存效处理的问题。未来要不断强化贸易摩擦应对机制和贸易救济机制并提高其效能。一是要完善三位一体的贸易摩擦应对机制，通过政治交涉、法律抗辩、业界合作，全方位、多途径应对。二是要完善贸易救济制度，即要总体评估，考虑上下游产业的关联，合理保护相关产业的利益，维护国家产业安全。三是要将贸易摩擦应对与贸易救济有机地结合起来。在自由贸易与公平贸易的原则下，妥善处理相关问题。

（2）引资政策

与贸易类似，外资与产业也存在着很强的相互作用关系。一方面，外商投资受到东道国产业优势的吸引，并呈现出相应的外资结构；另一方面，外商投资又能够促进东道国的产业发展和结构升级。新常态下，中国对产业结构的调整要求促使引资政策也应做出相应变化（杨安，2013）。

第一，合理引导资金在三次产业之间的流向。一是积极引导外商投资于农业。今后要吸引外资投向中国产业结构调整中的一些重点和难点领域，鼓励外商投资于农业新技术和综合开发项目，引进农作物优良品种和先进的种植管理技术，促进中国农业产业化发展的进程。二是高新技术领域是利用外资着力推进的重点。高新技术产业的发展是中国经济结构调整和产业升级的关键，因此应当为引入高科技、新设备以及新材料等创造条件，从而改进产品的结构，提高产品的技术含量，同时消除以“资源”换“增长”的增长方式，提高企业的经济效率。三是，加速服务业的开放使其充分地吸收和利用外资。服务业应是新一轮对外开放的重点产业，因此要简化服务业的外资管理体系，调动起外商投资的积极性。当出现可能阻碍服务业发展的狭隘的部门利益之争时，政府应当尽力解决，以增强外商投资的信心。

第二，改革外商投资的管理模式。目前“准入前国民待遇”+“负面清单”的外资管理模式已经被提上日程，中国在制定负面清单时，既不能忽视保护关键性产业和幼稚产业，也不能遗漏为新型产业的发展留有余地，具体应重点考虑以下四个类别：一是为了国家安全而明确禁止外资进入的部门，诸如国内航空和水路运输、核能等；二是基于国家安全和经济安全的考量而严格限制外资进入的部门，诸如广播和通讯部门；三是基于互惠原则限制进入的部门，诸如铺设油气管道、修筑铁路、采矿等，需根据对等原则开放；四是基于特殊条件限制进入的部门，即外资进入这些行业可能需要取得特定的国内许可或者遵循特定的法律规章（卓元卉，2014；王晶，2014）。

第三，吸引跨国公司加大在华研发的投资力度。为了吸引更多的跨国公司研发投次，中国应该出台对吸引研发投资更为有效的政策和措施。对于国内对技术创新项目的规划部署，可以适度放开跨国公司参与国内研究项目招投标的限制。要为跨国公司的研发技术交流和技术人员交流提供便利，落实在华研发机构人员的国民待遇，对于在华研发机构中对技术创新做出了突出贡献的人员给予一定的税收优惠。政府、行业部门和相关企业还可以吸引跨国公司共建支持中国技术创新的投资基金，共享国际资源。

第四，确立区位梯度推移的引资战略，带动地区产业发展。在未来一段时间，继续推进外商直接投资由东部沿海地区向中、西部地区的递进转移。以国内市场优势吸引外资进入中部地区。特别是长江中游地区的一些省市，发展条件良好，地理位置优越，交通便利，劳动力资源丰富，人力成本显著低于沿海地区，而且还具有一定的需求规模。鼓励外资进入西部比较有特色和竞争优势的产业，比如特色农业、旅游业、能源与矿产的开发等行业。投资城市选择，可以先集中选择西部地区发展较好的大中型城市，比如重庆、成都、西安等地区。

（3）对外投资政策

对外投资与产业发展同样可以相互促进。产业能力的提升能够对对外投资形成有力支持，推动国内企业对外投资规模的扩张；而对外投资又有助于促进落后产能的转移，使国内资源更加有效地用于产业升级，同时还能够通过获取先进的资源弥补国内资源的不足。在经济新常态下，中国的对外投资超过吸引外资已经成为一种趋势，因此更应该充分利用对外投资的产业升级效应，鼓励相关产业的企业开展对外投资活动（何德旭、谢申祥，2015）。

第一，向发展中国家转移劳动密集型产业。近年来由于工资水平的持续上涨，中国劳动密集型企业的利润空间受到挤压。同时，这些产业中的企业经过多年发展已经积累起较为雄厚的资金和经营能力，在行业内具有一定的知名度和美誉度，并培养了一批熟悉国际经营规则的专业人才。这些企业具备较强竞争力，完全有能力向发展中国家进行对外投资。而一些发展中国家（特别是一些相对落后的非洲国家和东南亚国家）拥有丰富的生产要素和劳动力资源，这为中国对外投资提供了选择空间。通过向这些国家直接投资，可以有效地转移中国的过剩产能，也为东道国提供大量的就业机会和财政收入。

第二，进入发达国家开展高新技术领域的投资。一是可以在发达国家开展研发活动。通过在发达国家直接投资，充分利用发达国家的技术和人才资源，建立全球或区域研发中心，追踪前沿技术，从而获取或掌握关键核心技术，更好地进行技术创新。二是可以进入发达国家收购先进的技术资产。发达国家特别是美欧的跨国公司经过多年的经营，积累了丰富的管理经验，拥有了前沿的生产技术。在部分跨国公司陷入流动性不足的困境时，中国企业可适时采取兼并方式，获取中国所急需的先进技术和管理经验。这种立足于发达国家的海外并购能够为中国带来诸多难得的研发机会，促进中国的技术创新，引领中国的产业不断升级。

第三，积极开展基础设施领域的投资。中国良好的基础设施也为经济的发展提供了坚实的基础。在此过程中，中国涌现出了一大批掌握关键技术的基础设施建设企业。在当前世界经济尤其是欧洲、日本经济复苏乏力的背景下，各国为了促进国内经济发展，不约而同地在基础设施领域加大投资力度，而中国在基础设施投资和建设领域的国际竞争力将为中国在此领域的对外投资赢得先机。而且，承接境外的基础设施建设项目，还有助于带动国产装备的出口。

第四，继续保持在能源、矿产领域的海外投资。由于能源和矿藏资源对中国经济发展的重要性与日俱增，作为一种国家战略，中国应该加大在该领域的投资力度。在对外投资的产业布局中，中国理应更加重视对石油、矿藏等资源开发型产业的选择。

第五，加大企业对外投资的金融支持力度。一是打通企业资金内外流通的渠道，包括取消对外投资的各种限制，放宽企业对外投资的融资条件等。二是通过相应的制度建设和制度安排，鼓励金融机构为对外投资企业的境外经营活动提供贷款支持，支持境外投资企业利用资本市场缓解融资难题。三是，可以考虑建立对外投资专项基金，例如，通过建立“丝路基金”，为参与“一带一路”沿线国基础设施建设、资源开发、产业合作等有关项目的中资企业提供投融资支持。四是，基于对外投资面临较大的经营风险，还有必要建立专门的对外投资保险机构，或者鼓励商业保险机构承保企业的对外投资风险。

（三）致力于国际共赢发展

1. 准确把握国内产业的国际地位

经过改革开放30多年，中国已经搭建起完整的产业体系，不同的产业也开始呈现出从新兴、成长、成熟到衰退的周期性特点。然而，随着新常态下中国产业开放度的提升，产业政策的制定已经不能仅考虑产业自身的周期性，而需要根据国内产业在国际产业环境中的相对阶段和地位来制定。因此，可以参考英国学者 Livesey（2012）提出的理论模型，（如图6－2所示）。他根据一个国家的产业相对海外产业的成熟度设计了一个“4×4”的网格图，每个格子代表该国产业部门相对于全球产业发展的成熟度，并依此提出不同的产业政策。

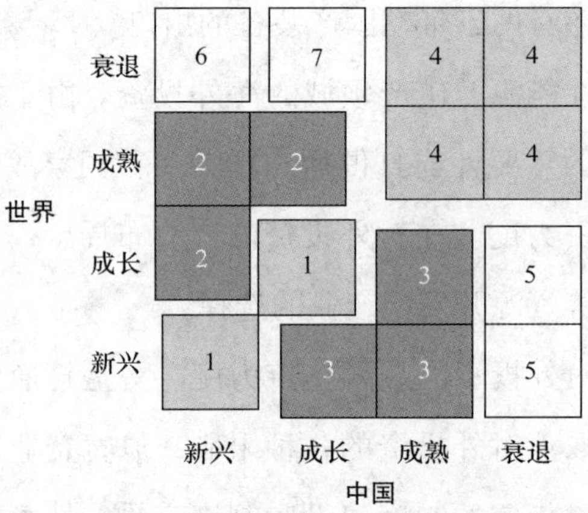

图6－2　国内产业相对国际的阶段性划分

位于区域1的产业属于在国内和全球均处于刚刚兴起或成长的早

期阶段，主要是一些新兴技术产业，例如3D打印、纳米生物等。对这类产业最适合采取高科技政策，在它们刚刚萌芽时就给予支持。当然，政府是否支持这类产业还应根据本国的市场规模和能力类型（例如生产的规模和成本、研发实力等）来进行决定。如果是适合本国要素条件的产业，就应当努力发展并推动其进入区域3。

位于区域2的产业属于在世界范围内已经有所发展而在国内刚刚兴起的产业，例如中国在一些先进的制造业领域。这类产业是至今大多数发展中国家的产业政策所集中关注的领域，我们要充分利用后发优势，积极吸引跨国公司投资进入或技术输出，并对国内产业适当予以保护，以迅速沿学习和成本曲线下滑，实现能力追赶。

位于区域3的产业是一国在全球具有领先地位的产业，例如中国的高铁行业。这类产业通常不需要明确的支持，但政府可以通过重点发展一个主导领域，以保持行业整体的比较优势。

位于区域4的产业在国内外均已进入成熟或衰退阶段，例如某些劳动密集型的产业。政策的重点可以放在提升劳动生产率和竞争力，为衰退的行业提供转型支持，或者采取贸易保护主义以维持产业、保持就业等。对于这类产业的政策一直存在较多争议，特别是反对政府在产业中挑选赢家或输家，或因为政治原因支持已经超出有效生命阶段的产业。

区域5的产业在国内已经进入成熟或衰退期，但在世界上却处于刚刚兴起或成长阶段，这类产业尚未在中国出现。在这类产业中，政策干预的手段取决于是被竞争对手夺去了产业竞争力还是主动转移了不合国情的产业。不过通常情况下，对这类产业的默认做法是允许它们自然地转移。

位于区域6的产业，通常在国内只有少量稳定的生产商，但在世界上已经进入衰退期，这类产业目前在中国比较少见。对于发展中国家而言，在这类产业可能是具有比较优势的，因而对其采取积极的产业政策也许是可行的。然而，如果这类产业的全球产品市场很可能正在萎缩，那么采取支持手段就是不明智的。

区域7的产业与区域6类似，属于在国内处于成长期而在世界上已经衰退的产业，但是在该类产业具有比较优势的发展中国家更有可能成功采取赶超政策。不过，世界产业先于国内产业发展进入衰退阶段，也很可能意味着该产业已经入全球性的衰退。

2. 积极参与国际产业的分工协作

在开放战略的引导下，中国通过积极参与国际分工实现了经济的迅速发展，并赢得了“世界工厂”的美誉。中国的要素体系正在发生深刻变化，传统的劳动力、土地等低端要素向技术、品牌等高端要素转移，因此在制定产业政策时需要把握国际产业分工的机会，也要致力于促进国际产业分工体系下各国产业的均衡发展（彭波等，2015；王金波，2014）。

第一，对于符合新时期中国要素比较优势的产业要重点发展，适当给予保护或支持性政策。经济全球化的背景，凸显出处于全球价值链中的各国之间的产业互补和在价值创造过程中的紧密联系——合则各方得利，分则共同受损。应对中国具备比较优势的产业实行倾斜性政策，例如，对国内某个行业进行保护或者集中投资，有利于获得规模效益递增。假如这样的扶植政策取得成功，受益的是全球价值链上的每个国家。全球价值链上的不同国家之间存在竞争关系，但主要的还是协作关系。任何一个环节的效率提高，所创造的价值上升，都会促进整个价值链的效率和价值提升，最终也会促进其他链条效率和价值的提升。

第二，对于中国正在失去比较优势的产业，应通过资本输出形式帮助其他国家发展，平衡国际供求关系。建立在全球价值链融合之上的全球自由贸易与投资，可以直接促进世界范围内产业升级和生产力的提升，也会给国际贸易提供坚实的基础。通过国际产业转移重塑世界分工体系，不仅可以用投资带动这些产业的贸易，并用贸易实现投资回报；还有利于“腾笼换鸟”，带动国内产业在国际分工体系中的地位升级。

第三，积极发展服务业，延展价值链长度，提升价值增值效应。服务尤其是生产性服务投入的效率是构成全球价值链竞争力的关键要素。随着全球创新步伐的加快和一体化网络的形成，生产性服务业日益成为制造业产业集群嵌入全球价值链的关键。而生产性服务业与先进制造业的融合则使得一些要素资源禀赋丰富、产业分工体系完善的国家（如中国）出现了跨越式升级的可能，在全球价值链上表现出更大的纵向和横向升级的潜力。基于自身的制造业优势，中国有必要在加快制造业向数字化、智能化、服务化转变的同时，加大对设计、研发、分销、售后、品牌和营销等全球价值链高附加值环节的发展力度，推动价值链由“非战略性环节”向“战略性环节”提升。

第四，加强有利于全球价值链升级的环境治理。全球价值链的升级需要良好的环境。全球价值链活动的基石是“契约”，而制度质量则是比较优势的源泉。全球价值链的这一约束条件决定了其升级离不开良好的制度基础和有效的治理保障机制。考虑到全球价值链的最新发展趋势，中国有必要结合国际产业分工体系的变化和新一轮国际贸易投资规则的发展趋势，在全球价值链重构过程中提出既符合国内现实又着眼于未来制高点的战略与行动方案，以增强中国在全球价值链重构过程中的规则制定能力，为中国经济的转型与升级创造有利的国际环境。

3. 积极开展国际合作

国际技术合作拓宽了国内产业的技术来源，增进了国内外产业间的沟通协作，是实现国内外产业共赢发展的重要途径。在开展国际合作的过程中，需要注意以下三个方面。（赵刚，2011；丁珂，2013）。

第一，构建全球创新研发体系。为了在一定程度上解决中国若干新兴产业布局雷同、技术重复研发和研发滞后以及高端人才缺失等问题，中国更需要坚持开放式创新理念，打破各种创新体系的界限，构建全球创新研发体系，实现产学研各主体共同承担战略性新兴产业发展的竞争前共性技术研发成本和风险。一方面要继续积极参与国际大科学工程，在大科学工程平台上加强科学家的交流与合作。另一方面也要积极推动中国的高校和科研机构与跨国公司和世界一流科研机构开展高水平、实质性合作研究，在互利共赢、分享成果的基础上，建立长期、稳定的合作伙伴关系。

第二，需要分领域、分国别地组建国际产学研创新联盟。中国从2006年开始在全国设立“国际科技合作基地”项目，目的是为了充分有效地利用国内外科技和智力资源，全面提升国际科技合作的规模和质量，增强中国在前沿技术、竞争前技术和基础科学领域的科技创新能力。在协同创新和开放创新的大背景下，组建国际产学研创新联盟既是国家战略的顶层设计，也是需要多方联合行动的系统工程。为了有效地发挥国际科技合作基地的先锋作用，提高合作效果和避免浪费现象，需要按照国别和具体的新兴产业领域来合理布局和组建国际产学研创新联盟，客观地评价美国、日本、英国、芬兰等创新型国家在新兴产业的优势和劣势，从而选择合适的合作伙伴与中国国内的企业、大学和科研机构对接。

第三，引导企业树立正确的联盟观念，在互利互惠的前提下开展国际技术合作。一是要慎重选择合作伙伴。选择联盟伙伴要有长远的眼光，并且要对合作伙伴有详细的了解，在确定对方能够提供目标技术、优良的管理经验、更多的市场机会等资源时，再进行联盟合作。选择与自身能力匹配的中小型跨国公司开展技术联盟，避免由于实力差距等原因和强大的跨国公司所产生的合作劣势。二是建立合理联盟结构，确保各方利益均等。选择合理的治理结构能够确保在合作中双方利益平衡，避免产生冲突。信任的建立需要联盟伙伴之间良好的沟通和交流，良好的沟通能够有效地防止在联盟的技术合作过程中出现冲突。三是注意联盟中企业文化的融合。中国企业要学会接纳对方的企业文化，借鉴其中优良的部分来改进自身，并与对方在经营管理、规章制度等方面达成一致，营造和谐的合作氛围，高效地实现联盟目标。四是注意联盟的风险防范。中国企业在开展国际战略联盟之前，要明确联盟的目的和风险，对联盟中将会出现的问题提前预测分析，做好防范工作，以便更好地保护自身利益。联盟利益的分配和风险的分担要在公平的基础上进行，能够凸显出成立战略联盟的优势所在，使合作企业都能从中得到公平的对待和超出单个作业的效益。

执笔人：魏际刚　宋爽（中国社会科学院）

第六章

中国若干重点产业的产业政策实践及调整方向

中国的钢铁产能严重过剩，汽车工业大而不强，高端装备是未来必争领域……这些产业各有特点，发展效果不尽相同，受产业政策影响程度也有差异。本章回顾了这些产业的产业政策的演变，提出下一步产业政策调整的方向。

一、钢铁产业政策回顾及未来调整方向

（一）中国钢铁产业政策长期坚持的目标是培育具有国际竞争力的钢铁产业

中国之所以能成为世界钢铁生产第一大国，与国家钢铁产业政策长期坚持的——将钢铁产业作为国家经济发展重要基础的定位密不可分。在这一定位下，钢铁产业政策的长期目标可总结为：让中国钢铁产业具有国际竞争力。

在“一五”期间（1953～1957 年），提出中国“集中主要力量发展重工业”，其中的一项重要任务是改造和建设钢铁企业；在“二五”

期间（1958～1962年），中央政府甚至以政策文件的形式明确了钢铁产业在全国工业中“以钢为纲”的地位，并把粗钢年产量作为“赶英超美”的重要目标。改革开放初期，国家钢铁产业政策集中体现为大力建设具有国际竞争力的钢铁企业，例如在1978年12月启动宝钢工程，并分别于1985年、1990年完成一期和二期建设，同步建设天津无缝钢管厂，以及开展针对鞍钢、武钢、首钢、包钢等企业的技术改造。20世纪90年代，钢铁产业在国民经济中的基础性地位没有改变，仍是基建投资的重点领域，同时，国家通过“开放、搞活”为钢铁企业注入强大发展动力，将18家钢铁企业列入国家百家现代企业制度试点、将57家企业列入地方改革试点。2000年以来，中国钢铁产业实现了全球“做大”的目标，新时期钢铁产业政策的重点是“做强”，根本的出发点依然是提升国际竞争力。

（二）进入新常态，中国钢铁产业政策从完全的选择性政策向选择性与功能性政策相结合转变的趋势日益明显，政策手段更侧重于完善和引导

从1953年到现在，中国经历了多轮经济周期，钢铁产业的发展也几经波动。钢铁产业政策在统一的长期目标下，在不同的经济发展阶段呈现不同特点。

改革开放前的钢铁产业政策，是以建设和控制为主要手段的完全计划调控，建设是指在全国布局大、中、小三类规模钢铁企业，规划三大钢铁基地，控制是指控制总量和加大或压减基础设施投资。改革开放后，中国经历了前工业化时期、工业化初期阶段、工业化中期阶段和工业化后期阶段：

前工业化时期的钢铁产业政策（1978～1989年），是以建设为主要手段的完全计划调控，建设是指实施技术改造，建设宝钢等先进钢铁企业，以华东、华北、中南以及东北地区为重点调整钢铁产业布局；

工业化初期的钢铁产业政策（1990～1999年），是以控制、规范和完善为主要手段的计划兼顾市场的调控，控制是指控制总量、加大和压减基础设施投资，规范是指规范金融秩序和企业经营行为，完善是指通过国企改革完善市场环境；

工业化中期的钢铁产业政策（2000～2011年），是以控制、规范、完善和引导为主要手段的计划兼顾市场的调控，控制是指调控钢铁项目和基础设施投资、控制产能审批、控制生产总量，规范是指规范企业经营行为，完善是指制定统一的落后淘汰标准，引导是指促进企业兼并重组、引导企业发展循环经济以及节约资源和能源；

工业化后期的钢铁产业政策（2012年至今），仍然是以控制、规范、完善和引导为主要手段，但更侧重于市场化的调控，控制是指控制总量、部署搬迁、淘汰过剩产能，规范是指规范企业经营行为，完善是指制定淘汰标准、制定节能减排目标和行动计划、制定清洁生产评价指标体系、制定节能促进和规范钢材出口机关政策、出台产能退出保障措施，引导是指出台城市规划建设管理意见、调整外资进入钢铁行业股比要求、促进国企改革。

分析不同时期的钢铁产业政策可知，其中一个明显的趋势是：钢铁产业政策正在从完全的选择性政策向功能性和选择性政策相结合的方向调整，政策手段从建设和控制转变为更侧重规范、完善和引导，实施目标从企业、项目拓展为企业、项目和市场，具体措施也更趋多样化。进入新常态后，这一趋势更加明显。从新中国成立一直到前工业化时期，中国钢铁产业政策都是选择性政策，政策的实施对象是钢铁企业和基建项目，手段是建设和控制，措施单一，主要是审批项目、控制总量和调控投资。进入工业化初期，钢铁产业政策出现了功能性政策。选择性政策的手段除了建设和控制还有规范，实施的对象是钢铁企业和基建项目，建设和控制的措施仍然是审批项目、控制总量和调控投资，规范的主要措施是规范企业经营行为。功能性政策的手段是完善，实施的主体是市场，主要措施是搞活市场经济、健全竞争机制。进入工业化中、后期，钢铁产业政策的手段主要是控制、规范、完善和引导。其中，以控制和规范为手段的选择性政策实施对象没有变化，措施增加了制定淘汰标准一项；以引导为手段的选择性政策措施包括制定行业生产规范、制定产业发展政策和规划（含引导兼并重组）、节能减排目标、外商投资要求和下游主要消费行业消费要求；以完善为手段的功能性政策包括完善市场机制和监管机制、加强土地规划、完善产能退出的保障体系。具体见表6－1。

表6－1　　中国钢铁产业政策回顾与总结

产业阶段	发展阶段	年　份	主要钢铁产业政策	特点
钢铁产业起步	改革开放前	1953～1955	第一个五年计划：明确以重工业建设为重点的计划目标，通过加大基建投资、确定重点项目等手段大力支持钢铁产业发展，兴建了鞍山、武汉、包头三大钢铁基地，确立了影响至今的“三大、五中、十八小”的钢铁产业布局，全面完成钢铁企业公有制改造。	选择性政策：建设和控制
		1958～1960	“大跃进”：强调“以钢为纲”，确立钢铁产量“赶英超美”的目标。	选择性政策：建设
		1961	适当控制钢铁产业低效发展，缩减基建、压缩生产、关停并转。	选择性政策：控制
		1964～1980	“三线”建设：确定钢铁产业向西南、西北方向发展的布局调整，兴建攀枝花钢厂、酒泉钢厂等钢铁企业。	选择性政策：建设

续表

产业阶段	发展阶段	年　份	主要钢铁产业政策	特点
钢铁产业体系初步形成	前工业化	1978～1989	调整产业布局：从全国“均衡布局”调整为以华东、华北、中南以及东北地区为重点的钢铁产业“非均衡布局”。 启动宝钢工程：带动一大批重点项目在靠近市场、具运输优势的沿海、沿江地区落地，形成了以宝钢为龙头，以长江沿岸的马钢、武钢、重钢为龙身，攀钢为龙尾的横贯南北中、纵探东西的钢铁产业带。 建设天津无缝钢管厂，对鞍钢、武钢、首钢、包钢等技术改造等。	选择性政策：建设和控制
	工业化初期	1993	《关于当前经济情况和加强宏观调控的意见》：规范市场秩序	功能性政策：完善
		1994	《关于继续加强固定资产投资宏观调控的通知》 《90年代国家产业政策纲要》：完善市场环境 将18家钢企列入国家百家现代企业制度试点、将57家企业列入地方改革试点：建立市场机制。虽然实施主体是企业，但面向的是市场。	选择性政策：规范、引导 功能性政策：完善
		1996	规定2亿元以上的投资项目须报国务院批准	选择性政策：控制
	工业化中期	2000	《关于做好2000年钢铁生产总量控制目标的通知》 《关于下达2000年钢铁生产总量控制目标的通知》 《关于做好钢铁工业总量控制工作的通知》 《关于清理整顿小钢铁厂的意见》等	选择性政策：控制
		2003～2004	《关于制止钢铁、电解铝、水泥等行业盲目投资若干规定的通知》 《国务院办公厅转发发展改革委员会等部门关于制止钢铁电解铝水泥行业盲目投资若干意见的通知》	选择性政策：控制、规范、引导 功能性政策：完善

续表

产业阶段	发展阶段	年　份	主要钢铁产业政策	特点
钢铁产业体系初步形成	工业化中期	2003～2004	《国务院关于做好省及以下国土资源管理体制改革有关问题的通知》 《国务院关于调控部分行业固定资产投资项目资本金比例的通知》 《国务院办公厅关于清理固定资产投资项目的通知》	
		2004	规范市场：对江苏铁本违法违规建设钢铁项目进行了严肃处理。	功能性政策：完善
		2005	《钢铁产业发展政策》：是中国第一个全面综合性的钢铁产业政策，兼具引导性和控制性特征，引导性体现在促进兼并重组以及引导钢铁产业发展循环经济、节约资源和能源等方面，控制性体现在收紧产能项目审批、提高产能淘汰标准等方面。	选择性政策：控制、规范和引导
		2006	《关于钢铁行业控制总量淘汰落后加快结构调整的通知》 政策定位：发展以“内需为主”的钢铁产业	
		2009	《钢铁产业调整和振兴规划》	
		2010	《关于进一步加强淘汰落后产能工作的通知》 《钢铁行业生产经营规范条件》	
		2011	《关于印发淘汰落后产能工作考核实施方案的通知》 《钢铁工业“十二五”发展规划》	
产能过剩背景下钢铁产业转型升级阶段	工业化后期	2012	《工业节能“十二五”规划》：“到2015年我国钢铁行业吨钢综合能耗力争下降到580千克标准煤。” 《钢铁产业生产力布局和调整规划》 《钢铁行业规范条件》：该项政策发布后截至2014年，工信部历时三年分三批公告了305家规范企业名单，使钢铁产能的统计逐步规范化，为治理钢铁产能过剩打下了较好的基础。	选择性政策：控制、规范和引导 功能性政策：完善

续表

产业阶段	发展阶段	年　份	主要钢铁产业政策	特点
产能过剩背景下钢铁产业转型升级阶段	工业化后期	2013	《关于加快推进重点行业企业兼并重组的指导意见》 《国务院关于化解产能严重过剩矛盾的指导意见》 《钢铁工业污染防治技术政策》 《大气污染防治行动计划》 《京津冀及周边地区落实大气污染防治行动计划实施细则》	
		2014	《工业和信息化部关于下达2014年工业行业淘汰落后和过剩产能目标任务的通知》 《2014年关税实施方案》 《钢铁行业清洁生产评价指标体系》	
		2015	钢铁等产能严重过剩行业产能置换实施办法 《外商投资产业指导目录（2015年修订）》：取消了外资进入钢铁等行业的股比要求。	
		2016	《国务院关于钢铁行业化解产能严重过剩矛盾实现脱困发展的意见》 《中共中央国务院关于进一步加强城市规划建设管理工作的若干意见》：发展新型建造方式大力推广装配式建筑，力争用10年左右时间，使装配式建筑占新建建筑的比例达到30%。	

（三）钢铁产业政策对中国钢铁产业体系的形成发挥了重要作用，有好的经验但也存在一些问题

新中国成立后，中国非常重视发挥产业政策的作用，但直到“七五”（1986～1990年）时期才正式提出了“产业政策”的概念，并在1994年4月出台了《90年代国家产业政策纲要》。之后，产业政策成为了政府政策的重要组成部分，产业政策的制定也更加系统化。钢铁产业在中国经济发展中具有举足轻重的地位，钢铁产业政策也一直是中国产业政策体系的重点内容。从 1953 年至今，中国经济几经波动，钢铁产业正是中国经济发展的一个“缩影”。随着国民经济的快速发展和市场体系建设的不断完善，钢铁产业政策也在不断演进中愈发成熟，有成功的经验，但同时也有不足之处。

1. 中国钢铁产业政策的经验

一是较好地促进了中国钢铁产业的成长和做大。中国钢铁产业在 1949 年的粗钢产量只有 15.8 万吨，位列全球第 26 位，量虽不多却占有一席之地，属于全国基础性相对较好的产业，因此才会成为中国培育具有国际竞争力产业的重点。经过 60 多年的快速发展，中国钢铁产业已经从最初的具有一些基础发展成为了全球最大，并形成了较为完善的产业体系。这其中，钢铁产业政策发挥了关键性作用。中国出台的钢铁产业政策，具有三方面优势：①政策具有连贯性和体系性。政策目标始终未变，涵盖的领域既有宏观调控和产业定位，也有微观引导，包括了从技术、管理、标准、机制等多层次制度。②控制手段的执行力较强。控制一直是中国钢铁产业政策的手段之一，在计划经济时期的控制措施虽然单一，但却较好地发挥了作用，例如产业布局；进入计划经济向市场经济过渡的转轨期后，尤其是在新常态下，控制措施开始多样化，尤其在节能减排等方面发挥了重要作用。③政策的引导性强。从最初的对钢铁在国民经济中的地位定位，到后来的生产力提升、高端产品生产等，产业政策对中国钢铁产业体系的形成和健康可持续发挥了积极引导作用。

二是将钢铁产业长期发展目标和短期市场调控目标较好地结合在一起。中国钢铁产业政策调控的长期目标始终保持不变。宏观经济和钢铁市场虽然在 50 多年的时间里经历了几次大的波动，中国相关政府部门也及时针对波动出台了政策措施，但短期调控政策并没有违背长期政策目标，基本做到了长期和短期政策的有效结合和相互促进。

三是钢铁产业政策的手段和措施不断调整，逐步与新的经济发展阶段相适应。改革开放之前，中国实行完全计划经济，政策手段也是行政性的计划命令；改革开放后，中国重视市场经济的建设和完善，政策手段也由完全计划转变为计划与市场兼顾，但措施依然单一；现阶段，中国正处在计划经济向市场经济过渡的转轨期，政策手段也更多地注重发挥市场的决定性作用，措施开始多样化。中国钢铁产业政策正在从中央控制下的完全选择性政策向控制加引导的选择性政策与以完善为主的功能性政策相结合转变，从单一的行政手段发展到行政调控与市场调控并用的多手段演进，并朝着更加高效的方向进步。

2. 中国钢铁产业政策存在的主要问题

在50多年的发展历程中，中国钢铁产业政策取得了显著成效，但也存在一些问题，主要体现在三个方面。

一是因政策实施主体不全面或政策本身不完善，导致钢铁市场竞争存在不公平现象。这一问题集中反映在三类政策上。①控制产能。在经济发展的各个阶段，中国政府均出台了以严格产能审批为主要手段的控制产能政策。这一政策在计划经济时期发挥了较好作用，但随着民营钢企数量的增多和钢铁市场需求的快速增长而没有起到应有的效果。严格审批政策实施的主体主要是国有钢企，对民营钢企没有发挥效力，从而导致国有钢企控制产能，民营却在兴建产能。②严格规范市场秩序。中国钢铁产业政策一直将严格规范市场秩序作为一项主要内容，但却存在漏洞，导致国有钢企对节能环保和产品质量监管进行高投入并依法纳税，但一些民营钢企却利用政策的不完善进行违法、违规生产，以低成本扰乱市场秩序。③支持政策。为鼓励先进生产力发展，中国政府出台了很多支持性政策，但这些政策在执行过程中存在透明度不足、普惠性不够等问题，以致一些民营钢企不了解甚至不知道，难以切实享受。

二是政策的制定依然存在行政计划性，忽视了企业主体的利益并低估了企业在市场环境下的行为能力，导致政策的引导作用出现偏差。最典型的一类政策就是淘汰落后产能。中国淘汰钢铁落后产能的政策手段主要是提高淘汰产能标准，由于忽略了企业在市场快速发展阶段的利益诉求和经济实力，并没有发挥应有的效果，甚至出现了与初衷相违背的结果。实际情况是落后标准越定越高，企业产能也越建越多。

三是中国正处于经济转型的过渡期，钢铁产业政策体系尚不完善。主要体现在两个方面：钢铁产业的保障体系不完善，面对新一轮的过剩产能治理，存在职工退出、债务处置以及钢铁产能“走出去”等方面的政策“空白区”；钢材产品的出口政策不完善。钢材出口是中国钢铁产业竞争力较大幅度提升的体现，同时也是钢铁企业化解过剩产能的市场选择，但中国在政策领域显然准备不足，缺乏对出口市场的规范和出口企业的引导。

（四）新时期中国钢铁产业政策调整方向

2015 年，中国 GDP 增速降至6.9%，标志着中国经济进入了对发展质量提出更高要求的新阶段。钢铁产业政策也要适应新常态，总结经验和问题，对未来的方向及时做出调整。

一是进一步完善钢铁产业政策体系。钢铁产业政策主要以选择性政策为主。

新常态下，中国钢铁产业正处于结构调整的转折期，为实现做强的长期目标，必须解决诸多现实问题，例如治理产能过剩、节能减排、产品结构优化和升级等。鉴于钢铁产业的特殊性，政府出台有针对性的政策十分必要。这也是钢铁产业政策要做到选择性与功能性相结合的一个原因。新常态下，中国钢铁产业处于新的发展阶段，产业体系已基本形成，在结构调整过程中面对的问题与以往有很大不同。只有更加完善钢铁产业政策体系，才能使其继续发挥应有的作用。

①建立产能退出的长效机制。产能退出的问题不仅限于钢铁产业，退出长效机制的建立需要国家出台功能性政策。但钢铁产业具有特殊性，而且涉及的退出人员和债务规模都很大，因此需要更为细化、更具可行性和可操作性的政策措施。②做实政府监管。针对落后产能以及钢铁企业违法和违规行为监管不力的现象，建立更加科学的钢铁企业生产运营监管网络，包括生产环节动态监管、企业用工环境监管、依法纳税监管等，还要充分发挥社会化监管的作用，并通过“黑名单”制对出现问题的企业、政府部门和涉及官员加大惩处力度。③规范钢铁产品“走出去”、支持钢铁产能“走出去”。中国钢铁产业正在积极参与国际竞争，钢材产品出口量逐年增长，同时也引发了大量国际贸易摩擦并遭到当地有组织的抵制。相比较钢铁产品，钢铁产能“走出去”的步伐要缓慢得多，虽然国家不断出台相关引导性政策，但钢铁企业的实际困难却没有突破。因此，关于钢铁产业“走出去”的相关政策应将产品和产能区别对待。针对产品“走出去”的政策是以规范为重点，规范钢铁企业大规模、低价格出口的盲目竞争行为，建立起“中国钢铁产业遵循国际规则、重视出口目的国钢铁市场结构”的有序出口文化。针对产能“走出去”的政策是以支持为重点，为钢企提供相关市场信息、指导钢企海外建厂、帮助钢企创新海外合作模式、引导钢企有效防范政治、金融、商业风险。

二是调整中国钢铁产业在国际钢铁产业分工协作体系中的定位，

从全球钢铁生产大国转型为世界钢铁制造强国。中国是钢铁生产大国，正在向钢铁制造强国转型，需要对中国钢铁产业在国际钢铁产业分工协作体系中的定位做出相应调整。前一阶段，中国钢铁产业凭借巨大的国内消费需求，较大份额地抢占了全球生产市场，以产量影响世界。这与中国强调粗钢产量的钢铁产业政策密切相关，中国政府早在“二五”期间就将粗钢年产量作为“赶英超美”的一个重要目标，此后，粗钢年产量一直是中国钢铁产业政策调整和制定的一个重要依据，评价一个企业或地区在全行业的实力也主要是凭借粗钢年产量。进入新常态，中国钢铁产业发展要从关注数量转变为关注价值，从全球钢铁产业分工合作体系中的生产大国转型为制造强国，立足于中国钢铁生产和消费第一大国的基础，在全球配置钢铁资源，以价值引领全球市场。从全球钢铁生产大国转型为全球钢铁制造强国，钢铁产业政策应进一步强化引导手段：①从钢铁下游的建材、船舶、汽车、家电等行业着手，通过调整下游产品结构引导钢铁企业同步创新；②引导钢企培育制造系统的集成能力，广泛开展与国际钢铁企业的技术联盟合作；③丰富钢铁产业统计内容，增加对高端、高尖端产品的统计数据。

三是减少控制手段，强化规范、完善和引导手段，协调出台功能性政策。控制产能、产量一直是中国钢铁产业政策的主要手段，但在经济转轨时期的效果并不明显。新常态下，政府应充分发挥市场的决定性作用，激发企业创新活力，尽量避免对微观主体的行政干预，产业政策的手段也应以规范、完善和引导为主。三类手段中，既涉及到选择性政策措施，也有功能性政策措施。因此，政府在调整钢铁产业政策的同时，也应该同步出台以完善市场环境为主要手段的功能性政策。从新常态下中国钢铁产业的实际情况出发，功能性政策主要应包括国家创新体制改革、国有资本管理体制改革以及央地分税体制改革。

二、汽车产业政策回顾及未来调整方向

改革开放特别是加入 WTO 以来，中国汽车产业实现了前所未有的高速发展，过去30 年内国内汽车产量保持了 15% 的年均增幅，产量规模自2009 年以来稳居全球第一，汽车产业快速成长为国民经济重要的支柱产业。在这个发展历程中，尽管有所争议，但产业政策总体上还是发挥了重要作用。展望未来，产业政策的空间还是很大的，但需要在更准、更有效的方面下大力气。

（一）对中国汽车产业政策的回顾

自新中国成立以来，中国汽车产业的发展大体可以分为三个阶段。第一个阶段是从 1951 年到改革开放之前，中国汽车产业经历了从无到有的历史性转变。第二个阶段是从改革开放到加入 WTO 之前，中国汽车产业在缺少发展资金、先进技术、生产体系、成熟产品、发展人才的严峻环境下，选择了合资合作的发展道路，最终初步建立了汽车产业体系，摆脱了“缺重少轻、轿车基本空白”的尴尬局面。第三个阶段是从加入 WTO 至今，中国汽车产业全面融入全球汽车产业之中，市场规模高速扩张，合资企业、国有企业、民营企业共同竞争发展，汽车产业整体面貌大为改观。下面就以这三个阶段，来回顾汽车产业政策的发展历史。

1. 新中国成立后到改革开放之前的汽车产业政策

中国汽车工业于 1951 年开始创建。1951 年 3 月 19 日，政务院财经委员会正式下发文件，批准成立中国第一汽车制造厂。1953 年 7 月 15 日，第一汽车制造厂举行奠基仪式，全国各地大批的建设物资和建

设人才聚集到长春，支持一汽“三年建厂”。1956 年 7 月 13 日，第一辆解放牌载货汽车在一汽诞生，标志着中国不能自己制造汽车的历史终告结束，也标志着中国整体的机械加工能力上了一个新台阶。

在这个阶段中，汽车工业建设投资一直实行财政主导型的计划融资制度，主要通过财政手段低价或者无偿划拨方式对社会资金进行直接集中和分配。在管理方面，中国汽车工业总公司于 1964 年 10 月正式成立，行使“政企合一”式的汽车行业管理职能，手段包括生产经营计划、项目投资、物资分配、人事管理等。在 1966 年之后，行业管理职能由第一机械工业部汽车总局行使，与此同时，原本完全集中于中央政府的投资决策权已经部分地分散至各地方政府和相关部委。

总的来看，在改革开放之前，政府集中全国的人、财、物资源和技术力量扶持汽车工业，使中国汽车工业初步形成了以载货车为主体的汽车生产和产品体系，但由于多种因素的制约，汽车工业低水平重复建设现象突出，厂商规模小、技术水平低问题比较严重。

2. 改革开放后至加入 WTO 之前的汽车产业政策

在这 20 多年中，中国汽车产业管理体制经历了若干次重要变革，行业主管部门先后是第一机械工业部汽车总局、中国汽车工业公司、中国汽车工业联合会、中国汽车工业总公司、机械工业部汽车工业司、国家机械工业部等。

在这个阶段中，重要的汽车产业政策主要包括：1980 年，国家机械委员会颁布《1981 至 1990 年全国汽车车型发展规划纲要》（试行）和《汽车工业调整改组方案》（试行）；1985 年，国家计委、机械部和中国汽车工业总公司共同向国务院提交了《关于加强宏观管理促进汽车工业健康发展的报告》，中心思想是加强宏观调控，坚持实行统一的行业规划，最后由国务院颁发实施；1986 年，“七五”规划提出，

"把汽车制造业作为重要支柱产业"，这是首次明确汽车产业的支柱地位；1989年，国务院颁发了《国务院关于当前产业政策要点的决定》，随后中国汽车工业总公司据此制定了《当前产业政策实施要点》；1994年，《汽车工业产业政策》以国务院文件形式颁布实施，这个专项政策已经开始意识到市场竞争机制的重要作用并加以运用，同时在技术、投融资、汽车组装、汽车消费等方面提出了一些明确规定；1996年，国务院办公厅、国家计委发布《关于取消地方限制经济型轿车使用意见》；2000年，"十五"规划建议提出，要大力振兴机械、汽车等制造业，并鼓励汽车、计算机进入家庭，大力发展公共交通业；2001年，《国民经济和社会发展"十五"计划纲要》提出要"在提高居民吃穿用等基本消费水平的基础上，重点改善居民居住和出行条件"，"积极发展城乡公共交通，鼓励轿车进入家庭"，这也是官方文件中首次明确"汽车进入家庭"的提法；同年，国家经贸委发布了汽车行业的"十五"规划。

在这个阶段中，汽车产业政策广泛涉及产业组织目标和政策、准入管理（项目审批和目录管理）、窗口指导（鼓励与限制范围）、贸易管制、外资管理、国产化要求和消费政策等产业发展的方方面面。

在产业组织目标和政策方面，产业政策放松了对外资的市场准入管制，使得国内汽车企业能够以各种方式从国外引进技术、设备和资金，跨国汽车公司开始以组建合资企业的方式进入中国汽车产业。到20世纪90年代初期，当时全球汽车工业"6+3"格局中的通用、福特、戴姆勒－克莱斯勒、丰田、大众、雷诺－日产等6大跨国汽车集团以和本田、标致－雪铁龙、宝马等3大独立汽车厂商，以及菲亚特集团、现代汽车等都已经进入中国市场。但在此阶段，产业政策在对内开放上依然比较保守，严格限制内资特别是民营资本进入整车制造业，最终只有吉利、奇瑞等少数几家通过变通方式得以进入。

在项目审批和目录管理方面，1994 年版《汽车工业产业政策》规定，国家重点支持企业的新建、扩建、改造和中外合资、合作及技术引进的轿车、轻型车及发动机项目，不分限上限下一律由国家审批立项，其余整车、发动机项目根据国家有关审批权限的规定按程序审批，各地区、各部门审批的项目一律报国家计委、国家经贸委、机械工业部备案。应该说，实施严格的汽车生产企业和产品目录管理是国家实施准入管理的重要手段。从 1985 年开始，承担国家汽车工业主管职能的中国汽车工业总公司，根据国务院授权对汽车企业及产品实施目录管理，只有目录内的企业才能生产和销售目录内的车辆产品。当时的目录管理有两个典型特征：一是分类管理，比如，对“7”字头编号的轿车和“6”字头编号的小客车实施不同标准，只有“6”字头小客车生产资质的汽车企业不能生产和销售“7”字头小轿车；二是细化管理，管理范围甚至细化到诸如车辆灯光系统的更改。

在窗口指导方面，1994 年版《汽车工业产业政策》将轿车关键零部件、经济型轿车和大中型客车专用底盘、载货专用汽车以及新型发动机、摩托车发动机等列为重点发展的产品。国家计委、国家经贸委 2000 年联合发布修订的《当前国家重点鼓励发展的产业、产品和技术目录》中，又将汽车车身和车身附件开发及制造，汽车模具开发制造、轻型化新材料制造等列为鼓励发展的产品和技术。对于限制类项目，2000 年 11 月国家机械局明确将农用三轮和四轮运输车项目，以及未经国家批准的汽车整车及发动机、摩托车整车及发动机、汽车电子控制汽油喷射系统、汽车安全气囊项目和汽车防抱死制动装置等列为“十五”规划中限制发展的汽车投资类项目。

在贸易管制方面，主要是对进口整车实行高关税下的数量管理，依托方式是进口配额制和进口许可证制度。数量管理由国务院核准的年度进口计划实现，汽车关键总成、部件由进口产品登记和行业认可进行管理。汽车进口商须提交国家有关部门颁发的《进口配额证明》和《进口许可证》，进口汽车散件超过整车价格60%以及国产化率不到40%的，均按整车征税。

在外资管理方面，根据规定，生产汽车、摩托车和发动机产品的中外合资、合作的外方股权比例不得高于50%，且同一类整车产品不得在国内建立两家以上的合资、合作企业，外方独资形态不得出现在整车和发动机领域。外商直接投资国内汽车领域必须拥有独自的产品专利权和商标权，具有产品开发技术和制造技术，拥有独立的国际销售渠道和足够的融资能力，企业内部要建立技术研发机构。此外，外资不得进入汽车服务领域，如进出口、融资、保险、租赁等；不得以独资、合资方式在中国关境区内建立汽车、摩托车以及与之相应的销售企业，经营进口业务；不得以独资、合资方式建立维修服务企业，经营汽车、摩托车维修业务；不得以独资方式在中国关境区内建立客运企业，或经营客运业务；不得以独资方式在中国关境区内开展汽车、摩托车生产和消费融资信贷。

在国产化要求方面，产业政策规定引进技术必须进行国产化工作，不得以半散件（SKD）和全散件（CKD）方式进口散件组装生产。此外，针对国产化率不同水平的汽车产品，国家制定了进口关税的优惠税率，例如，引进M类整车技术的产品国产化率达到40%、60%、80%的，可享受不同的优惠税率。

在消费政策方面，当时的汽车消费环境相对不宽松，存在着一系列不利于汽车消费特别是汽车进入居民家庭的制约因素。在消费和使用环节，各种税费名目繁杂、总额较高，并且具有价外费多、费比税多、购置环节费高的特点。此外，出于扶持本地汽车工业的考虑，一些地方对非本地生产汽车的销售和使用附加各种歧视性限制，阻碍了全国统一消费市场的形成。

这个阶段，是汽车产业政策开始频繁出现、初步发挥作用的阶段，也是一个不断摸索的阶段。总的看，这个时期的产业政策体现出五个典型特征：一是以贸易壁垒和投资管制为主要手段保护国内汽车产业。由于汽车工业多年来被视为缺乏国际竞争力的幼稚产业，国家一直通过征收高昂进口关税和实施配额管理来为国内汽车企业提供生存空间，此外还通过国产化比例、外汇平衡要求来提供保护。二是以行政性前置审批为主要手段的经济性管制成为产业政策的主基调。无论是新建项目的投资规模要求，还是汽车企业和产品的目录管理，无论是中外合资的股比要求，还是国产化率等，国家都进行严格的准入审批。三是民营资本进入轿车生产领域面临很高的进入门槛，主要还是因为当时的产业政策对年产量规模的要求非常高。四是产业政策的作用环节主要集中在生产制造领域，主要还是从“工业”的角度出发。五是需求侧的消费政策存在明显的抑制性倾向。由于长期以来将汽车定位为生产资料和投资品，这使得汽车消费政策在汽车供给政策面前处于弱势和次要位置，缺乏系统、连贯和有效的消费激励政策。

3. 加入 WTO 后至今的汽车产业政策

近 15 年来，在多次机构改革调整后，目前汽车行业已基本形成了工业和信息化部实施行业综合管理，国家发展改革委实施投资审核，环保部、商务部、海关总署、质检总局、科技部、交通部、公安部等相关部委依法实施各自权限范围内职能管理的行业管理体系。

在这个阶段中，重要的汽车产业政策主要包括：2002 年 1 月 1 日，海关总署宣布调整税率，按照加入 WTO 时承诺的条款，分 7 次下调汽车进口关税，最终将下调至25%；2003年，银监会颁布《汽车金融公司管理办法》；2004年，《汽车产业发展政策》正式实施，这是时隔10年之后对汽车产业政策的一次集中修订；2005年，《汽车品牌销售管理实施办法》出台，重点是规定汽车品牌销售必须经过授权，实行品牌销售和服务；同年，《汽车贸易政策》《进口车落地完税政策》出台；2006年，发展改革委等六部委联合下发《关于鼓励发展节能环保型小排量汽车的意见》；2007年，《新能源汽车生产准入管理规则》出台；2009年，为应对国际金融危机冲击，国务院出台了《汽车产业调整和振兴规划》；同年，对《汽车产业发展政策》中涉及整车特征认定的相关规定进行了修订；同年，商务部等六部委联合出台了《关于促进我国汽车产品出口持续健康发展的意见》；2010年，财政部等多个部门相继出台了多项鼓励汽车消费的税费等优惠政策；同年，国务院出台了《关于加快培育和发展战略性新兴产业的决定》，决定把新能源汽车作为七大战略性新兴产业之一加以培育；近年来，多项产业政策重点以促进新能源汽车发展为目标，比如2014年出台的《关于免征新能源汽车车辆购置税的公告》、2015年出台的《关于节约能源使用新能源车船车船税优惠政策的通知》、2016年出台的《电动汽车充电基础设施发展指南（2015~2020年）》，等等。

在这个阶段，汽车产业政策依然涵盖了汽车行业的多个方面，但针对的重点问题和管制方式已经发生了明显变化。

在汽车投资项目管理方面，国家发展改革委实施投资项目核准和备案管理，工业和信息化部也承担部分汽车投资项目审批职能，环保部负责建设项目环境影响评价，国土资源部负责建设项目用地预审，中外合资企业计划新建或扩建的项目要向商务部申报。经过各部门批准，汽车企业获得建设规模、生产纲领、生产品种和合资合同等方面的建设和生产资格。根据产业政策要求，核准项目必须满足项目总投资额、生产规模、研发能力、合资股比和生产同类整车产品的合资企业不超过两家等要求，但对内资企业和外资企业投资项目仍采取差别化的管理方式。此外，实施备案管理的投资项目需要满足一系列要求，并且需要取得国家发展改革委等部门的准予备案文件才可开工建设和申请工业和信息化部的工厂条件审查，备案管理实质上变成了变相的行政审批。

在生产企业和产品准入方面，主要由四个部门承担管理职能。工业和信息化部实施车辆生产企业和产品准入许可。2001 年将目录管理改为公告管理，与国际通用做法基本接轨。自 2004 年以来，汽车行业政府管理部门陆续制定和实施了乘用车、商用车等 11 个管理规则，建立了覆盖所有车辆类别的准入条件，制定了检测机构和中介机构管理制度，形成了完整的企业准入管理体系。此外，依据相关法律法规的规定，质检总局（含国家认监委）负责机动车辆及安全附件强制性产品认证（CCC 认证），环保部负责机动车辆环保型式认证，交通运输部实施道路运输车辆燃料消耗量达标车型管理。

在市场监管方面，质检系统（质量监督、召回和三包）、认监委（CCC 认证的一致性）、工商系统（规范流通行为）、环保系统（环保生产一致性、车辆环保年检）、交通系统（油耗准入一致性、道路车辆监管）、公安系统（道路车辆监管、车辆年检）等部门，根据职能划分各司其职。

这个时期的汽车产业政策，表现出一些新的特征。

一是产业政策开始逐渐纳入法治化轨道。《行政许可法》的通过，以及《道路交通安全法》《公路法》《节约能源法》《大气污染防治法》《消费者权益保护法》《认证许可条例》《道路运输条例》等多部法律法规的出台实施，确保规制能够做到有法可依。

二是对接国际通用做法，适应 WTO 规则。一些政策调整如汽车进出口贸易、市场准入、国产化率、贸易平衡等是在加入 WTO 之后立刻就进行了调整，另外一些政策如汽车进口关税等是在五年过渡期内完成调整的。以投资和市场准入领域为例，中国政府根据 WTO《与贸易有关的投资措施协议》（TRIMs）要求，在入世时取消了国产化比例、进口与出口挂钩、外汇平衡要求等不符合 WTO 规定的法规政策；入世之后逐步取消了对合资企业生产汽车的类别、类型和车型的限制，逐步放开地方政府审批汽车合资企业的权限，放开发动机合资企业的股比限制，允许外资控股。

三是开始从纯粹经济性管制向经济性管制和社会性管制并重转变。尽管在投资、准入方面依然还有一些行政性审批限制，但相比之前一个阶段已经明显大幅减少，对微观企业行为的直接干预也大幅减少。与此同时，在道路交通安全、环保、消费者保护等社会性管制领域逐步建立了管理体系，陆续出台了多项政策措施，并且重视通过汽车标准体系建设的方式实施管理，也取得了较为明显的成效。

四是加大对消费侧政策的运用力度。随着汽车产业国民经济支柱行业地位的稳固和“汽车进入家庭”导向的确立，国家出台了一系列有利于汽车购置使用的便利和优惠政策。国内汽车消费市场规模迅速攀升至全球首位，汽车产品消费对经济发展的重要作用也进一步凸显，也使得拉动汽车产品消费成为历次刺激消费宏观调控的重要组成部分。

五是强调提高自主创新能力和培育自主品牌。在国内市场迅速扩大的同时，国内汽车企业自主创新能力不强、缺乏国际竞争力的问题日渐突显，也直接引发了对“市场换技术”是否失败的多方争论。反映到产业政策上，就是通过财税、知识产权保护、参与重大科技攻关项目、支持建立研发机构等方面引导自主品牌汽车企业通过自主研发、联合开发、国内外并购等多种方式发展自主品牌，提高企业竞争力。

六是适应形势发展，加大对节能和新能源汽车的政策支持力度。国际金融危机以来，中国陆续出台了多项针对新能源汽车产业发展的政策，特别是已经能够较好地处理政府和市场关系，较好地结合供给侧政策和需求侧政策。

（二）新时期中国汽车产业政策调整方向

经过几十年的发展，中国汽车产业的面貌有了翻天覆地的变化，汽车产业政策也经历了从无到有、不断摸索和完善的过程。站在新的历史发展起点上，面临全球汽车产业竞争合作形势出现的重大变化，考虑到中国汽车产业中企业自主投资决策权不完整、核心关键技术不具备、自主创新能力不强、国际竞争能力较弱等“老问题”的长期存在，以及因汽车消费快速增长带来的交通拥堵、环境污染和基于移动互联网技术的汽车消费新模式与现有管理体制的矛盾冲突等“新问题”的集中出现，中国汽车产业持续健康发展面临的环境依然严峻。在妥善解决这些问题的过程中，汽车产业政策理应发挥更大更好的作用。

总的来看，中国汽车产业政策的调整必须准确把握“四个坚持”。①坚持突出问题导向。产业政策调整首先要理清那些因政策不合理或者调整滞后导致的突出问题，包括审批管理、企业及产品准入等主要方面，在一般竞争性领域消除对微观主体经济活动的干预。②坚持改革创新。产业政策调整要抓住当下中国全面深化改革、全面依法治国的有利历史机遇，用改革创新的思维看待和修订相关政策。③坚持借鉴国际先进经验。产业政策调整要充分吸收国外汽车行业经过实践证明的成功经验，以好的产业政策支撑一个有竞争力的汽车产业。④坚持面向未来。产业政策调整要充分考虑到全球汽车产业发展新变化，为新模式的成长留有空间。

具体来看，未来产业政策调整的方向主要有以下几个方面。

一是建立和完善汽车产业相关法律法规体系。制定出台《道路交通法》《道路车辆法》等法律，构建以《道路交通法》为核心、若干法律法规配套的汽车产业法律体系。改变过往以部门规章、制度、条例为主要依据的监管方式，为由行政性管理向法治化管理以及由经济性管制向经济性、社会性管制并重转型奠定基础。

二是深化投资管理体制改革，构建以企业为主体、与产业属性相一致的汽车产业投资管理制度。进一步确立企业的投资主体地位，消除不必要、不合理的内资准入门槛。简化投资项目审批管理，减少核准和备案管理内容，明确投资审批的退出办法。依据负面清单建立汽车产业的外资管理制度。

三是完善以型式认证为核心的产品管理制度，推动汽车产业管理由事前向全过程转变。加快构建以型式认证制度为核心的产品管理模式，强化生产一致性管理。切实消除准入环节的职能交叉和重复管理，强化对汽车产品的事中、事后管理。完善汽车产品召回制度，提高对强制性召回的监督、检测和执行能力。

四是完善以促进统一市场形成、公平竞争和保护消费者权益为核心的市场监管制度。加强市场监管能力建设，切实消除地方保护，构建全国统一市场。切实消除垄断，促进平等准入、公平竞争。加强消费者权益保护方面的立法，并加大执法力度。

五是优化调整汽车产业主要税种和税率，推进以“绿色税制”为方向的汽车税制改革。优化税制结构，更多体现“谁用车谁交税”的思路。改革汽车主要税种的计税依据和征收环节，根据财权和事权相匹配的原则调整中央与地方税收分配关系。优化调整汽车主要税种的税率，更好发挥汽车税制的调节作用。

六是建立以安全、节能和环保法规为核心的公共利益管理制度，加快标准建设。制定符合汽车社会需要，有利于促进社会公共利益的技术法规。完善技术法规的制定程序，提高社会参与度和代表性。强化标准法规的严肃性，不断加强执法能力建设。适应标准体系改革要求，大力培育发展汽车团体标准，改变政府单一供给的现行标准体系。

七是实施以促进技术进步和自主创新为核心的功能性产业政策。将产业政策的目标由选择性向功能性转变，重在弥补市场失灵而非选择产业或技术方向。加强新兴政策手段的运用。

八是建立规范的产业政策评估机制，提高政策制定实施的综合水平。建立健全覆盖全过程的产业政策评估体系，提高产业政策评估的科学性和规范性。注重政策评估结果的公开、反馈和运用，不断提高政策绩效。

三、装备制造业产业政策实践及调整方向

（一）中国装备制造业相关政策对产业发展的作用

装备制造业是为国民经济和国家安全提供技术装备的行业，覆盖了通用机械（机床）、专用设备（航天、海洋、交通、电子信息等）、成套设备（大型能源、化工、工程等）等制造业中生产投资类产品的全部企业。装备制造业与其他产业关联度大、带动性强，在整个经济

链条中起着承上启下的作用，在中国国民经济中占有极其重要的地位。

由于装备制造业在国民经济发展中具有极其重要的作用，近年来，受关注和政策扶持的力度也很大。尤其是自《国务院关于加快振兴装备制造业的若干意见》（2006 年）发布以后，国家和地方政府对装备制造业转型升级的支持力度得到了空前的提高。虽然中国装备制造业的快速发展背后存在着复杂的机制，各方面促进因素相互交织，在没有对产业政策绩效做进一步定量评估的情况下，无法将政策因素的实施效果从各因素中单独摘取出来，但不可否认的是政府实施的产业政策也发挥着重要的影响。

除了直接以装备制造业为调整对象的政策以外，一些解决工业领域重大问题的政策也包括装备制造业扶持的相关内容。这些政策以国务院《意见》和《决定》以及相关政府部门《规划》等方式进行宏观引导，明确装备制造业的发展目标和重点任务，并原则上提出实现途径。在支持举措方面，以各种财政、税收以及进出口政策为主。

1. 产业政策在一定程度上促进了装备制造业发展

21 世纪以来，中国装备制造业获得了前所未有的发展。据统计，新中国成立以来发布的 156 项产业政策里有 68 项跟装备制造业有关，尤其是 2009 年以来，密集出台了一系列政策组合，从创新能力提升、关键技术突破、完整产业链打造、高端产品研发等方面，在产业政策的支持重点、方式、手段、支持环节等角度不断调整。到 2015 年，国务院印发《中国制造 2025》，10 个重点发展领域有 7 个半涉及装备制造业，装备制造业将成为中国转型升级的重要推动力。装备制造的产业支持政策达到一个新高度。总体来看，这些年的产业政策把握了中国装备制造业的发展规律，很好地带动和支持了装备制造业的发展，装备制造业在研发、设计、制造、服务等多个领域取得重大突破，在中国装备制造业与世界先进水平存在较大差距的情况下，国内急需发展的整机产品和零部件逐步实现了国产化，产业结构不断调整，技术不断进步，创新能力和产业竞争力得到了进一步的提升，在支撑国民经济发展的各个方面取得了突出的成绩和积极的效果。

从生产规模来看，按照机械工业联合会对规模以上企业的统计，机械装备制造业总产值年均增长率：“十五”时期平均为23.71%，“十一五”时期平均为28.05%，而改革开放的前20年（1979～1998年）仅为14.1%。按照机械及运输设备产品口径统计的中国出口产品国际市场占有率，从2000年的3.16%上升到2011年的15.73%；截至2014年底，中国装备制造业的规模约20万亿元，占全球比重的1/3，占中国GDP比重的约1/3，成为名副其实的一大支柱产业。

2. 产业政策推动了重大装备领域的技术突破

装备技术的更新升级是产业结构调整升级的基础，其中重大装备技术更是关系国家安全和国民经济命脉的战略领域，是国家核心竞争力的重要标志。企业在重大装备技术突破方面的投入要占企业成本的很大部分。2006年以后，中国装备制造业在保持较高增长速度的同时，也进入了重大技术突破更为密集的时期。近年来，正是由于各级各类逐渐完善的相关扶持政策，尤其是随着国家科技重大专项实施以来，使得企业不断减轻设备、研发投入方面的负担，帮助行业培养了大批专业技术人才，进而促使一大批重大项目陆续落地，一些长期以来依赖进口、在国内一直未能实现国产化的重大装备实现了零的突破，在中国制造业结构调整和升级方面取得了卓越成绩。

在高端装备产品技术创新和产业化方面，2009年《装备制造业调整和振兴规划》以来，从中央和地方政府角度，在资金支持渠道与政策力度层面也呈现出多元化和逐步加强的势头。高端装备领域的国家级科技重大专项一直占比较高，这类专项不仅资金支持力度很大，而且通过创新平台建设、应用示范工程，在物质支撑、人才集聚和产品应用等方面，为重大装备研究开发和产业化提供了有力支持。虽然需求结构升级对于机械装备产业升级和技术进步也发挥了巨大的拉动作用，但在集中力量实现重大装备技术、共性技术、关键核心技术突破方面，装备制造业产业政策无疑是发挥了不可忽视的重要作用。

3. 产业政策未能从整体上提升产品质量和企业效益

无论从产业规模、技术水平还是从产品质量来看，中国装备制造业在几乎所有领域都具备了一定的国产化能力，已基本满足基础产品的供给，但2013年以来工业增长速度出现持续下滑，装备制造业的实际增速也出现了低于工业增速的情况，靠量已经难以支撑产业的高速发展。一方面，从产品结构上来看，通用装备的需求不断下降，而专用装备的需求持续上升，一般性装备需求不断下降，而智能数控装备需求持续上升。另一方面，产业结构不断分化，传统装备的发展不断萎缩，而大飞机、海洋工程、高档数控机床、机器人等领域不断与新技术进行深度融合，开创了装备制造业发展的新局面。由于装备制造业是资本、技术密集型产业，资金投入大，研发周期长，单一企业难以在短期内凭借个体实力实现重大技术的根本性突破，这就导致在产品质量、稳定性和可靠性方面仍然与发达国家存在较大差距。新一轮产业革命在全球不断蔓延，传统支持模式逐渐显露一些弊端，使中国高端装备丧失了进入许多重要领域关键工序的机会。这也从一个侧面暴露近年来中国装备制造业的高速增长以及同期各种政策的出台实施并没有引发行业效益的根本性改善。产业政策在从整体上提升装备产品质量和装备企业效益方面缺乏有效的手段。

（二）新时期装备制造业产业政策需要转型

中国过去的产业政策在一些时期、一些方面对促进装备制造业发展起到了积极作用。但这些产业政策过多地以政府选择代替市场选择，而且主要通过减免税、财政补贴、低息贷款、低价供地、低于市场价的能源资源价格等特殊优惠和强刺激手段，以及市场准入限制、项目审批、强制淘汰等行政措施进行技术选择、产业选择、企业规模选择，在相当程度上改变了市场配置资源的规则。由此也带来了诸多负面效应，例如，在某种程度上刺激了过度投资，促成或加剧了产能过剩，降低了资源配置效率，弱化了公平竞争原则，等等。这些政策导致了装备制造业仍然停留在生产较多的上游初级产品、追求数量满足现实需求的粗放式增长以及重复建设等方面的问题。

1. 选择性政策对产业带来挑战

2013 年以来，装备制造业的低速发展对国民经济各领域的支撑作用日益减弱，已然暴露了过去几十年的选择性和特惠性的产业政策已经不能满足当前产业发展的需要。选择性产业政策的刺激与地方政府的 GDP 冲动和投资饥渴症相结合，导致的一个结果就是各地产业结构高度雷同和地方之间的重复建设、过度竞争，形成大量过剩产能。政府对某些产业、某些技术、某类企业实行特殊优惠政策，包括免税、补贴、低利率、无偿供地等，会使企业的实际成本被低估，成本收益指标不真实，往往鼓励和保护了享受优惠的低效率企业，而对于高效率但未享受优惠的企业是一种惩罚，因此经常导致资源配置劣化，经济效益降低。

2. 产业没能摆脱低端低质低效

过去为了解决国民经济发展中急需的装备产品供给不足问题，而“大干快上”搞起来的一批项目，以模仿制造为主，未能从根本上解决自主创新能力薄弱、研发设计水平较低、试验检测手段不足、关键共性技术缺失的问题。政策的力度始终不能缓和基础配套能力不足、核心零部件受制于人、基础制造工艺落后、关键材料依赖进口的矛盾。最终导致装备制造业低端产能过剩，高端产能不足，生产性服务业发展滞后、发展质量效益不高，比如，目前中国装备工业增加值率26%，而发达国家平均水平在32%～34%。

3. 创新体系和机制不完善

传统产业政策体系还不健全，以导向性的政策为主，致使当前中国装备制造业研发密度仅为1.5%，不足美国、德国等的一半。机械工业信息研究院的一项研究表明，中国装备制造业创新能力指数仅为美国的1/4、德国的1/2左右。更重要的是，装备制造业的创新具有“全球创新，服务本地”的特点，中国装备制造业的开放型创新发展仍处于起步阶段，多数企业对于国际创新资源的利用多侧重于生产资源，对于创新资源的利用仍然缺乏经验和工具。市场需求对于装备创新具有长期巨大的引导和拉动作用，装备制造的技术是一种实践性技术，许多创新都来自用户部门在使用装备过程中问题的发现和解决，很多原创性的装备是来自于用户的。而中国的产业政策体系在需求端刺激方面尚待完善，激励创新的手段和有效性尚待提高，市场对产业发展的促进作用有待进一步发挥。

（三）新时期中国装备制造产业政策的调整方向

产业政策的重要性不仅在于政策本身，最重要的是它对产业发展所依托的诸要素产生什么样的影响。从根本上提升中国装备制造业的全球竞争力，应当在产业发展环境的建设、支持共性技术、发挥市场作用、优化创新协同机制、重视中小企业和基础零部件企业等方面进行政策发力。

1. 优化产业发展环境

在装备制造业的产业发展环境相关政策的制定方面，要以创新为核心，为装备制造业技术创新创造良好的外部环境，特别是市场环境、融资环境、制度环境和中介服务环境等。应当在国产采购、招投标统一、税收减免、贷款贴息、创新基金、财政资助、设备折旧、知识产权保护等政策方面加大力度，发展精密智能装备。装备产业政策目标也应当往扶持需求和促进生产要素高级化方面转化，政策重点要更加关注如何保证需求稳定增长（投资增速）、如何引导需求结构升级（需求结构）、如何帮助企业引进资金技术和培育人才（生产要素）。

2. 支持前端共性技术

在前端共性技术相关政策方面，应当以国家的战略需求和国内外市场需求为导向，以重点工程为依托，以制约中国装备制造业发展的关键共性技术和高精尖设备的研究开发为重点，提升产业的技术创新能力。可以通过政策激励选择一些重点产业领域进行产业共性技术联盟建设；推动企业成为前端共性技术研发的主体，优先在国家需求迫切、急需突破技术瓶颈的领域重点推进企业国家重点实验室建设。通过财税、金融、政府采购等政策措施鼓励企业开展产业共性技术研发，国家科技计划适当向企业倾斜，优先支持企业开展具有行业全局性、技术前瞻性的科研项目；对行业科研院所开展产业共性技术研发给予项目资助，实行税前抵扣的优惠政策，鼓励有关主体加大对共性技术研发的投入等。

3. 发挥市场的作用

未来政策转型的方向是从选择性和特惠型产业政策，转向改善市场环境、规范市场行为、促进公平竞争、完善要素市场，发挥市场机制对资源配置起决定性作用的普惠型政策，通过理顺资源和要素价格机制，清理各类选择性优惠政策，减少行政审批和干预，消除因体制机制障碍和政策倾斜对市场配置资源的不利影响，实现政策公开、公平、公正，通过市场调节机制促进产业结构合理化。在当前产能过剩、结构失衡的情况下，应当促使特惠型产业政策向普惠型和促进市场公平竞争的政策转变。发挥市场的决定性作用，靠市场竞争来发现和选择真正的赢家。严格限制各种税收优惠、低价供地、低利率、低电价等可能扭曲市场的政策手段。同时管住政府的低效、无效投资。

4. 优化创新协同机制

传统计划经济条块分割体制下，装备与其他工业部门分头管理，因此缺乏互相交流和共同研发的机制。对此，政府应当积极采取措施鼓励装备企业与下游用户之间建立研发合作机制，从而实现提升中国制造业的工艺水平和装备工业的创新能力，应当着力推进智能化、大规模个性化定制、网络化协同制造和服务化转型升级，制定促进创新资源、生产能力、市场需求的集聚与对接的有关政策，加快形成经济发展新动力。促进企业内正式和非正式组织之间的联接、企业与当地公共组织机构之间的研究和开发合作。例如，煤炭机械领域，郑煤机在高端液压支架领域的技术创新成功，得益于郑煤机与中国神华集团的合作创新，通过装备企业与用户的紧密合作，取得了高端产品的进口替代，实现了双赢。

5. 重视中小企业和基础零部件企业

要强化企业的品牌意识，加大政策扶持力度，强化企业对品牌建设的重视程度，打出“中国创造”的大品牌。要关注中小企业和基础零部件企业，在装备工业领域，中小企业不仅数量众多，而且相当数量的企业居于产业链上游或者是基础支撑部分，在一定程度上决定着产业链所能达到的高度。必须着力提高基础工艺、基础材料、基础元器件等基础制造能力；更加注重提高关键设备制造能力和关键部件配套能力；更加重视零部件的金属表面处理工艺，提升零部件品质性能，摆脱关键零部件对外国的依赖。从根本上解决设计和制造技术能力不强、产品结构不合理、产业大而不强的现状。要更加关注机器人领域，随着机器人时代的来临，装备工业进入发展新纪年。各方应充分认识到未来机器人产业广阔的发展前景，加大对机器人产业政策及资金方面的扶持力度。但是，对于机器人建设和投资也应当理性对待，从政策层面加以引导和规范。

执笔人：王晓明　宋紫峰　周健奇

第七章

新时期中国产业政策调整需要处理好的若干重要关系

产业政策是国民经济管理的重要工具。无论是工业化国家还是后发赶超国家，在其发展过程中均不同程度地运用了产业政策。同样，在过去30多年的发展历程中，中国积极运用产业政策并取得了显著的成效。但是，随着中国产业的发展状况越发复杂和产业体系的不断完善，产业政策实施过程中的一些弊端也日益显现。特别是中国经济发展进入新常态的现实，对产业政策的实施领域、实施方式等提出了更高的要求。在这种背景下，一方面需要克服已有产业政策实施过程中存在的弊端，另一方面需要适应新时期产业发展新态势、新环境，围绕如何提高产业竞争力这一主线，通过调整和完善产业政策，不断改进资源配置效率，进而提高经济增长质量和效益。具体来看，在产业政策调整完善的过程中，需要处理好以下几个方面的关系。

一、处理好产业政策与改革的关系

改革被看作是中国经济社会发展取得重大成就的重要法宝，同时也被看作是实现全面建成小康社会目标在内的一系列目标的必然途径。十八届三中全会做出了全面深化改革的决定，要求处理好政府与市场的关系，使市场在资源配置中起决定性作用和更好发挥政府作用。从全面深化经济体制改革的指向来看，关键在于解决市场体系不完善、政府干预过多、监管不到位等问题。上述经济体制改革的推进会对产业政策的实施产生深远影响。因此，政府在产业政策调整完善过程中，需要处理好产业政策与全面深化改革的关系。

第一，按照全面深化改革的总体要求和总体布局来指导产业政策的调整和完善，尤其是按照“使市场在资源配置中起决定性作用和更好发挥政府作用”的要求来重新审视产业政策。这一要求隐含着合理界定市场和政府的边界的内容，特别是从中国当前发展现实来看，转变政府职能，由全能型政府向有限型政府转变、避免过度干预和直接干预是当前及今后一段时期政府边界界定的主要内容。也就是说，产业政策的调整和完善，并不是要取消产业政策，而是要在合理界定市场和政府边界、推动政府职能转变的基础上，更好地创新产业政策的实施理念，有效地制定产业政策，恰当地选择实施行业和领域，采取符合市场导向的政策实施方式以及相应的政策工具。比如，十八大以来，中央积极推动政府职能转变，实施了包括商业登记、投资审批、产业准入等商事制度改革以及行政审批权限下放等一系列改革。为此，产业政策需要适应当前全面深化改革的要求进行调整完善。

第二，产业政策需要根据全面深化改革进程进行适当调整。已有产业政策实施过程中出现的一些弊端，除了产业政策制定、实施本身存在的问题外，主要与相关领域改革的不到位有很大关系，特别是国企改革、要素市场等领域改革的滞后，使得产业政策的效应大打折扣。因此，在产业政策调整过程中，需要考虑相关配套改革的进展情况，特别是需要对相关改革预期可实现程度进行研判，根据相关改革的路线图和改革推动的实际情况，对产业政策做出适当调整或相对同步的调整，在产业政策的合理性与产业政策的可操作性之间进行有效的平衡，避免因产业政策调整过度超前或过度滞后导致二者的不适应、不协调而引发的负面效应。

二、处理好产业政策与对外开放的关系

随着中国成为世界第二大经济体，对外开放程度以及与世界的一体化程度将进一步加深。对外开放的深入必然要求各项经贸活动更加符合国际准则要求，上述变化会对中国产业政策的制定和实施带来显著影响。因此，需要处理好产业政策与对外开放的关系。

第一，按照国际经贸规则对相关产业政策进行调整完善。在对外贸易投资活动中，是否承认中国市场经济地位是重要的政策议题。按照中国加入 WTO 的相关要求，中国在世界贸易组织反倾销调查中的非市场经济地位将在 2016 年 12 月 11 日自动终止，但是目前欧盟内部和美国的立场分化。因此，为了争取获得市场经济地位，我们应对不符合国际经贸规则要求的相关产业政策进行修改调整，比如产业补贴政策、劳工政策等。同时，随着对外开放的深入，中国与相关国家双边或多边自贸协定的签订以及国内自由贸易区的逐渐建立，既有的产业政策中有许多已经不适应自贸协定的条款，因此同样需要按照自贸协定相关要求对产业政策进行调整和修改。此外，从国际服务贸易来看，国际服务贸易协定对国内管制、国企竞争、信息通信技术、电子商务、金融、专业服务、海运、政府采购、服务业补贴等领域制定了详尽的贸易规则，但中国服务业对外开放程度总体较低，且许多行业

的产业政策规定与国际服务贸易协定存在冲突。因此，产业政策的调整需要根据国际服务贸易协定来进行相应的调整。

第二，在符合国际经贸规则的前提下合理利用产业政策维护国家利益。从各国的实践来看，对外开放的深入并不意味着完全取消产业政策，而主要表现为采取“绿色壁垒”等新型产业政策实施方式和政策工具，通过新的形式和方式来维护本国利益。特别是中国仍然处于赶超阶段，产业政策仍然是必要的，需要借鉴国际经验，对产业政策的实施领域、实施方式、实施手段进行调整和完善，在符合国际规则的条件下，合理利用相关政策条款来更好地保护本国利益。

三、处理好产业政策与相关政策的关系

从产业政策在实施过程中产生问题的原因来看，产业政策与宏观政策、创新政策、社会政策等相关政策的不协调是重要原因。不仅如此，随着经济体系的拓展以及经济复杂程度的进一步提高，产业政策的有效性越来越依赖于相关配套政策的完善以及彼此之间的协调，需要产业政策与其他相关政策共同发挥政策合力。因此，产业政策调整过程中还需要处理好产业政策与相关政策的关系。

第一，增强产业政策与相关政策的协调性。从实践来看，产业政策与相关政策的冲突或不协调通常涉及环境政策、宏观政策以及社会政策等在内的相关政策。从产业政策与宏观政策的关系来看，产业政策主要属于供给政策，宏观政策更多的侧重于需求政策，二者的作用方向是不同的，甚至二者之间会出现抵消。例如，在实施去产能、去库存为主的产业政策时，如果加大宏观需求的政策刺激，会导致房地产行业去库存中价升量不减或价升量减的现象，最终没有达到产业政

策实施的本来目的。因此，需要在产业政策与宏观调控政策之间进行协调。当然，二者的平衡还需要考虑特定阶段问题的严重性，并在不同政策目标之间进行取舍。从产业政策与创新政策的关系来看，传统的产业政策主要以事前政府主导的选择性政策为主，但是创新政策更强调市场导向下市场主体竞争选择及其结果，因此二者存在明显的冲突。随着中国经济发展日益转向创新驱动模式，技术创新和产业升级加快，特别是创新活动的不确定性日益增强，传统的选择性产业政策越来越难以适应创新活动的需要。因此，要加强产业政策与创新政策的协调性，以创新政策引领产业政策，以创新为重点来调整完善相关产业政策。此外，从产业政策与社会政策的关系来看，社会政策与产业政策的不协调同样会对产业政策的效应产生影响。例如，中国在2008年开始实施的《劳动法》，尽管从保护劳动者权益的角度来看具有合理性，但是导致劳工成本过高，与产业发展及产业政策的导向并不协调，不利于产业竞争力的保持。

第二，相机抉择使用与产业政策配套的相关政策。经济问题的复杂性和多维性决定了通常需要使用多种政策或政策组合来对经济进行管理。尤其是产业政策涉及的面非常广，通常需要相应的政策配套形成政策组合才能有效地发挥政策合力效应，但是不同政策组合的政策效应、成本和收益、负面效应存在较大的差别。因此，需要根据具体情况的不同，相机抉择与产业政策相配套的相关政策，确保政策组合的成本效益最大化。另外，同一经济问题的解决，可以使用不同的政策来达到同样的效果，但是其负面效应可能会有不同，或者不同的政策都具有相同的作用，但是面临着短期效应和长期效应的替代。因此，需要根据政策目标和现实情况，在产业政策与其他替代性政策之间进行选择，在政策目标和政策效应之间寻求平衡，确保在实现政策目标的同时，使产业政策实施的负面效应最小化。

四、处理好产业政策与国外产业政策的关系

提高产业国际竞争力是产业政策实施的重要目的。因此，产业政策的调整需要着眼于动态比较优势的塑造和产业国际竞争力的提高。在这一过程中，需要考虑主要发达国家以及主要竞争主体的产业发展态势，特别是针对国外主要经济体产业政策的变化，从塑造动态比较优势的角度相应地调整本国产业政策。

第一，根据主要发达国家产业政策的动向强化产业政策在促进创新和新兴产业成长中的导向性，实现向高端价值链的攀升。从提高产业竞争力这一主线来看，中国的产业政策需要着眼于长远国际竞争的需要，特别是要应对主要发达国家产业发展新趋势以及产业政策出现的新动向。例如，近年来美、欧实施的“再工业化”战略，积极推动工业互联网和工业 4.0 战略，占领了产业发展的制高点。因此，为了塑造高端产业发展方面的竞争力和相对比较优势，中国产业政策应围绕促进包括信息产业、工业互联网、智能制造等在内的新兴产业发展，加强产业政策对新兴产业的扶持力度。

第二，根据同类型国家产业政策导向，强化产业政策在促进传统产业转型升级中的作用，不断提高产业效率。尽管以工业互联网、工业 4.0 为代表的产业代表了产业未来的发展方向以及塑造未来竞争力的重要途径，但是从总体来看中国的制造业仍然以中低端为主，而且在这些领域面临着越南、印度、印尼等新兴国家的激烈竞争。例如，印度推出振兴“印度制造”计划。因此，加快产业转型升级、推动传统制造业转型升级成为中国应对新兴经济体竞争的重要方向。相应

地，中国产业政策的作用领域也应从“主要注重低要素成本驱动的产业规模扩张”向“促进产业结构优化、产业升级”转变，更加注重产业政策在推进技术改造，全面提高产品技术、工艺装备、能效环保等方面的作用。

执笔人：赵勇（中国社会科学院）

参考文献

[1] 1978～2015年国务院政府工作报告
[2] 中华人民共和国国民经济社和社会发展"六五"计划、"七五"计划、"八五"计划、"九五"计划、"十五"计划、"十一五""十二五"规划
[3] 中国共产党十一届三中全会、十二大、十三大、十四大、十五大、十六大、十七大、十八大报告以及2014、2015中央经济工作会议公报
[4] 冯玉明，2007，自主创新：新兴工业化经济体的经验与中国的前景，证券市场导报2007年2月号
[5] 波金斯，拉德勒，林道尔．发展经济学（第六版）．北京：中国人民大学出版社，2013
[6] 陈佳贵，黄群慧，钟宏武．中国地区工业化进程的综合评价和特征分析．经济研究，2006(6)
[7] 钱纳里．工业化和经济增长的比较研究．北京：三联书店，1986
[8] 钱纳里．发展的型式：1950～1970. 北京：经济科学出版社，1988
[9] 姜达洋，张宏武．经济全球化背景下产业政策的新特征，经济纵横，2009（7）
[10] 孟祺．美国再工业化的政策措施及对中国的启示，经济体制改革，2012（6）
[11] 宋国友．再工业化与美国经济增长，外交评论，2013（3）
[12] 孙彦红．欧盟"再工业化"战略解析，欧洲研究，2013（5）
[13] 陈翌，孔德洋．德国新能源汽车产业政策及其启示，德国研究，2014（1）
[14] 魏磊，张汉林．日本经济新增长战略评析与借鉴，东北亚论坛，2011（2）
[15] 徐飞．后危机时代日本政府规制政策的方向性调整，日本研究，2014（4）
[16] 陈国玉．绿色技术创新研究．南昌大学硕士论文，2008－12
[17] 陈升，李兆洋．产业负面清单制定及其管理模式研究．中国软科学，2014年增刊
[18] 丁珂．国际技术合作的态势、问题及对策研究．郑州大学硕士论文，2013－4
[19] 何德旭，谢申祥．"新常态"背景下我国对外投资的发展．海外投资与出口信贷，2015（4）
[20] 何涛．积极实施政府采购政策 力促高新技术产业发展．经济研究导刊，2014（3）

[21] 胡磊. 面向经济新常态的企业和谐劳动关系构建研究. 中国劳动，2015（8）
[22] 江飞涛，李晓萍. 新工业革命与经济新常态背景下中国产业政策转型的基本逻辑. 南京大学学报（哲学·人文科学·社会科学），2015（1）
[23] 李钢. 强化贸易政策和产业政策协调若干问题研究. 国际贸易，2013（3）
[24] 李智. 新常态下中国经济发展态势和结构动向研究. 价格理论与实践，2014（11）
[25] 梁超. 基础设施对我国技术创新能力的影响效应. 南开大学博士论文，2012-5
[26] 刘伟，苏剑. "新常态"下的中国宏观调控. 经济科学，2014（8）
[27] 刘志彪. 经济发展新常态下产业政策功能的转型. 南京社会科学，2015（3）
[28] 刘志彪. 提升生产率：新常态下经济转型升级的目标与关键措施. 审计与经济研究，2015（6）
[29] 卢为民. 土地政策促进产业结构调整的路径分析. 上海经济研究，2008（3）
[30] 吕铁. 论技术标准化与产业标准战略. 中国工业经济，2005-7
[31] 孟祥娟. "新常态"下产业政策之变. 中国经济和信息化，2014（9）
[32] 潘锡泉，郭福春. 新常态下我国货币政策取向的思考. 新金融，2015（3）
[33] 彭波，熊晓花，王竞. 全球价值链的发展与中国外贸新常态的建立. 新疆师范大学学报（哲学社会科学版），2015（6）
[34] 上官丽娜. 知识产权保护对我国工业产业发展的影响研究. 湖南大学硕士论文，2012-10
[35] 宋丹瑛，张天柱. 论资源环境优化产业升级——以战后日本产业结构调整为例. 技术经济与管理研究，2012（3）
[36] 汪川. "新常态"下我国货币政策转型的理论及政策分析. 经济学家，2015（5）
[37] 王金波. 全球价值链的发展趋势与中国的应对. 国外理论动态，2014（12）
[38] 王晶. "负面清单"模式对我国外资管理的影响与对策. 管理世界，2014（8）
[39] 吴敬琏. 努力确立中国经济新常态. 中国经济报告，2015（4）
[40] 徐晓兰. 建议设立战略性新兴产业投资基金. 中国科技产业，2010（7）
[41] 杨安. FDI与产业结构优化升级的相关性研究. 山东大学，2013（5）
[42] 杨放. 高校科技成果转化中的知识产权保护问题研究. 华东师范大学硕士论文，2008-5
[43] 余文波. 本土市场规模与我国产业技术标准发展研究. 云南大学硕士论文，2013-4
[44] 张杰. 土地政策促进产业结构调整的经济学分析. 山东经济，2011（3）
[45] 张馨艺. 新常态下的产业结构特征与财税政策选择. 税务研究，2015（7）
[46] 张志元，李兆友. 新常态下我国制造业转型升级的动力机制及战略趋向. 经济问题探索，2015（6）
[47] 赵福军. 充分发挥财税政策引导作用、加快推进经济新常态下产业转型升级. 国际商务财会，2015（5）
[48] 赵刚. 我国战略性新兴产业的发展新议——组建国际产学研创新联盟的紧迫性和重要性. 中国科技财富，2011（12）
[49] 卓元卉. 投资准入中的负面清单问题研究. 华东政法大学硕士学位论文，2014-4
[50] Livesey F. "Rationales for industrial policy based on industry maturity", Journal of Industry, Competition and Trade, 2012, 12（3）: 349~363
[51] Warwick, K. "Beyond Industrial Policy: Emerging Issues and New Trends", OECD Science, Technology and Industry Policy Papers, No. 2, OECD Publishing, 2013

［52］国务院发展研究中心产业经济研究部，中国汽车工程学会，大众汽车集团（中国）．中国汽车产业发展报告（2013）．北京：社会科学文献出版社，2013
［53］国务院发展研究中心产业经济研究部，中国汽车工程学会，大众汽车集团（中国）．中国汽车产业发展报告（2014）．北京：社会科学文献出版社，2014
［54］国务院发展研究中心产业经济研究部，中国汽车工程学会，大众汽车集团（中国）．中国汽车产业发展报告（2015）．北京：社会科学文献出版社，2015
［55］石耀东，王忠宏．我国产业政策评估研究——以汽车产业政策为例．国务院发展研究中心招标课题，2011